Führen und Gestalten

J. Bertsch • P. Zürn

Springer

Berlin
Heidelberg
New York
Barcelona
Budapest
Hongkong
London
Mailand
Paris
Santa Clara
Singapur
Tokio

Jürgen Bertsch · Peter Zürn (Hrsg.)

Führen und Gestalten

100 Unternehmergespräche in Baden-Baden

 Springer

Jürgen Bertsch
Baden-Badener Unternehmergespräche
Gesellschaft zur Förderung des Unternehmernachwuchses e.V.
Lichtentaler Straße 92
D-76530 Baden-Baden

Peter Zürn
Baden-Badener Unternehmergespräche
Gesellschaft zur Förderung des Unternehmernachwuchses e.V.
Lichtentaler Straße 92
D-76530 Baden-Baden

ISBN 3-540-62022-2 Springer-Verlag Berlin Heidelberg New York

Die Deutschen Bibliothek – Cip- Einheitsaufnahme
Bertsch, Jürgen
Führen und Gestalten: 100 Unternehmergespräche in Baden-Baden / Jürgen Bertsch; Peter Zürn (Hrsg.) Berlin ;
Heidelberg ; New York ; Barcelona ; Budapest ; Hongkong ; London ; Mailand ; Paris ; Santa Clara ; Singapur ; Tokio :
Springer 1997
ISBN 3-540-62022-2
NE: Zürn, Peter

Einbandgestaltung: de 'blik, Berlin
Satz: Datenkonvertierung durch MEDIO GmbH, Berlin

SPIN: 10551663   7/3020-5 4 3 2 1 0 – Gedruckt auf säurefreiem Papier.

Grußwort

Hans-Olaf Henkel · Dieter Hundt · Hans Peter Stihl

Die Baden-Badener Unternehmergespräche (BBUG) sind geschätzt und anerkannt als eine hervorragende Einrichtung zur Förderung des Unternehmernachwuchses. Das 100. BBUG ist Ausdruck einer Erfolgsgeschichte, aber auch der Kontinuität.

Die Baden-Badener Unternehmergespräche sind den Spitzenverbänden der deutschen Wirtschaft eng verbunden. Die Initiative wurde im Jahre 1954 aus dem BDI heraus angeregt. Auch der DIHT und die BDA haben diese Weiterbildungsinstitution für hervorragenden Führungskräftenachwuchs seitdem unterstützt. Ob im Kuratorium oder im Vorstand, als Referent oder Diskussionsleiter – bis auf den heutigen Tag gibt es eine enge personelle Verknüpfung in der Förderung des Unternehmernachwuchses und der Verbandsarbeit.

Die Gründung der Baden-Badener Unternehmergespräche war vor allem eine Reaktion auf den damaligen Mangel an Führungsnachwuchs, quantitativ und qualitativ. Dieser Mangel konnte rasch behoben werden. In den folgenden Jahren eroberten sich die BBUG ihren Platz als Forum und Weiterbildungsinstanz für Praktiker in verantwortungsvoller Stellung. Sie dienen der Aussprache über grundsätzliche Fragen, die in der Hektik des Alltagsgeschäftes der künftigen Unternehmer zu kurz kommen. Der Dialog von Teilnehmern und Referenten ist eine Herausforderung an den jeweils anderen, die eigenen Probleme neu zu durchdenken, nach Lösungen zu suchen und diese zu vermitteln.

Unter Leitung eines „elder businessman" zielen die Gespräche auf praktische Einsichten, die Impulse für erfolgreiches unternehmerisches Handeln geben. Theoretische Modelle und abstrakte Rezepte sind dem Unternehmergespräch wesensfremd. Es fördert vielmehr die Fähigkeit zur Mitwirkung an der Leitung des Gesamtunternehmens und hilft, das Spezialistentum zu überwinden, auch im Erfahrungsaustausch über die Einzelunternehmen hinaus. Vor allem aber wird über die Stellung und Verantwortung des Unternehmers in Wirtschaft und Politik gesprochen, der Blick über Branchengrenzen hinweg erweitert, es werden persönliche Verbindungen zwischen den Teilnehmern geknüpft.

Nicht zuletzt dieser Aspekt ist es, der den besonderen Reiz der BBUG auch in Zukunft ausmachen wird: Die regelmäßigen Treffen und regionalen Gesprächskreise ehemaliger Teilnehmer der Baden-Badener Unternehmergespräche schaffen ein dauerhaftes Netzwerk der Führungskräfte der deutschen Wirtschaft, auf das wir im Zuge der Europäisierung und Globalisierung bauen.

Hans-Olaf Henkel   Dieter Hundt   Hans Peter Stihl

Inhalt

Einleitung: 100 Unternehmergespräche in Baden-Baden

Aus Anlaß des 100. Baden-Badener Unternehmergesprächs im Frühjahr 1997 haben die Veranstalter in dieser Festschrift eine Reihe von Beiträgen kompetenter Autoren zusammengestellt, die Sinn und Zweck dieser Veranstaltung sowie unternehmerisches Handeln im derzeitigen wirtschaftlichen und gesellschaftlichen Umfeld beleuchten. Die folgenden Seiten sollen dazu dienen, dem Leser zu einer schnellen Übersicht über die hier behandelten Themen zu verhelfen.

Die beiden einleitenden Beiträge beschäftigen sich mit Historie und gegenwärtiger Bedeutung der Baden-Badener Unternehmergespräche. Guth unterstreicht die auch nach 40 Jahren unveränderte Gültigkeit des „Baden-Badener Prinzips", der Idee des Gesprächs, das sowohl das Lernen aus den Erfahrungen der Teilnehmer und der Referenten als auch das „Maßnehmen" an großen unternehmerischen Persönlichkeiten beinhaltet. Zum anhaltenden Erfolg dieses Konzepts tragen neben einer Themenauswahl, die an den jeweils wichtigsten unternehmerischen Herausforderungen ausgerichtet ist, auch die späteren Fortsetzungsgespräche der Teilnehmer bei. Hellwig/Bertsch beschreiben, wie die Baden-Badener Gespräche 1954 aus der Idee heraus geboren wurden, ein betriebsunabhängiges Forum für den Gedankenaustausch zwischen aufstrebenden Führungskräften zu schaffen und so einen Beitrag dazu zu leisten, den drohenden Mangel an qualifiziertem unternehmerischem Nachwuchs im jungen Nachkriegsdeutschland abzuwenden. Sie betonen die Bedeutung der Gesprachsform, des Lernens von anderen, das keine Patentrezepte oder -modelle vermitteln will, sondern auf praxisbezogene Einsichten zielt, die Anstöße zu erfolgreichem unternehmerischem Handeln geben können.

Das Konzept der Unternehmergespräche gründet letztlich auf der Überzeugung, daß der Mensch nur im Austausch, im Dialog mit anderen zu seiner eigenen Persönlichkeit finden kann. Während Charakter, wie Zürn hervorhebt, im Menschen bereits angelegt ist, läßt sich Persönlichkeitsbildung als lebenslanger dialogischer Prozeß beschreiben, der die unbedingte Bereitschaft zur Selbsterkenntnis und Selbstkritik sowie zur offenen, aufrichtigen und achtungsvollen Kommunikation mit anderen voraussetzt. Eine solche Kommunikation bedingt nicht nur die Beherrschung der Sprache als wichtigstem Mittel zwischenmenschlicher Verständigung, sondern auch ein feines Gefühl für Zwischenräume, für all das, was nicht gesagt wird.

Wer führen will, muß daher zuhören können und fähig sein, Anteil zu nehmen und gleichzeitig Distanz zu halten – auch zu sich selbst. Er muß, wie Pischetsrieder im folgenden Beitrag fordert, den Menschen in den Mittelpunkt aller Überlegungen stellen und diesen Grundsatz nicht nur auf den Kunden, sondern gerade auch auf den Mitarbeiter im Unternehmen anwenden. Das Leitbild der „Menschen-Orientierung" führt zur Abkehr von einem rein mechanistischen, sachlich-rational ausgerichteten Führungsverhalten und setzt statt dessen auf eine Unternehmenskultur, die auf Vertrauen und Verläßlichkeit beruht und sich an klaren Werten orientiert. Für BMW sind dies vor allem Ehrlichkeit, Beständigkeit und Verbindlichkeit, verbunden mit einem Klima, das Eigeninitiative fördert und der zwischenmenschlichen Überzeugung einen zentralen Stellenwert in der Mitarbeiterführung einräumt.

Ein wohlverstandener Teamgeist ist also entscheidend; doch gilt dies auch für das kleine Familienunternehmen, in dem unternehmerische Entscheidungen durchweg vom Gründerunternehmer oder seinen Nachfolgern allein getroffen werden? Mittelsten Scheid zeigt, daß die Globalisierung der Märkte mit ihrem Druck zur ständigen und raschen Innovation auch das traditionelle Rollenverständnis des Familienunternehmers in Frage stellt und ihn zwingt, flachere Führungsstrukturen zu akzeptieren, um so das kreative und innovative Potential seiner Mitarbeiter freizusetzen. Die hohe Transparenz in kleinen Unternehmen begünstigt rasche Problemlösungen, birgt aber auch die Gefahr einer Verwischung von Kompetenzen: Der Unternehmer muß die Zügel am Ende fest in der Hand behalten – auch gegenüber den Mitgliedern der eigenen Familie.

Mit dem global operierenden Unternehmen im Spannungsfeld zwischen Wirtschaft, Umwelt und Gesellschaft beschäftigt sich der folgende Beitrag. Winkhaus veranschaulicht am Beispiel von Henkel, wie ein Unternehmen einen Wettbewerbsvorteil erringen kann, indem es sich dem Ziel des „Sustainable Development" verschreibt, das einen aktiven Interessenausgleich zwischen Ökonomie und Ökologie mit Rücksicht auf künftige Generationen fordert, und so zu einer technischen und ökologischen Vorreiterrolle gelangt – dem „Öko-Leadership". Mit Hilfe der Öko-Portfolio-Analyse gelingt es, Optimierungspotentiale zu identifizieren, zukünftige Chancen zu erkennen und Ressourcen optimal zu lenken. Ein ganzheitliches Umweltmanagement setzt gleichzeitig beim einzelnen Mitarbeiter an, der durch spezielle Schulungen und ein innovationsförderndes Klima angeregt wird, seinen ganz persönlichen Beitrag zum Umweltschutz zu leisten.

Ein Imagegewinn, wie er aus einer solchen strategischen Ausrichtung zwangsläufig resultiert, täte auch an anderer Stelle not. Denn noch immer, so

Henkel im folgenden Beitrag, ist das Bild des Unternehmers in der Öffentlichkeit vom Klischee des risikoscheuen, aber geld- und machtbesessenen Firmenchefs bestimmt. Die Wirklichkeit stellt sich jedoch anders dar: Einer zunehmenden Entscheidungs- und Risikofreude sowie gestiegener Verantwortung gegenüber Belegschaft, Staat und Gesellschaft stehen rückläufige Nettoumsatzrenditen gegenüber. Es gilt daher, die Voraussetzungen für unternehmerisches Engagement zu verbessern, um so das Gleichgewicht zwischen Risiko und Rentabilität dieses Engagements wiederherzustellen. Hierbei sind Staat und Tarifpartner in gleicher Weise gefordert.

Zum Imageproblem der Unternehmen trägt auch eine Medienwelt bei, die sich auf den vereinzelten Störfall kapriziert, die „alltägliche Sensation" einer funktionierenden Wirtschaft aber, wie Dormann feststellt, kaum zur Kenntnis nimmt. Der zunehmenden Kommunikationslawine, die eine Vielzahl neuer Manipulationsmöglichkeiten einschließt, können die Unternehmen nur mit einem Prozeß der „Entgrenzung" begegnen: einer radikalen Öffnung der Werkstore, die darauf zielt, die interessierte, auch kritische Öffentlichkeit an den aktuellen und geplanten Maßnahmen des Unternehmens teilhaben zu lassen. Entgrenzung muß aber auch nach innen stattfinden – mit einem neuen Verständnis von Loyalität, das kritische Fragen zuläßt und so Gewissens- und Verhaltenskonflikte bereits im Vorfeld bereinigt. Dies setzt voraus, daß Führungskräfte sich als Medium verstehen und bereit sind, ihre Mitarbeiter umfassend mit Informationen zu versorgen.

Zum erfolgreichen Wirtschaften gehört aber nicht nur die Bereitstellung, sondern auch das unermüdliche Sammeln von Informationen – solcher nämlich, die die Präferenzen der Verbraucher und das Angebot der Wettbewerber betreffen. Ohne diese Kenntnisse, so Maucher im folgenden Beitrag, verliert ein Unternehmen rasch den Anschluß an sich wandelnde Bedürfnisse. Für ein weltweit operierendes Unternehmen wie Nestlé bedeutet erfolgreiches Marketing, engen Kontakt zum Verbraucher zu halten, seine Erwartungen genau zu kennen und auf seine Wünsche rasch und innovativ zu reagieren. Gleichzeitig können so neue Chancen ergriffen, neue Märkte erschlossen werden.

Gewaltige Chancen bietet auch die Globalisierung der Märkte, die jedoch ebenso eine Vielzahl an Risiken birgt. Der verschärfte Wettbewerbsdruck legt die deutschen Standortschwächen bloß und zwingt zum Handeln, will man nicht die Abwanderung ganzer Fertigungen riskieren. Andererseits eröffnen, wie von Pierer betont, die jungen Märkte des asiatisch-pazifischen Raums beinahe unbegrenzte Wachtumsmöglichkeiten und sichern so wiederum Arbeitsplätze in Deutschland. Ein Unternehmen, das in diesen Märkten erfolgreich sein will, darf vor Direktinvestitionen nicht zurückschrecken. Das Unternehmens-Restrukturierungsprogramm „top-Siemens" stellt sich diesen Herausforderungen und zielt darüber hinaus auf eine Steigerung von Produktivität, beschleunigte Innovationen und eine neue Unternehmenskultur, die die Vorteile kleiner und großer Unternehmen verbindet.

Mit der Standortfrage beschäftigt sich auch der Beitrag von Funk, der die verschiedenen Standortfaktoren diagnostiziert und zu dem Schluß kommt, daß Deutschland im globalen Wettbewerb der Volkswirtschaften zunehmend ins Hintertreffen zu geraten droht: Bestehende Standortvorteile schwinden, Nachteile wachsen, ausländische Direktinvestitionen fließen zumeist in die Konkurrenzländer. Um diese Entwicklung umzukehren, ist ein generelles Umdenken vonnöten. Darüber hinaus gilt es, sich auf die Vorreiterrolle in Forschung und Entwicklung zu konzentrieren sowie durch globale Produktionsaktivitäten die Kostenstruktur der Unternehmen zu optimieren, wodurch gleichzeitig neue regionale Märkte erschlossen werden können.

Wirtschaftsunternehmen profitieren von stabilen und verläßlichen Rahmenbedingungen – aber stehen solche nach Einführung der gemeinsamen europäischen Währung auch tatsächlich zu erwarten? Bierich wägt Chancen und Risiken der geplanten Währungsunion gegeneinander ab und gelangt zu dem Ergebnis, daß die Vorteile voraussichtlich überwiegen werden: Ein stabiler Euro führt in allen Mitgliedsländern zu Kosteneinsparungen, Effizienzsteigerungen und nicht zuletzt zu erheblichen Kapitalzuflüssen aus Drittländern. Damit dies eintreten kann, müssen die festgelegten Konvergenzkriterien strikt eingehalten werden und ein Stabilitätspakt zustande kommen, der unverantwortliches fiskalisches Handeln einzelner Mitgliedsstaaten sanktioniert.

Die Baden-Badener Unternehmergespräche
– Kontinuität im Wandel –

Wilfried Guth

100 Baden-Badener Unternehmergespräche – das ist schon ein gutes Stück Tradition und eine erfreuliche Erfolgsgeschichte. Das Jubiläum gibt Anlaß, über die Voraussetzungen dieses Erfolges nachzudenken, um ihn damit auch für die Zukunft nach Möglichkeit zu sichern. Dementsprechend soll dieser Jubiläumsband zum einen die wesentlichen Charakteristika der Gespräche in Zielsetzung, Verfahren und Stil beleuchten – auch zur Unterscheidung von anderen Methoden der Förderung von Führungskräften –, zum anderen Aspekte und Probleme moderner Unternehmensführung aufzeigen und damit ein Spiegelbild dessen vermitteln, was heute im Mittelpunkt der Gespräche steht.

Die Durchführung des 1. Unternehmergesprächs im Jahre 1954 fiel in die Zeit des beginnenden Wiederaufbaus nach dem zweiten Weltkrieg. Einige bedeutende Unternehmerpersönlichkeiten waren zwar verfügbar und mit Elan dabei, die Geschicke der Unternehmen zu leiten, es fehlte jedoch an ausgebildetem Führungsnachwuchs. Deutschland hatte den Anschluß an die Entwicklung im Ausland – insbesondere den USA als führende Industrienation – verloren, und das Fehlen einer breiteren Schicht von Nachwuchskräften erwies sich als gravierender Wachstumsengpaß. So kam es entscheidend darauf an, Einrichtungen zu schaffen, die geeignet erschienen, den Führungsnachwuchs in der Breite und Qualität zu sichern.

Eine intensive geistige Vorbereitung, bei der vor allem der BDI helfend zur Seite stand, war dem ersten Gespräch vorausgegangen. Die näheren Umstände und Fakten der Gründungsgeschichte werden im Beitrag zur Historie des BBUG beschrieben. Dankbarkeit und Hochachtung gebührt noch heute den Persönlichkeiten, die als Initiatoren, Gründungsmitglieder und erste Gesprächsleiter den Grundstein für alles weitere gelegt haben. Sie alle haben nicht nur Initiativ- und Gestaltungskraft bewiesen und reiche Berufserfahrung in den Gründungsprozeß eingebracht, sondern sind vor allem auch mit Idealismus und Begeisterungsfähigkeit an die Aufgabe herangegangen, jüngeren Menschen die Kunst erfolgreicher Unternehmensführung nahezubringen.

Von vornherein war es die Absicht, den Kreis der Teilnehmer relativ klein zu halten und nur solche Bewerber aufzunehmen, die schon im bisherigen Berufsleben Führungsbegabung bewiesen haben und für die der Weg an die

Unternehmensspitze möglich erscheint; militärisch ausgedrückt, nur solche, die den Marschallstab im Tornister haben. Dementsprechend sind die entsendenden Unternehmen immer wieder gebeten worden, der Versuchung zu widerstehen, ältere verdiente Führungskräfte, die keine weiteren Aufstiegschancen mehr haben, sozusagen als Dank für treue Dienste nach Baden-Baden zu schicken.

In der Tat gehört es zur Erfolgsgeschichte der Baden-Badener Gespräche, daß in den vergangenen 42 Jahren sehr viele „Baden-Badener" in die oberste Führung deutscher Unternehmen gekommen sind und sich dort bewährt haben.

Die zeitliche Begrenzung der Gespräche auf 3 Wochen, die bis heute unverändert beibehalten wurde, war gerade auch mit Blick auf diesen Teilnehmerkreis gewählt worden, denn es war davon auszugehen, daß niemand aus dieser voll im Einsatz befindlichen Führungsschicht länger als 3 Wochen abkömmlich sein könnte. Selbst diese 3 Wochen erschienen manchen mittelständischen Unternehmern, die gern nach Baden-Baden gekommen wären, als zu lang. Gleichwohl bleibt zu wünschen, daß die mittelständische Wirtschaft, die unser wirtschaftliches Wachstum entscheidend mitträgt, stärker als bisher für Mitwirkung und Entsendung von Teilnehmern nach Baden-Baden gewonnen werden kann.

Kern des „Baden-Badener Prinzips" ist die Idee des Gesprächs, als deutliche Abgrenzung zu Schulung und Unterrichtung. Im Gründungskonzept heißt es dazu: „Der Führungsnachwuchs soll fern vom betrieblichen Alltag eine Zeit der Ruhe und Besinnung sowie Gelegenheit zur Aussprache mit Menschen in der gleichen Situation erhalten... Eine solche Aufgabe sollte nicht ein Unternehmen allein, sondern die Gemeinschaft der Unternehmen lösen".

Dieser Zielsetzung wird sowohl die Ortswahl Baden-Baden – und dort insbesondere des Hauses Biron, das nach seiner Renovierung noch mehr als vorher als idealer Tagungsort gelten kann – als auch die Begrenzung auf ca. 30 Teilnehmer gerecht; bei jeder größeren Zahl kommt erfahrungsgemäß kein wirkliches Gespräch mehr zustande. Dabei ist Gespräch im doppelten Sinne gedacht und praktiziert: Gespräche der Teilnehmer untereinander, die aus ganz unterschiedlichen Branchen kommen und vielfältige Berufserfahrungen austauschen können, und Gespräche mit den jeweiligen Referenten, die erfreulicherweise oft nicht nur für Vortrag und Diskussion, sondern auch für „freie" Mittagsstunden oder Abende in Baden-Baden bleiben. Aus Erfahrung lernen ist also gleichsam das erste Gebot der Baden-Badener Gespräche.

Für ein „zweites Gebot" hat Dr. Peter Zürn, der derzeitige Geschäftsführer der GFU, der Trägerin der Gespräche, den Satz „Maßnehmen an Persönlichkeiten" geprägt. Damit wird deutlich, daß die Vortragenden in der Tat Persönlichkeiten sein sollten, die nach unternehmerischem Erfolg, Charakter und Ausstrahlung vorbildhaft wirken können. Dabei ist freilich gleich hinzuzufügen, daß gerade die beiden letztgenannten Eigenschaften, das was man vielleicht als „unternehmerisches Charisma" bezeichnen könnte, nicht erlernbar sind. Gleichwohl, Attraktivität, Ansehen und Erfolg der Gespräche sind in entscheidendem Maße abhängig von der Auswahl der Referenten nicht nur aus der Wirtschaft, sondern aus allen Bereichen der Gesellschaft. Hier ist heute mit Befriedigung festzustellen, daß diese zentrale Aufgabe von den jeweiligen Geschäftsführern, nicht zuletzt von Peter Zürn, hervorragend gelöst wurde.

Etwa die Hälfte der Referenten sind ehemalige Teilnehmer – auch ein Zeichen für den „esprit de corps" von Baden-Baden. Es gibt keine hauptamtlichen Lehrkräfte, und die hohe Anzahl der Referenten im Verhältnis zu den Teilnehmern – in der Regel 50:30 – schafft eine Vielfalt und Intensität der Betreuung, die bei anderen Institutionen zur Förderung des Unternehmernachwuchses kaum erreicht werden kann.

Ermutigt wurde bei den Gesprächen von Anfang an der kritische Dialog, d.h. auch die kritische Meinungsäußerung gegenüber den Referenten. Nicht immer war und ist – gerade bei den noch von deutschem Obrigkeitsdenken und streng hierarchischem Führungsstil beeinflußten älteren Nachwuchskräften – Bereitschaft und Mut zur offenen, freimütigen Kritik selbstverständlich. Aber sie ist geradezu ein Kennzeichen des Stils von Baden-Baden, zu dem genauso Respekt und Hochachtung vor großer unternehmerischer Leistung und bedeutenden Führungspersönlichkeiten gehört.

Alle Gespräche wurden von erfahrenen Unternehmern geleitet, die den Idealismus und das pädagogische Interesse aufbrachten, für diese Aufgabe 3 Wochen nach Baden-Baden zu kommen; z.T. waren es Persönlichkeiten, die gerade ihre aktive Position verlassen hatten. Von ihrem Geschick, ihrem Einfühlungsvermögen und ihrer Menschenkenntnis hing der harmonische Ablauf und der Erfolg der Gespräche in hohem Maße ab. Für die einzelnen Gesprächsabschnitte standen ihnen jeweils Kollegen zur Seite, denen die Diskussionsleitung oblag. All dies verdeutlicht den Einsatz und „Aufwand", der in Baden-Baden der Förderung des Führungsnachwuchses gewidmet wurde und wird.

Die Aufzählung der Besonderheiten und „Erfolgsrezepte" der Baden-Badener Gespräche wäre unvollständig ohne die Erwähnung des Konzepts der jährlichen „Fortsetzungsgespräche", das ebenfalls ohne Beispiel ist. In den ersten vier Jahren nach dem Gespräch in Baden-Baden werden diese Fortsetzungsgespräche noch von der Gesellschaft vorbereitet und organisiert, während die weiteren Treffen der Eigeninitiative der Teilnehmer des jeweiligen Jahrgangs überlassen bleiben. In den vier ersten Gesprächen wird durch die Wahl der Referenten und Orte – Paris, London, Prag, Budapest oder Madrid – der zunehmenden internationalen Ausrichtung der Wirtschaft Rechnung getragen.

Fast ausnahmslos setzen die Teilnehmer danach den Modus der jährlichen Treffen fort; bei den Älteren wird diese Tradition nun schon über 4 Jahrzehnte gewahrt. Erst durch diese in der Regel zwei- bis dreitägigen Fortsetzungsgespräche ist der Zusammenhalt der einzelnen „Gesprächsjahrgänge" entstanden und gewachsen – ein freundschaftlicher Zusammenhalt unter Einbeziehung der Ehepartner, der oft schon geschäftliche Kontakte zwischen den Firmen der Teilnehmer erleichtert oder erst ermöglicht hat und für viele über die aktive Zeit hinaus erhalten geblieben ist.

Die Baden-Badener Gespräche sind ein Beispiel bemerkenswerter Kontinuität. Aber sie hätten den Test unveränderter Attraktivität für Teilnehmer und Referenten sicher nicht bestanden, wenn nicht innerhalb der bewährten Formen den Veränderungen des unternehmerischen Umfelds und damit auch der unternehmerischen Aufgaben Rechnung getragen worden wäre.

Augenmaß, Weitblick, Verantwortungsbewußtsein und vor allem die Fähigkeit, klare Entscheidungen in jeder nur denkbaren Situation zu treffen, kennzeichnen den guten Unternehmer. Darüber hinaus muß er den Spürsinn beweisen, Trends in der Marktentwicklung und im weltwirtschaftlichen und weltpolitischen Umfeld rechtzeitig, möglichst früher als andere, zu erkennen und schnell darauf im eigenen Unternehmen zu reagieren. Es bedarf kaum des Hinweises, daß sich insbesondere die weltwirtschaftliche Konstellation seit der Anfangszeit der Baden-Badener Gespräche in mehreren Schüben dramatisch verändert hat. Wer sich der Mühe unterziehen würde, die in den einzelnen Abschnitten behandelten Themen im Ablauf der 42 Jahre zu vergleichen, fände darin ein Abbild des Wandels in den Problemstellungen und auch in der unternehmerischen Strategie.

Die Mitautoren dieser Festschrift setzen sich in diesem Sinne mit den Kernfragen auseinander, denen sich heute die deutschen Unternehmen gegenübersehen. Von verschiedenen Ausgangspunkten her kreisen sie um zwei zentrale Themen: Wie können die deutschen Unternehmen im verschärften globalen Wettbewerb bestehen, und wie werden die Unternehmer ihrer gesellschaftspolitischen Verantwortung gerecht? Die ganze Palette der Beiträge sei hier nur skizzenhaft angedeutet.

Das erste Thema, die Sicherung der Wettbewerbsfähigkeit der deutschen Wirtschaft, geht nicht nur die Unternehmer an. Für die Attraktivität des Standorts Bundesrepublik ist in vielfacher Hinsicht die Regierung verantwortlich. Zu den vordringlichen strukturellen Aufgaben, die ihr gestellt sind, gehören insbesondere eine grundlegende Verbesserung des leistungsfeindlichen Steuersystems und eine konsequente Deregulierung, der Abbau komplizierter Genehmigungsverfahren und wettbewerbsfeindlicher einengender Vorschriften.

Aber in erster Linie sind natürlich die Unternehmer selbst in vielfältiger Weise gefordert. Es geht keineswegs nur, so unerläßlich dies ist, um energischen Kostenabbau, wie er heute in der ganzen Wirtschaft praktiziert wird. Nachdem im Wettbewerb in hohem Maße die Qualität der Mitarbeiter entscheidet, ist heute kaum etwas wichtiger als die sorgfältige Auswahl und Weiterbildung von Nachwuchskräften. Hierfür gibt es neuere, bewährte Methoden; auch die Personalpolitik kann nicht in den alten Gleisen weiterfahren.

Ebenso erhält der Abschnitt „Menschenführung im Betrieb", den schon die Gründer in das Programm eingesetzt hatten, neue Inhalte. Die zeitnahe, umfassende Information der Mitarbeiter und die Vermittlung der strategischen Ziele des Unternehmens muß heute, ebenso wie der kritische Dialog mit ihnen, eine Selbstverständlichkeit sein. Nur so läßt sich Motivation und eigenes Interesse der Mitarbeiter am Unternehmenserfolg erreichen. Grundprinzip muß sein, Teamgeist zu fördern und die Hierarchien zu verflachen, um Verantwortungsbewußtsein auf allen Ebenen zu wecken und selbständig denkende, kreative Mitarbeiter heranzubilden.

Nicht minder vordringlich ist die Intensivierung von Forschung und Entwicklung, der eine rasche Umsetzung in die Herstellung entsprechender Produkte folgen muß. Jeder Vorsprung, der hier gegenüber der Konkurrenz erreicht werden kann, wird zum Erfolgsfaktor im Wettbewerb, wenn eine bewußte Kundenorientierung als Richtungsweiser funktioniert.

Es ist kaum zu verstehen, daß Deutschland mit seinem vergleichsweise guten Bildungssystem und seiner Forschungstradition auf einigen wichtigen Gebieten zurückgefallen ist. Wahrscheinlich haben frühere Erfolge die Firmen zu sehr in Sicherheit gewiegt. Um so mehr kommt es darauf an, jetzt hier einen Aufholprozess in Gang zu bringen, aus dessen Ergebnissen auch Mehrbeschäftigung resultieren kann. Eine sinnvoll eingesetzte, in enger Zusammenarbeit mit der Wirtschaft konzipierte, öffentliche Forschungsförderung kann dabei helfen.

Als erfolgsträchtig hat sich gleichzeitig bei den großen Unternehmen, die z.T. in den weniger schwierigen Jahren weit in andere Produktionen ausgefächert sind, eine Straffung und Rückführung auf Kernbereiche erwiesen, getreu dem französischen Sprichwort „qui trop embrasse, mal étreint". Es erfordert für die Führung meist zuviel Kraft und Zeit, den Überblick über solche „Gemischtwarenläden" zu behalten, und das Ziel der Risikostreuung wie das der Synergienutzung erweist sich oft als Illusion.

Eine weitreichende Veränderung gibt es auch in der Kapitalbeschaffung der Unternehmen. Bei noch schwach entwickeltem Kapitalmarkt waren sie in den fünfziger und sechziger Jahren weitgehend auf Kreditfinanzierung angewiesen. Dementsprechend wurde die engstmögliche Verbindung mit den Banken gehalten. Heute richtet sich das Interesse wesentlich stärker als früher auch auf das Verhalten der Aktionäre und institutionellen Anleger, von denen Aktienkurs und Kapitalerhöhungsmöglichkeiten in starkem Maße abhängen. Dieser Anlegerkreis will „gepflegt" sein, und er will vor allem seine Gewinn-erwartungen erfüllt sehen. Der von den USA übernommene Begriff des „share-holder value" hat daher heute in den Überlegungen der Vorstände erhebliches Gewicht. Daß hieraus nicht eine verfehlte Kurzsichtigkeit des Gewinndenkens zu Lasten anderer wichtiger strategischer und sozialer Ziele resultieren darf, kann nicht genug betont werden.

Dieser kurze Abriß mag einen Eindruck von der Aktualität der Gespräche vermitteln. Die Themen werden sich weiter verändern. Die internationale Ausrichtung der deutschen Wirtschaft, und zwar nicht nur der großen, son-dern auch der mittleren Unternehmen, wird weiter fortschreiten und auch eine stärkere Einbeziehung ausländischer Führungskräfte bis in die obersten Gremien mit sich bringen. In Baden-Baden geht damit die vermehrte Heran-ziehung ausländischer Referenten einher, und nichts spricht dagegen, auch einmal Teilnehmer aus anderen europäischen Ländern einzuladen. Der „Geist von Baden-Baden" muß noch europäischer und internationaler werden.

Eine ausgeprägte Akzentverschiebung für die Gespräche wird die Ver-wirklichung der Europäischen Währungsunion mit sich bringen. Im opera-tiven wie im strategischen Bereich, im Finanzmanagement, Rechnungs- und Steuerwesen, in der Personalpolitik wie im Marketing wird es darum gehen, optimale Lösungen für diese grundlegend neue Konstellation zu finden. Nicht zuletzt wird dann die Frage der richtigen Standortwahl im einheitlichen Währungsraum eine zentrale Bedeutung gewinnen. Die Unternehmen tun gut daran, sich schon heute auf diese weitreichenden Veränderungen vorzu-bereiten.

Auch die für den Anfang des nächsten Jahrhunderts in Aussicht genom-mene Erweiterung der Europäischen Union nach Osten bringt neue unter-nehmerische Perspektiven und Fragestellungen mit sich. Zum einen verschärft sich die Binnenmarkt-interne Konkurrenz, und Produktionsstandorte in diesem Raum werden voraussichtlich noch attraktiver. Zum anderen eröffnen sich für das „alte Westeuropa" neue Absatzmärkte mit wachsendem Bedarf. Die Frage einer optimalen Arbeitsteilung im Binnenmarkt wird damit immer dringlicher.

Der gesellschaftspolitischen Verantwortung der Unternehmer wurde in den Baden-Badener Gesprächen zu Recht von Anfang an breiter Raum gewidmet. Dieser Schwerpunktbildung entspricht es, daß Referenten aus allen Bereichen – Wirtschaft, Gewerkschaften, Politik, Kultur und Wissenschaft – herangezogen wurden. Heute gilt mehr denn je, daß der Unternehmer seiner Aufgabe nicht gerecht wird, wenn er im „Elfenbeinturm" seiner Hauptverwaltung bleibt und sich nicht dem Dialog mit den anderen gesellschaftlichen Gruppen stellt. Das beginnt schon intern im notwendigen Gedankenaustausch mit dem Betriebsrat. Hier kann, ebenso wie im Gespräch mit den Gewerkschaftsvertretern im Aufsichtsrat, der Zusammenhang zwischen Lohnhöhe und Beschäftigung überzeugender vermittelt werden als in der meist polemisch geführten öffentlichen Diskussion.

Wichtiger als früher ist der richtige Umgang mit den Medien, der vor allem von Offenheit geprägt sein sollte. Dem muß schon vorher größtmögliche Transparenz in den Bilanzveröffentlichungen und Zwischenberichten vorausgehen, wie es auch die Analysten und die breite Öffentlichkeit immer mehr erwarten. Hier wie anderswo kann der Baden-Badener Erfahrungsaustausch auch dazu dienen, aus Fehlern zu lernen. Noch nie hat es sich z.B. bezahlt gemacht, Fehlleistungen oder kritische Entwicklungen im Unternehmen zu beschönigen oder auf kritische Presseäußerungen, seien sie berechtigt oder unberechtigt, mit Unwillen oder gar Medienschelte zu reagieren. Vor allem ist die Bereitschaft vonnöten, komplizierte Zusammenhänge geduldig zu erläutern. Dies gilt u.a. auch für das Thema Umweltschutz.

Das Unternehmerbild formt sich in den Augen der Gesellschaft nicht nur aus geschäftlichem Erfolg oder Mißerfolg, sondern auch aus Auftreten, Lebensstil und Geisteshaltung vieler einzelner Unternehmerpersönlichkeiten. Das gilt heute um so mehr, als moralische Indifferenz und Werteverfall den Zusammenhalt unserer Gesellschaft gefährden. Jeder, der in herausgehobener Position arbeitet, weiß, daß er fast ständig kritischer Beobachtung ausgesetzt ist; aber vielleicht ist nicht allen bewußt, daß gerade hier ein wichtiges Stück gesellschaftspolitischer Verantwortung liegt. Selbstverständlich geht es nicht um ein schablonisiertes Idealbild des Unternehmers. Noch deutlicher als anderwo läßt sich in Baden-Baden durch die große Zahl der Referenten erleben, daß erst die bunte Vielfalt der Persönlichkeiten das Unternehmerbild kennzeichnet.

Erfolgreiche Unternehmensführung ist nur in einem gesicherten und freien wirtschaftlichen Umfeld möglich, oder anders ausgedrückt, sie wird beim Fehlen dieser Grundvoraussetzungen außerordentlich erschwert. Daraus folgt, daß sich der verantwortungsbewußte Unternehmer um das wirtschafts- und sozialpolitische Umfeld kümmern muß. Zu Recht ist diesem Themenkreis der Schlußabschnitt jedes Gesprächs gewidmet. Diese Pflicht auszufüllen bedeutet, daß der Unternehmer sich an der wirtschaftspolitischen Diskussion beteiligt und auch versucht, die Entscheidungsprozesse in seinem Sinne zu beeinflussen. Das kann durchaus heißen, dem Konzept einzelner Parteien oder auch dem offiziellen Regierungskurs in der einen oder anderen Frage entgegenzutreten. In diesem Sinne kann der Unternehmer nicht neutral oder gar unpolitisch sein, und hier liegen auch die Grenzen der gebotenen Loyalität.

Eine besondere Verantwortung tragen die Unternehmer heute bei der Abwehr protektionistischer Tendenzen, die bei einigen prospektiven Mitgliedsländern der Europäischen Währungsunion durchaus virulent sind. Nicht nur müssen die Unternehmer auch bei vermehrtem Wettbewerbsdruck für die eigenen Produkte, sofern kein unfaires Dumping oder ausländische Subventionen vorliegen, davon absehen, nach staatlichem Schutz zu rufen. Sie müssen sich auch aktiv in die wirtschaftspolitische Diskussion als Befürworter freien Handels – gerade in einer Zeit vermehrter regionaler Blockbildung – einschalten.

Das Jubiläum ist keine Zäsur – lediglich Anlaß zu Rückblick und Überprüfung des Konzeptes. Bleibt es tauglich für das nächste Hundert der Gespräche? Die unverändert große Resonanz in der Wirtschaft spricht dafür. Solange es gelingt, die bewährte Grundform nicht erstarren zu lassen, sondern ständig mit wachem Sinn für aktuelle Probleme und Entwicklungstendenzen mit neuen Inhalten zu füllen, können die Baden-Badener Gespräche der Zielsetzung der Gründerväter treu bleiben und einen besonderen Beitrag zur Förderung des Führungsnachwuchses in Deutschland leisten.

Ursprung und Werden einer Erfolgsgeschichte

Hans Hellwig · Jürgen Bertsch

Die Anfänge

In der Zeit des beginnenden Wiederaufbaus nach dem Krieg drohte ein Mangel an qualifizierten Kräften für den Unternehmernachwuchs, gleich ob für Unternehmenseigentümer oder bestellte Unternehmensleiter. Die Ursachen hierfür lagen in den hohen Kriegsverlusten und der späten Heimkehr ganzer Jahrgänge aus dem Krieg. Eine weitere Hauptsorge um den Führungsnachwuchs bestand darin, daß in Deutschland durch die lange Zeit unterbrochenen internationalen Wirtschaftskontakte der Anschluß an die Entwicklungen im Ausland, besonders auch an die jüngsten Erkenntnisse in der Unternehmensführung, vor allem in den USA, weitgehend verloren gegangen war. Außerdem sahen sich nur wenige Nachwuchskräfte in der Lage, nach den durch Krieg bereits verlorenen Jahren noch weitere Zeit einem längeren Studium zu opfern.

Um Fragen des Unternehmensnachwuchses einmal systematisch zu untersuchen, bildete deshalb der Bundesverband der Deutschen Industrie (BDI) 1952 einen Präsidialausschuß, dem die Herren Dr. v. Witzleben (Siemens), Dr. Vaubel (Glanzstoff) und Carl Neumann (Deutsches Industrieinstitut) angehörten. Im Einvernehmen mit dem Deutschen Industrie- und Handelstag (DIHT) sowie der Bundesvereinigung der Deutschen Arbeitgeberverbände (BDA) und der Arbeitsgemeinschaft Selbständiger Unternehmer (ASU) wurde der Ausschuß zu einem „Arbeitskreis zur Förderung des Unternehmernachwuchses" erweitert, dem dann noch die Herren Heinz Scherf (DEGUSSA), Dr. Josef Winschuh (Firma Marx), Dr. Theodor Wuppermann (Firma Wuppermann), Dr. Karl Guth und Dr. Ernst Schneider (IHK Düsseldorf) angehörten.

Nach Studien in- und ausländischer Publikationen, Vorschlägen, Einrichtungen und Erfahrungen legte der Arbeitskreis dem BDI-Präsidium ein Memorandum vor, das eine Gesamtschau der mit dem Unternehmernachwuchs verbundenen Fragen und ein Gesamtkonzept der zu ergreifenden Maßnahmen enthielt.

Unter anderem schlug der Arbeitskreis vor, der Führungsnachwuchs – jene kleine Gruppe unter den Führungskräften, die die Gesamtleitung des Unternehmens innehat, ihr zustrebt oder unmittelbar unter ihr als obere Führungskräfte Verantwortung trägt – „sollte Gelegenheit zur Aussprache mit Menschen in der gleichen Situation erhalten… Eine solche Aufgabe sollte nicht ein Unternehmen allein, sondern die Gemeinschaft der Unternehmen lösen".

Als Versuchsveranstaltungen sollten zwei Kurse von je drei Wochen Dauer durchgeführt werden. Im Sommer 1954 fand eine erste Begegnung statt, die starke öffentliche Beachtung erfuhr. Während diese erste Zusammenkunft noch als „Unternehmerseminar" firmierte, wurde die zweite 1955 bereits als „Unternehmergespräch" geführt, womit neben dem Namen auch der besondere Charakter dieser Einrichtung geprägt wurde.

Der „Einladung zum Unternehmer-Seminar (Baden-Badener Betriebsführer-Gespräche) vom 13. Juni bis 3. Juli 1954" waren 23 Teilnehmer gefolgt, darunter auch eine Unternehmerin. Als Gesprächsleiter, Diskussionsleiter und Referenten wirkten 49 Industrielle, Bankiers, Professoren und Politiker mit. In der Einladung hieß es:

> „Das Präsidium des Bundesverbandes der Deutschen Industrie hat beschlossen, daß im Einvernehmen mit der Bundesvereinigung der Deutschen Arbeitgeberverbände und dem Deutschen Industrie- und Handelstag ein dreiwöchiges Unternehmerseminar veranstaltet werden soll. Dieses Seminar, mit dessen Leitung Herr Dr. Karl Guth beauftragt worden ist, ist ein Beitrag des Bundesverbandes der Deutschen Industrie in der Diskussion über die Heranbildung unternehmerischen Nachwuchses. Es findet statt in Baden-Baden, dem traditionellen Ort der Deutsch-Amerikanischen Betriebsführer-Gespräche. Als Teilnehmer kommen Persönlichkeiten in Frage, die bereits über längere Betriebserfahrung verfügen und von einem Unternehmer oder einer Unternehmensleitung als geeignet angesehen werden, führende Positionen einzunehmen. Dieses Unternehmerseminar bietet den Teilnehmern eine einmalige Gelegenheit, sich mit erfahrenen und bewährten Persönlichkeiten der Wirtschaft über die praktischen Fragen der Unternehmensleitung auszusprechen und von Vertretern der Wissenschaft und Politik Aufschlüsse über die Stellung des Unternehmers in der Gesamtwirtschaft und im kulturellen sowie politischen Gefüge zu erhalten".

Basierend auf den Erfahrungen der ersten beiden Gespräche in Baden-Baden schrieb der damalige Vorsitzende des beim Bundesverband der Deutschen Industrie gebildeten „Arbeitskreises zur Förderung des Unternehmernachwuchses", Dr. Herbert Studders, im Mai 1955 folgenden auszugsweise wiedergegebenen Brief an eine Reihe ausgewählter deutscher Unternehmer, der beispielhaft in Diktion und Klarheit der Gedanken die Probleme der Heranbildung des industriellen Führungsnachwuchses und damit die Zielsetzung der Baden-Badener Unternehmergespräche beschreibt:

„… Die vom Präsidium des Bundesverbandes der Deutschen Industrie im
Winter 1953/54 eingeleiteten Arbeiten zur Förderung des Unternehmernachwuchses sind in ein entscheidendes Stadium getreten, nachdem die beiden
„Baden-Badener Unternehmergespräche" brauchbare Grundlagen und Erkenntnisse für die Weiterführung und Weiterentwicklung grundsätzlicher
Methoden für die Betreuung des unternehmerischen Nachwuchses geliefert
haben…

… Die immer stärker werdende Dynamik unserer technischen, wirtschaftlichen und gesellschaftlichen Entwicklung stellt aber gerade an diese Kräfte
nicht geringere, sondern immer grössere Anforderungen in Bezug auf
Charakter, Wissen, Bildung und Haltung. Von der Qualität der Spitzenkräfte der
deutschen Wirtschaft wird jedoch das wirtschaftliche Schicksal jedes einzelnen
Unternehmens, der Volkswirtschaft und nicht zuletzt die wirtschaftspolitische
Konzeption der Zukunft abhängen. Eine auf Eigentum und freier Unterneh-
merinitiative beruhende Marktwirtschaft ist ohne bestens vorgebildete und
überzeugende Unternehmerpersönlichkeiten nicht denkbar…

… Diese Überlegungen haben das Präsidium des Bundesverbandes der Deutschen Industrie bewogen, die betrieblichen Ausbildungsmöglichkeiten durch
„Unternehmergespräche" zu ergänzen. Dem Unternehmernachwuchs als den
Kräften, die auf Grund langjähriger praktischer Bewährung im Betrieb oder auf
Grund ihrer wissensmässigen und charakterlichen Anlagen bereits jetzt eine
verantwortliche Tätigkeit ausüben und von denen erwartet wird, dass sie in
nicht zu ferner Zukunft eine noch grössere Verantwortung zu tragen imstande
sind, sollte einmal, fern vom betrieblichen Alltag, Gelegenheit zur Ergänzung
und Festigung der eigenen Erkenntnisse und Erfahrungen durch die Anderer
und eine Aussprachegelegenheit mit erfahrenen und erfolgreichen Unternehmern selbst geboten werden. Es sollte eine Zeit der inneren Ruhe und der
Besinnung auf das Wesentliche sein. Dazu kommt, dass die Organisations-
techniken als unentbehrliches Hilfsmittel für die Leitung eines so lebendigen
und vielgestaltigen Organismus!, wie ihn der moderne Betrieb heute darstellt,
durchaus lehr- und lernbar sind…

… Aus diesem Grunde ist im Einvernehmen mit dem Bundesverband der Deutschen Industrie und den anderen Spitzenorganisationen der deutschen
Wirtschaft der Beschluss gefasst worden, an eine Reihe führender deutscher
industrieller Unternehmungen, die von der Notwendigkeit und Zweckmässig-
keit dieser Arbeiten durchdrungen sind, heranzutreten und anzuregen, dass
diese sich zur Förderung ihres gemeinsamen Anliegens zusammenschliessen
und eine „Gesellschaft zur Förderung des Unternehmernachwuchses e.V."
gründen. Hauptaufgabe dieser Gesellschaft soll es sein, die finanzielle und organisatorische Grundlage für die künftigen Arbeiten zu schaffen, die sachlich in
einem „Institut" geleistet werden sollen, wie es in anderen europäischen
Ländern und in den Vereinigten Staaten bereits besteht und in dem das Interesse der deutschen Industrie an der Förderung ihres Unternehmernachwuchses sichtbaren Ausdruck findet…

… Ich bitte Sie, mir bei dieser Arbeit, die eine entscheidende Verpflichtung der
deutschen Industrie für die Zukunft bedeutet, durch Ihre tätige Mitarbeit zu
helfen."

Daraufhin gründeten am 14. Juli 1955 30 Firmen in den Räumen des Bundesverbandes der Deutschen Industrie in Köln die Gesellschaft zur Förderung des Unternehmernachwuchses e. V. Nach 8 Monaten waren weitere 8 Unternehmen als Mitglieder hinzugekommen, heute hat die GFU 102 Mitgliedsunternehmen; viele Gründungsmitglieder sind uns bis heute treu geblieben.

Unternehmergespräch als Lernmethode und Weiterbildungsphilosophie

Mit den ersten beiden Unternehmergesprächen und den daraus abgeleiteten Erkenntnissen – wiedergegeben im „Gründungsbrief" – wurde in erster Linie eine methodisch wichtige Entscheidung über die künftige Gestaltung der Weiterbildung des Führungsnachwuchses der deutschen Wirtschaft und erst in zweiter Linie über die Inhalte der Gespräche gefällt.

Wie es jedoch Dr. Karl Guth in der Zusammenfassung des Ergebnisses des ersten Seminars formulierte, sollte es sich nicht um eine „Rezeptur" handeln.

Die Gesprächsform ist zugleich straffer und lockerer als das traditionelle Seminar. Für gewöhnlich referiert im Seminar einer der Teilnehmer, und unter Leitung des Professors wird darüber diskutiert mit dem Ziel, Kenntnisse über den vorgetragenen Gegenstand zu gewinnen oder zu vertiefen. Beim Unternehmergespräch handelt es sich von vornherein viel mehr um ein Geben und Nehmen, bei dem die Relativität vorgetragener Problemlösungen eine Herausforderung an die anderen ist, die eigenen Probleme neu zu durchdenken und Unbeteiligten plausibel zu machen. Das erfordert einen hohen Grad von Diskussionsdisziplin und wechselseitiger Anteilnahme. Unter der Gesamtleitung eines „elder businessman" (Gesprächsleiter) führt für jeden der sechs dreitägigen Gesprächsabschnitte ein Unternehmer als Diskussionsleiter die Aussprache zwischen dem Referenten und den Teilnehmern und den Teilnehmern untereinander. Dazu kommen noch Gruppendiskussionen unter den Teilnehmern, bei denen sie selbst Diskussionsleiter und Referenten stellen.

Ein Seminar zielt auf Erkenntnis schlechthin, das Unternehmergespräch auf praktisch relevante Einsichten, von denen Impulse zum erfolgreichen Handeln, zu zweckmäßigem Verhalten ausgehen sollen und können, zumal wenn diese Einsichten von einem Vorbild gleichsam vorgelebt wurden. „Modelle" oder „Rezepte" sind deshalb dem Unternehmergespräch wesensfremd. Für ein Seminar hingegen sind vorherrschende Erkenntnisse eines hervorragenden Gelehrten oder berühmten Lehrers durchaus natürlich.

Praktiker in verantwortlicher Stellung, gewöhnlich aus der Altersklasse zwischen 35 und 45 Jahren, also nach zehn bis zwanzig Jahren Berufserfahrung im Falle eines akademischen Studiums, noch dazu in einer gemischten Gruppe aus allen Disziplinen, vorwiegend Techniker, Betriebs- und Volkswirte, Juristen, Kaufleute und aus allen Branchen und Unternehmungsgrößen, lernen nun einmal anders als Studenten oder Hochschulabsolventen im Alter von 20 bis 25 Jahren oder mittlere Führungskräfte niedrigerer oder höherer Altersstufen, die sich noch in einer Spezialkarriere entwickeln sollen. Für obere Führungskräfte ist die Gesprächsform geeigneter als der Seminarbetrieb. Das zu erkennen, bedarf es kaum tiefschürfender Lerntheorien. Partizipative, aktive Lernmethoden entfalten sich in solcher Gruppe mit geringer Nachhilfe von seiten der Gesprächsleitung gleichsam von selbst. Ohne an das strenge Schema der Fallstudien gebunden zu sein, entwickelt sich manches Referat spätestens in der Aussprache darüber zu einer Art von Fallstudie. Noch mehr, selbst modernste Formen der „Aktionsstudien" kommen vor, wenn Manager aus verschiedenen Bereichen, Unternehmungen und Ebenen wechselseitig ihre Probleme studieren und sei es nur gesprächsweise. Was sich sonst nur schwer organisieren läßt, hier findet es im Kleinen zwanglos statt.

Die Begründer der Baden-Badener Unternehmergespräche, die sehr vorsichtig zu Werke gingen und nicht unter der modischen Krankheit litten, einfache Zusammenhänge nur dann als gültig anzuerkennen, wenn sie sich in verwickelter Fachsprache darstellen lassen, könnten ein wenig von Goethes pädagogischer Skepsis bestimmt gewesen sein, als sie eine Lösung für die Förderung des Unternehmernachwuchses fanden, die in manchem Parallelen zeigt zur Pädagogischen Provinz der Wanderjahre, nämlich die Methode des wechselweisen, des wechselseitigen Unterrichts, bei der Lehrer und Schüler zugleich gebildet werden, überhaupt das pädagogische Prinzip der Wechselwirkung, der zwiefachen Darstellung, der Ebenbürtigkeit von Meister und Schüler.

Die Gesprächsform ist also ernst gemeint und nicht gewählt worden, um eine verborgene Schulungsabsicht schmackhafter zu machen. Um ihre Vorzüge zu verwirklichen, müssen jedoch die Gesprächsteilnehmer die strengen Voraussetzungen erfüllen, von denen der Erfolg nach der Überzeugung der Veranstalter abhängt.

Die Gesprächsform verlangt größere Konzentration und höheres Niveau, was selbst bei den schwierigsten Problemen eigentlich nur gestattet, den Kern der aufgeworfenen Frage herauszuschälen oder Anregungen zu geben, wie man bei eigener weiterer Bemühung tiefer in sie eindringen könnte. Wer nach Baden-Baden kommt, um dort Rezepte, fertige Lösungen oder ein allgemein anwendbares Führungsmodell abzuholen, wird enttäuscht werden – schlimmer noch: solche Erwartung würde ihn im Sinne des von den Baden-Badener Unternehmergesprächen verfolgten Weiterbildungsziels disqualifizieren. Wer jahrelang in verantwortlicher Position geführt hat, kann nicht mehr hoffen, irgendwo allgemeingültige Lösungen für die Aufgabe der unternehmerischen Entscheidung oder für ihre beste Durchführung zu finden.

Zielsetzung und Teilnehmerkreis

In logischer Konsequenz des bisher Gesagten heißt es dann auch in der aktuellen Informations-Broschüre der Baden-Badener Unternehmergespräche: Die Baden-Badener Unternehmergespräche sind eine traditionsreiche Veranstaltung zur Weiterbildung für das Top-Management. Sie sollen keine Akademie sein, die bestimmte Kenntnisse vermittelt. Ziel ist vielmehr das Gespräch zwischen Referenten und Teilnehmern und zwischen den Teilnehmern selbst; jede schulmäßige oder dogmatische Note liegt der Veranstaltung fern. Deshalb

- verzichtet Baden-Baden auf eigene hauptamtliche Lehrkräfte,
- begegnen den Teilnehmern dort nur Gastreferenten,
- sind diese Referenten überwiegend Praktiker aus Unternehmen,
- berichten diese Referenten wirklichkeitsnah über ihre Erfahrungen und Erkenntnisse.

An jedem Unternehmergespräch wirken zwischen 50 und 60 Referenten und Diskussionsleiter mit, größtenteils aus Unternehmensleitungen sowie aus Verbänden, Hochschulen, Kultur und Politik.

Die Gesprächsleitung liegt in den Händen einer erfahrenen Unternehmerpersönlichkeit.

Mittelpunkt ist das Gespräch

- der Teilnehmer mit den Referenten im Plenum,
- der Teilnehmer unter sich im Plenum und in Gruppen,
- der Teilnehmer und der Referenten mit dem Diskussionsleiter und dem Gesprächsleiter.

Die Plenardebatten jedes Teilabschnittes des Baden-Badener Unternehmergespräches leitet jeweils ein Diskussionsleiter, der – wie der Referent – ein erfahrener Praktiker auf dem behandelten Gebiet ist. Die Leitung der Gruppendiskussionen erfolgt aus dem Teilnehmerkreis.

Teilnehmer an einem Gespräch sind jeweils 30 Führungskräfte aus Industrie, Handel, Banken, Versicherungen sowie Treuhand- und Wirtschaftsprüfungsgesellschaften, die

- mindestens 7 Jahre Führungsaufgaben in Unternehmen wahrgenommen haben, davon 2 Jahre in der Unternehmensleitung bzw. in Linien- oder Stabstellung unmittelbar darunter,
- erkennbar geeignet erscheinen, in absehbarer Zeit in der obersten Führungsgruppe eines Unternehmens zu wirken,
- nicht älter als 50 Jahre sind,
- ein positives Votum zur Teilnahme des aus Mitgliedern des Vorstandes bestehenden Zulassungsausschusses erhalten haben.

Die Unternehmergespräche finden normalerweise zweimal im Jahr statt, jeweils im Frühjahr und Herbst; in der dritten Woche ist die Teilnahme der Partner erwünscht, deren Rolle für das Zusammenwachsen der Gesprächskreise von großer Bedeutung ist.

Über den Zweck der Veranstaltung wird gesagt: „Die Baden-Badener Unternehmergespräche sollen die Fähigkeit zur Mitwirkung in der Leitung des Gesamtunternehmens fördern und Spezialistentum überwinden helfen, anwendbare Erkenntnisse aus Praxis und Theorie der Unternehmensführung vermitteln, einen unternehmensübergreifenden Erfahrungsaustausch ermöglichen, den Blick über die Branchengrenzen hinweg weiten, Gelegenheit geben zur persönlichen Begegnung zwischen obersten Führungskräften der Wirtschaft und besonders qualifizierten Nachwuchskräften und persönliche Verbindungen im nationalen und internationalen Bereich zwischen den Teilnehmern ermöglichen."

Bei aller Skepsis gegenüber anstaltsvermitteltem Wissen vergaß aber natürlich auch der Goethe der Wanderjahre nicht, daß neben Charaktereigenschaften letztlich das Wissen das Tun bestimmt. In einer Zeit der Informationsüberflutung gewinnt deshalb die Motivation zum Lernen ausschlaggebende Bedeutung. Wollte man das System der Baden-Badener Unternehmergespräche auf eine kurze Formel bringen, so lautet sie: Unternehmer lernen von Unternehmern. Und sie lernen voneinander nicht nur im Plenarsaal oder im Gruppenzimmer. Ein solches System knüpft an ältere pädagogische (oder wenn man denn will: andragogische) Einsichten an, die u.a. auch eine gewisse Homogenität des Teilnehmerkreises verlangen. Andernfalls leidet die Glaubwürdigkeit der jeweiligen Aussage. Deren Lernimpuls ist oft um so größer, je weniger es ihr dabei aufs Lehren ankam. In drei Wochen kann man nicht allzu viel neues Wissen erwerben, aber für längere Zeit reichende, starke Motive zum Lernen empfangen. Die aus ebenbürtigen Kontakten erwachsenden Lernmotive erstrecken sich dabei in der Regel mehr noch auf Verhaltensänderung als auf neues Wissen und Können.

Gesprächsinhalte

Was sich für den Unternehmer zu erfahren lohnt und woran sich das motivierende Gespräch am ehesten entzündet, schwankt naturgemäß mit der fortschreitenden wirtschaftlichen und gesellschaftlichen Entwicklung. Das Programm der Baden-Badener Unternehmergespräche paßt sich jeweils den tatsächlichen Weiterbildungsbedürfnissen an, so schwer sie auch zu ermitteln sind.

Schon die „Gründerväter" erkannten, daß dafür ein bestimmter Rahmen – gleichsam als Gerüst – zweckmäßig sei, und gliederten die Gesprächsinhalte in die folgenden langfristig beizubehaltenden Abschnitte:

I. Die Stellung des Unternehmers im Betrieb
  1. Die Wirtschaftlichkeit des Unternehmens
  2. Unternehmensführung
  3. Die menschlichen Probleme im Betrieb
II. Der Unternehmer im Gefüge von Gesamtwirtschaft, Kultur und Politik
  1. Gesamtwirtschaft
  2. Kultur und Politik

Nach 9 Jahren Baden-Badener Unternehmergesprächen treffen wir erstmals die Unterteilung in sechs Gesprächsabschnitte an, die sich, wie die vergleichende Darstellung zeigt, bis heute als zweckmäßig und gut erwiesen hat, geboren aus der Erkenntnis, daß die Grundaufgaben des Unternehmers ziemlich unveränderlich und über die Jahre hinweg gleich bleiben:

Gesprächsabschnitte 25. BBUG	Gesprächsabschnitte 99. BBUG
I. Absatzwirtschaftliche Fragen	I. Marketing und Logistik
II. Planung von Forschung,	II. Technik und Innovation Entwicklung, Fertigung
III. Innerbetriebliche Personalpolitik	III. Personal
IV. Bilanz, Budget und Finanzierung	IV. Finanzen
V. Unternehmensleitung	V. Unternehmensführung
VI. Gesamtwirtschaft und Politik	VI. Gesamtwirtschaft und Politik

Natürlich richten sich die heute innerhalb der Abschnitte behandelten Themen nach der Entwicklung politischer und wirtschaftlicher Strukturen, der Unternehmensverfassung, der Konjunktur, der Technisierung der Umwelt (Informations- und Kommunikationstechnologie) sowie nach der Erfahrung aus den vorangegangenen Gesprächen. Der Stoff ist immer auf die Gesamtleitung eines Unternehmens zugeschnitten, verzichtet aber – falls notwendig – nicht auf Spezialdarstellungen und Details. So sind beispielsweise Themen wie Globalisierung, Virtuelle Unternehmen, Europäische Währungsunion, Ethik in der Wirtschaft, Neue Märkte, Asien, Osteuropa, Strukturwandel in der Wirtschaft, Shareholder Value, Listing an Auslandsbörsen etc. selbstverständlich in den derzeitigen BBUG-Programmen enthalten; und natürlich wurden Politik, Gewerkschaften, Wissenschaft, Kunst und Kultur einbezogen.
  „Ältestes bewahrt mit Treue, freundlich aufgefaßtes Neue", um mit Goethe zu sprechen, war und bleibt die Richtschnur für die Arbeit der BBUG, oder mit anderen Worten, denen des derzeitigen Geschäftsführers: Bewährtes bewahren, ohne sich das Wagnis von Neuem zu versagen.

Fortsetzungsgespräche

Bereits nach dem 1. Baden-Badener Unternehmergespräch 1954 (Unternehmer-Seminar) wurde durch die Teilnehmer angeregt, in regelmäßigen Abständen etwa halbjährlich jeweils für 2–3 Tage wieder zusammenzukommen. Allgemein bestand der Wunsch – auch von Teilnehmern späterer Gespräche –, eine Reihe in Baden-Baden angeschnittener Fragen und Probleme zu einem späteren Zeitpunkt wieder zu behandeln und so auch die dort geknüpften persönlichen Kontakte aufrechtzuerhalten.

So fanden in der Folgezeit pro Kalenderjahr ca. 2–3 Fortsetzungsgespräche an wechselnden Orten, zunächst beschränkt auf den Raum der Bundesrepublik Deutschland, statt. Bereits 1955 war Berlin fester Bestandteil der Gespräche als Tagungsort, das es bis zur Wiedervereinigung im Jahre 1990 auch bleiben sollte.

Da diese Fortsetzungsgespräche aus der Initiative der Teilnehmer heraus entstanden, wurden sie folgerichtig durch diese selbst gestaltet und mit Leben erfüllt. Die Leitung des damaligen „Deutschen Instituts zur Förderung des Unternehmernachwuchses" war allerdings den Sprechern behilflich bei der Programmgestaltung und dem Gewinnen der Mitwirkenden.

Bereits in diesem frühen Stadium (1955/56) erwies es sich als zweckmäßig, die Teilnehmer jeweils zweier Baden-Badener Unternehmergespräche zu einem Fortsetzungsgespräch zusammenzufassen; eine Praxis, die bis heute beibehalten wurde.

Da die Baden-Badener Unternehmergespräche eine überregionale Institution sind und aufgrund der großen Distanzen ein regelmäßiges Treffen der Teilnehmer ein- und desselben Gesprächs erschwert wird, begann ebenfalls bereits in diesem Zeitraum die Tendenz zu regionalen Zusammentreffen der Teilnehmer aller Baden-Badener Gespräche deutlich zu werden. So wurden beispielsweise schon 1959 je 3 Regionalgespräche „West" und „Nord" sowie je 2 „Süd" und „Südwest" geführt; 1962 fanden insgesamt 27 Regionaltreffen statt.

Während die ersten Satzungen der Gesellschaft nur den Zweck des Veranstaltens der Baden-Badener Unternehmergespräche enthalten, spricht die ab 11.6.1969 gültige Satzung der GFU erstmals davon, daß dem „Institut" (zur Förderung des industriellen Führungsnachwuchses) auch die Vorbereitung und Gestaltung der Folgeveranstaltungen obliege. Dies führte dazu, daß erstmals die Fortsetzungsgespräche in der offiziellen Informationsbroschüre der Baden-Badener Unternehmergespräche wie folgt erschienen:

> „Auf die dreiwöchige Hauptveranstaltung in Baden-Baden folgen mindestens vier Fortsetzungsgespräche,
> - die für je zwei Teilnehmergruppen (etwa 60 Personen) gemeinsam sind, der Reihe nach in Berlin, einem Ort des EWG-Raumes und in Westdeutschland stattfinden, einschließlich Hin- und Rückreise 3 Tage dauern,

– sich mit denjenigen Themen des Programms befassen, die in Baden-Baden nicht ausreichend behandelt werden konnten (Ostprobleme, EWG-Fragen, Außenhandel, Sozialpolitik, Automatisierung und Kybernetik, Operations Research).

Unabhängig von den – vom Träger der Baden-Badener Veranstaltungen organisierten und obligatorischen – Fortsetzungsgesprächen hat sich die Übung ergeben, daß sich nahe beieinander wohnende ehemalige Teilnehmer auf eigene Initiative zu Regionalgesprächen (z.B. in Düsseldorf, Hamburg, Frankfurt, München) treffen. Außerdem treffen sich die Gesprächsgruppen auch nach den Fortsetzungsgesprächen zu mehr oder weniger regelmäßigen Veranstaltungen."

Damit begann auch die Internationalisierung der Fortsetzungsgespräche mit zunächst dem Tagungsort Paris, dem sich später bis etwa 1980 Wien, Brüssel, London, Stockholm und Madrid hinzugesellten. Danach wurden noch Rom und nach der Wende auch Budapest und Prag in den Kreis der Tagungsorte aufgenommen.

Heute sind die Fortsetzungsgespräche integraler Bestandteil der Baden-Badener Unternehmergespräche und ergänzen das Hauptgespräch in Baden-Baden um wichtige Aspekte, deren Bedeutung und Unverzichtbarkeit bereits durch die Gründerväter und ersten Teilnehmer der Baden-Badener Unternehmergespräche erkannt wurde.

Hierzu heißt es in unserer aktuellen Informationsbroschüre:

Dem Hauptgespräch in Baden-Baden folgen vier weitere Gespräche. Diese „Fortsetzungsgespräche" finden in jährlichem Abstand in verschiedenen europäischen Hauptstädten statt. Sie dauern vier Tage und fassen jeweils zwei Gesprächsgruppen und die Ehefrauen zusammen. Die Geschäftsstelle der Gesellschaft organisiert die Treffen.

Das Gespräch soll das Verständnis für die internationalen Aspekte des Managements fördern. Es vermittelt Kenntnisse über Politik, Wirtschaft und Kultur jeweils eines europäischen Landes. Die Treffen unterstützen zugleich den gruppendynamischen Prozeß innerhalb und zwischen den Gesprächsgruppen.

Das Bewußtsein der Zusammengehörigkeit wird später auch durch Regionaltreffen in der Bundesrepublik und Fortsetzungsgespräche im In- und Ausland gefördert, die auf eigene Initiative der Gruppen hin organisiert und durchgeführt werden.

Derzeit finden die durch die Geschäftsstelle vorbereiteten und durchgeführten Fortsetzungsgespräche in Paris, London, Madrid und alternierend in Prag bzw. Budapest statt.

Auch hier gilt: Die Inhalte und die Orte ändern sich, die Zielsetzung aber bleibt nach wie vor, auch nach fast 40 Jahren, die gleiche.

Schlußbetrachtung

Zweck, Methodik und Ablauf der Baden-Badener Unternehmergespräche sind seit 1954 unter Beibehaltung der Grundprinzipien laufend weiterentwickelt worden. Die Aufbereitung des Gesprächsstoffs ist weitgehend unverändert geblieben. Auf diese Weise ist erreicht worden, daß bei überwiegend gleichbleibenden Unternehmenszielen die sich ständig wandelnden Teilziele und Wege zum Erfolg in lebendigem Gespräch und ohne Rezept und Modell-Doktrinen von kompetenten Praktikern der Unternehmensführung immer wieder neu durchdacht werden konnten. Dies spricht dafür, daß die damals gewählte Konzeption gut überlegt und den langfristigen Bedürfnissen einer wirksamen Förderung des Unternehmernachwuchses angemessen war.

Somit gilt auch für die Baden-Badener Unternehmergespräche als einer bewährten Institution die alte Regel, daß sie sich im Kern um so mehr gleich bleiben, je mehr sie sich wandeln und dem wechselnden Zeitgeist anpassen. Der Generationswechsel vollzieht sich hier lautlos. Der Wandel geschieht z.B. auch dadurch, daß bei jedem Gespräch ein gutes Drittel der jeweils 50 bis 60 Mitwirkenden erstmals vor den „Baden-Badenern" spricht. Auf diese Weise werden Routine und Erstarrung vermieden. Auch zu den jeweils für zwei Gesprächsgruppen veranstalteten Folgegesprächen wird ein ähnlich hoher Anteil neuer Referenten eingeladen. Dieses erfolgreiche Verfahren wäre nicht möglich gewesen, wenn man dem seinerzeit diskutierten Vorschlag gefolgt wäre und anstelle der Unternehmergespräche eine Unternehmerakademie mit hauptamtlichen Referenten gegründet hätte.

Ein weiteres Element des Wandels rührt daher, daß die Teilnehmer eines Gespräches nicht nur aus Mitgliedsfirmen kommen, sondern zu etwa einem Viertel aus solchen Firmen, die selbst gar nicht Mitglied der Gesellschaft zur Förderung des Unternehmernachwuchses sind.

So sind die Gespräche in ihrer heutigen Gestaltung das Ergebnis immer neuer Anregungen und laufender Anpassung an den Wandel der unternehmerischen Aufgabe. Sie sind so gefragt, daß ständig eine Warteliste existiert und in gewissen Abständen drei statt der üblichen zwei Gespräche im Jahr veranstaltet werden müssen.

Der Gedankenaustausch zwischen Teilnehmern, Referenten, Diskussionsleitern, Geschäftsführung und Gesprächsleitern im Gespräch ist nach unserer Überzeugung die bei weitem beste, menschlichste und wirkungsvollste Form, Wissen, Erfahrung, Kenntnisse und Erkenntnisse weiterzugeben.

Die Baden-Badener Unternehmergespräche in Zahlen

3012 Teilnehmer

Teilnehmer nach Unternehmensgröße (Beschäftigtenzahl)	
1 – 499	224
500 – 999	151
1.000 – 2.999	330
3.000 – 4.999	255
5.000 – 9.999	331
10.000 – 49.999	870
50.000 – 99.999	104
100.000 und mehr	743
Bundesministerien	4
Damen	12, davon 5 seit dem 93. BBUG
Verstorbene	475

Teilnehmer nach Wirtschaftszweig	
Industrie	2502
Versicherung, Handel, Banken	496
Sonstige	14
Mitwirkende	ca. 2.200

Persönlichkeitsbildung im dialogischen Prozeß

Peter Zürn

Der Mensch – das unbekannte Wesen

Allein kommt der Mensch zur Erde, einsam und eingeengt in den Geburtskanal des mütterlichen Schoßes, von dem er zuvor in den ersten neun Monaten seines noch wie schwerelosen Werde-Seins in dieser Welt ganz warm und wohlig geborgen und ausgetragen wurde. Ob als Sturzgeburt, zögernd und mit langanhaltenden Wehen herbeigepreßt oder per Kaiserschnitt befreit und an das Licht der Welt gebracht: Stets führt der Weg der Menschwerdung zu Anfang in die Ausgestoßenheit der Erdenschwere. Mit dem berühmten ersten Schrei und Atemzug beginnt dann das, was man den je eigenen Lebensweg des Menschen nennt, der sich mit seiner Inkarnation in das Wagnis jeweils höchstpersönlicher Individuation begibt. Begleitet erst von Arzt, Hebamme und Eltern, immer neu natürlich zuvörderst von der Liebe der Mutter sowie später von Geschwistern, Freunden, Paten und Lehrern macht sich das Neugeborene auf seinen Weg hin zum Bilde dessen, als das es angelegt ist als ein einmaliger und einzigartiger Entwurf von Karma oder genetischem Code – als ein individueller „Gedanke Gottes", wie auch schon gesagt wurde. Auf diesem Wege von der Wiege bis zur Bahre gilt es, den Gestaltungsrahmen nach Anlage und Disposition im Umfeld von Kontext und Verfaßtheit auszufüllen und zu entwickeln. Um das Bild von sich selbst nicht zu verfehlen, bedarf es der Aufnahme und Ausfaltung von Wissen und Gewissen, der Bewegung und Bewährung im Umgang mit sich und anderen.

Dieser Umgang mit der Welt im Innen und Außen ist der dialogische Prozeß, in den der Mensch unausweichlich und fortgesetzt eingespannt bleibt bis zum Lebensende, im Wechsel auch zwischen Selbstgespräch und Kommunikation, zwischen vita contemplativa und vita activa. Und wenn er die Welt dann schließlich nach der ihm zugemessenen Lebensspanne verläßt, ist er wiederum unfehlbar allein, einsam auf dem Rückweg dorthin, woher er kam und wo sich wohl die Frage stellt nach der Bewältigung seines Mensch-Seins, der „Stationen auf dem Lebensweg", die ihm zu immer neuer Übung aufgegeben waren.

Trotz der im allgemeinen immer wieder neu und doch so fruchtlos geübten Verdrängungen ist es deshalb sinnvoll, sich so früh wie möglich der einzig unumstößlichen Lebenstatsache des eigenen Todes bewußt zu werden:

„Mors certa, hora incerta est" – Gewiß ist der Tod, ungewiß ist nur die Stunde. Darin scheint sich auch eine irgendwie gütig geartete Schicksalhaftigkeit auszudrücken, da wohl nur wenige Menschen mit der nach Tag und Stunde im voraus festgelegten und gewußten Sicherheit des eigenen Todes zu leben vermögen, ohne zu verzweifeln. Aus dem Bewußtsein von Vergänglichkeit aber mag sich ein bedingungsloses Ja ergeben zur Aufnahme der Aufgabe der Selbstwerdung, der Individuation in Welt und Umwelt, zur Ausfaltung und Herausbildung der Persönlichkeit im Umgang mit dem jeweils neuen Du des gelebten Dialogs.

Person, Persönlichkeit und Charakter

Person im juristischen Sinne ist, wer Rechte und Pflichten haben kann – also der Mensch, soweit er erwachsen und rechtsfähig ist, als natürliche Person oder eine Firma (= der Rechtsname des Kaufmanns) bzw. Organisation als juristische Person. Vom lateinischen „persona", Maske oder Rolle des Schauspielers abgeleitet, durch die im Hindurchtönen (personare) auf der Theaterbühne das Wort oder die Botschaft des Dichters verkündet wurde, bezeichnet „Person" schon seit dem späten Altertum den einzelnen, das Individuum in seiner menschlichen Eigenart und damit nicht nur als Naturwesen. Es versteht sich darunter insbesondere das Zusammenleben menschlicher Individuen im gegenseitigen Wollen und Streben, in der Begegnung von Meinungen, Einsichten, Vorurteilen sowie Stellung zu Ansprüchen, Gesinnungen und Wertungen.

Seit dem 18. Jahrhundert erst wird von der Person die Persönlichkeit unterschieden, deren Begriff, Status und Entwicklung dann im Folgenden dargestellt werden soll. Dabei ist Persönlichkeit gegenüber der realen, natürlichen Person stärker Geist- und Werte-orientiert mit dem Anspruch und Aufruf zur tugendhaften Selbstverwirklichung im Sinne des sich Selbstfindens und Treubleibens – bei Kant mit dem „intelligiblen" oder unwandelbaren Charakter beschrieben.

Charakter, aus dem Griechischen „das Gepräge", ist dem Personalen gegenüber der ältere und grundlegende Begriff. Er meint die dem Menschen je eigene ursprüngliche Mimik aus dem Spiegel seiner Seele noch ohne Maske, Rolle oder „persona" – das „Eingegrabene, Eingedrückte, Eingeschnittene, Eingeprägte", das sich in den Zügen des Gesichts und dem Ausdruck des Körperbaus eher unverstellt zeigt. Charakter weist damit auch dem Wortsinn nach auf etwas Vorgegebenes, Angelegtes, Bleibendes, Charakteristisches, Typisches hin – im Gegensatz zum mehr auf Veränderung und Entwicklung angelegten Werde-Weg der Persönlichkeit. Natürlich gilt dies nicht absolut, weshalb schon Kant neben dem intelligiblen den empirischen oder wandelbaren Charakter beschreibt, der dem Menschen zur eigenen Entwicklung gemäß seinem freien Willen aufgegeben bleibt. Man könnte dazu vielleicht von einem Anlagengefüge sprechen, das als entwickelbare Grundform des Menschseins den Auftrag der entsprechenden individuellen Herausformung enthält. Verkürzt und vereinfacht formuliert: Charakter ist man (hat man – oder auch nicht!), Persönlichkeit wird man (hoffentlich!).

Daß Charakter etwas mit Werten und Werthaltungen zu tun hat, leuchtet rasch ein, wenn man ihn am Gegensatz des nicht vorhandenen mißt: Charakterlos zu sein wird kaum erstrebt oder anerkannt und hat immer etwas mit menschlicher Fehlhaltung, mit sittlich-ethischer Fragwürdigkeit gemein. Besser verständlich von daher, daß sich in den Grundsätzen für das „Management Development" eines führenden internationalen Chemiekonzerns mit Sitz in Basel die Forderung findet, „bei der Ernennung zu definierten Schlüsselpositionen dem Charakter der Kandidaten die sorgfältigste Beachtung zu schenken". Wäre doch ohne die Voraussetzung und das Vorhandensein eines entsprechenden Charakters im Sinne positiver Anlagen und einer angeborenen und eingewohnten Disposition alle Mühe späterer Schulungs- und Entwicklungsprogramme fruchtlos und vergeblich wie das Aufpfropfen durch den ungeschickten Gärtner auf einem dürren Baume.

Der Charakter ist das Material, das Holz, aus dem sich in Verlauf und Zuschnitt eines Lebens die Persönlichkeit gestaltet. Ob Birke, Birne, Ahorn, Esche oder Teak: Härte und Maserung sind im Holz wie in der Seele angelegt und vorgegeben und weisen dem Schnitzmesser des Schicksals den Weg, dessen Weisung und Möglichkeiten zur Modellierung und Gestaltung nicht ohne Schaden oder Not verlassen oder vergewaltigt werden. Die Maserungen des menschlichen Charakters sind Prägungen, Einstellungen und Gesinnungen, die sich nach Anlagen, Einflüssen, Erziehung und Begegnungen mit und in der Welt günstiger oder weniger günstig entwickeln können. So verlangt denn auch beispielsweise die Verfassung des Freistaates Bayern, die „Kinder als das köstlichste Gut eines Volkes" bezeichnet, „die Schulen sollen nicht nur Wissen und Können vermitteln, sondern auch Herz und Charakter bilden". Und bei Chamfort schon lesen wir: „Man vermag nichts mit seiner Intelligenz, wenig mit seinem Geist (esprit), aber alles mit seinem Charakter".

Bildung – Aus-, Fort- und Weiterbildung

Bildung – Ausbildung – Fortbildung – Weiterbildung in Elternhaus – Kindergarten – Schule – Hochschule – Betrieben und Veranstaltungen aller Art bis hin zu Senioren-Clubs oder sonstiger Vorbereitung auf den „dritten Lebensabschnitt": ein fast im wörtlichen Sinn des „lebenslangen Lernens" von der Wiege bis zu Bahre reichendes Programm mit dem zentralen Begriff der

Bildung, die Ralf Dahrendorf seinerzeit als Bürgerrecht postulierte. Voraussetzung für jede Art von Bildung und Erziehung sind Lernfähigkeit und Lernwilligkeit – angesichts sprunghafter technologischer Entwicklungen in Wirtschaft und Gesellschaft keine Selbstverständlichkeit.

Auch im Computerzeitalter, wo jeder Schüler schon im Umgang mit den PC geübt ist, bleibt Allgemeinbildung eine Bürgerpflicht. Kein Computer, und sei er noch so vollständig programmiert, kann je das persönliche, personale Vorbild des Vorgesetzten oder Erziehers ersetzen.

Kein Computer-Programm, und sei es noch so umfangreich gespeichert, vermag je die emotionalen Unwägbarkeiten von Menschen und Märkten komplett auszuschalten.

Kein Bildschirm und kein Monitor, und sei er noch so perfekt der Wiedergabe, brächte je die Atmosphäre von Hautnähe und atmender Angerührtheit in die Videokonferenz, mit der man mittlerweile die Entfernung zwischen den Kontinenten zu verkürzen versucht.

Der eigentliche Dialog, wie er zwischenmenschlicher Beziehung und Begegnung inhärent ist, bleibt stets personal und persönlich, wenn auch technisch unterlegt und gestützt. Mag auch zur Schulzeit wie in der Weiterbildung die Informationsaufnahme zur Ausbildung von Wissen und Können überwiegen, so bleibt doch die Verpflichtung zur gegenseitigen, dialogischen Herausbildung eines Bewußtseins, das über den Nützlichkeitsaspekten nicht die Sympathien für andere Wesen – Mensch, Tier, Pflanze, Natur – sowie das Gefühl einer moralischen Verpflichtung und Verantwortung vernachlässigt.

„Hardware – Software – Humanware", so formuliert eingängig und programmatisch der Japaner Miyabayashi von der Firma Minolta in Kurzform den Anspruch einer diesbezüglichen Orientierung. Menschlichkeit ist nur dem Menschen eigen; in ihr trifft oder verfehlt er sich selbst und sein Bild von der „Humanware".

Die Einübung der Menschlichkeit ist deshalb ein aller Erziehung und Bildung notwendig zugehöriger Bau- und Bestandteil. Dabei – oder noch davor – entsteht dann auch die Frage nach dem Bild des Menschen, das Theologen, Philosophen, Soziologen und Naturwissenschaftler gleichermaßen beschäftigt, wo es eine „Lehre vom Menschen" als solche, trotz aller anthropologischen Ansätze, nicht gibt.

Ob man ihn nun vor dem Hintergrund der Technik als Schwachstelle und Fehlerquelle im kybernetischen System sieht oder als genetisch determiniertes Programm und Ausdruck physiologischer und psychologischer Triebe und Bedürfnisse, als Ergebnis von Karma und Wiedergeburt oder imago dei, als Krone der Schöpfung mit dem freien Willen zur Selbstbestimmung oder – mit dem griechischen Philosophen Protagoras – als das Maß aller Dinge und die Lösung aller Rätsel der Sphinx: Immer ist es der Mensch selbst, dem alles Wissen und Wirtschaften zu Gute kommt – oder auch nicht.

Zur Konturierung seines Bildes ließe sich vielleicht aus dem „soft law" unseres Rechts-Systems zusätzliche Klarheit gewinnen, wozu bereits der erste Artikel des Grundgesetzes die Würde des Menschen als unantastbar garantiert – was dem entspricht, was Erich Fromm einmal als die „kostbarste Errungenschaft des Abendlandes" bezeichnet hat. Neben solchen ausdrücklich proklamierten Erziehungszielen gehören zahlreiche Bestimmungen in den Verfassungen der Länder wie des Bundes kraft sozialpädagogischer Verfassungsinterpretation in die Fassung und Ausgestaltung menschlicherzieherischer Ideale, wofür stellvertretend der Artikel 33 der Verfassung von 1947 des Landes Rheinland-Pfalz stehen möge: „Die Schule hat die Jugend zur Gerechtigkeit und Nächstenliebe, Achtung und Duldsamkeit, Rechtlichkeit und Wahrhaftigkeit, zur Liebe zu Volk und Heimat, zu sittlicher Haltung und beruflicher Tätigkeit und in freier demokratischer Gesinnung im Geiste der Völkerverständigung zu erziehen." Wie auch in der zitierten Bestimmung der bayerischen Verfassung, des Grundgesetzes und an vielen anderen Stellen unserer freiheitlich demokratischen Rechtsordnung ist also durchaus ein identisches Menschenbild sozialethischer Dimension vorgegeben.

Das Werden der Persönlichkeit als Prozeß

Der Mensch als Person, das ist ein Individuum unter anderen Individuen. Der Mensch als Person, das ist ein Gewordener, ein Geworfener auch im Sinne der Heideggerschen Kontingenz. Insofern er lernt zu sprechen und man mit ihm sprechen kann, wird der Mensch Person, – Mensch unter Menschen, geführt und geübt, von der Mutter, den Eltern und Geschwistern, Lehrern und anderen, in der „Welt als Du". Der Mensch wird am Du zum Ich; im Anfang ist die Beziehung. Nur dadurch, daß das Du dem Ich gegenwärtig wird, entsteht Gegenwart. Alles wirkliche Leben ist Begegnung (Buber). Aus dem in die Freiheit Geworfenen wird ein sich zur Freiheit Entwerfender, – ein Werdender. Mit der Philosophin Jeanne Hersch („Die Hoffnung, Mensch zu sein") „gibt es Menschenrechte, weil die Menschen allein die Würde haben, die Freiheit zu wollen, die es ihnen ermöglicht, sich selbst als Aufgabe aufzufassen". Der Mensch ist ein Wanderer („homo viator"), nicht nur zwischen den Welten, sondern auf dieser Erde als einer, der zu sich selbst unterwegs ist auf dem Werde-Weg der Persönlichkeit. Diese wird deshalb als ein Prozeß angesehen, als eine Entwicklung hin zu dem, als der der Mensch angelegt ist. Wohin der Weg führt, kann er deshalb auch nur selbst ahn-wissen, denn schon Nietzsche sagt dazu: „Es gibt auf dieser Welt einen einzigen Weg, den nur Du allein gehen kannst. Wohin er führt? Frage nicht, geh' ihn!".

Es bedarf also der Bewegung, des Vorwärtsschreitens auf solchem Weg, um vielleicht am Ende – oder auch schon unterwegs – den Durchbruch zur eigenen Persönlichkeit zu erleben. Da man sich aber auf blitzartige Durchbrüche, Erkenntnisse, Erfahrungen, Erleuchtungen oder Erlebnisse nicht verlassen kann oder soll, ist es besser, sich selbst auf den Weg zu machen: Selbst bewußt zu werden, um schließlich zum wahren Selbst-Bewußtsein zu gelangen, das sich nicht nach außen in die Brust wirft, sondern nach innen orientiert, wo das eigene Herz mit den Flügeln von Pascal der Entdeckung harrt.

„Werde, der du bist,– doch erkenn' erst" – so steht es in Pindars zweiter pythischer Ode 72 wie über dem Apollo-Tempel und anderen Gedenkstätten der Griechen. Es bedurfte also nicht erst der analytischen Psychologie, um den oft so beschwerlichen Weg zu weisen zur Selbsterkenntnis, wenngleich dieser vielleicht in unserer denkwütig so einseitig dem Intellekt und der Ratio verschriebenen Welt wie kaum ein anderer geeignet ist, Hilfe zur Selbsthilfe aufzuzeigen.

Nicht umsonst wurden Wille und Bereitschaft zur Selbsterkenntnis schon als die einzige conditio sine qua non, die wichtigste Grundbedingung jeder rechten Erfüllung einer Führungsaufgabe genannt, die stets bei der eigenen Führung und Haltung beginnen muß. „Liebe deinen Nächsten wie dich selbst", gibt uns dazu die Bergpredigt mit auf den Weg. Darin enthalten ist das Mittel zum förderlichen Umgang mit sich selbst und den anderen, insbesondere den eigenen Schwächen, die es liebend zu erkennen gilt, bevor das Bild des persönlichen Schatten (nach C. G. Jung) auf- und ernstgenommen werden kann. Daß dies meist von anderer, nicht nur schöner und gelegentlich durchaus erschreckender Art ist, gehört zum Menschsein und macht vorsichtiger, einsichtiger, demütiger, wenn man sich wirklich darauf einläßt und Abstand nimmt vom geschönten und geliebten Selbst-Bild des Ego. Bedachtsamkeit gehört dazu wie Achtsamkeit, um sich auf dem Kriegspfad mit dem Ich und seinen vielfältigen Tücken nicht zu verlieren, aber schließlich kann nur der Mensch als wahrer Krieger (nach Castaneda) den Schrecken, ein Mensch zu sein, verbinden mit dem Wunder, ein Mensch zu sein – woraus er erst wirkliche Würde gewinnt.

Persönlichkeit als Prozeß, als Weg des immer mehr Wach-Werdens, des Wachsens und Erwachsen-Werdens, des Selbst-Werdens der Selbstverwirklichung, bedarf neben stets wacher Achtsamkeit vor allem der Geduld, die schon als Kraft in höchster Potenz bezeichnet wurde. Solche Geduld weiß um die Stationen und Prüfungen auf dem Lebensweg, die es immer neu im aktiven Warten zu bestehen gilt, ohne den Versuchungen der Trägheit und Bequemlichkeit zu erliegen, die so gerne einmal Erkanntes und Erreichtes festhalten möchte. Doch wo alles im Fluß und in Bewegung ist, läßt sich nichts festhalten („panta rei" mit Heraklit) – nichts ist beständig außer dem Wandel. Nur so kann der Werde-Weg der Persönlichkeit in Wahrheit als Prozeß gesehen werden, der (fast) nichts anderes verlangt, als den nächsten Schritt zu tun, als wiederaufzustehen, wo man gefallen ist. Nicht das Straucheln im unwegsamen Gelände der Seinsheit ist vorwerfbar, nur das Zögern, wieder aufzustehen und es sich gar in seiner Lage bequem zu machen. Leben ist Bewegung, ist Fortschritt; Stillstand ist Rückschritt, ist Tod.

Persönlichkeit bildet sich allmählich im Laufe eines jeden Lebens heraus durch das Bestehen unendlich vieler Proben an Bedrängnis, Bewährung und Bewältigung, für die der „Alltag als Übung" (Graf Dürckheim) jene Vielzahl von Gelegenheiten bereithält, von denen jede die jeweils beste ist. „Das Alltägliche ist der Weg", heißt es dazu in östlicher Philosophie, und auch: „Der Weg ist das Ziel" (Laotse).

Es lohnt sich also nicht, auf das große Glück oder die einmalige Gelegenheit zu warten, die vielleicht nur nicht als solche erkannt wurde – weil zu sehr egoistisch ersehnt. Viel Energie wird so vergeudet, verwartet und versäumt, anstatt sie ganz einfach zum Weitergehen, zum Vorwärtsschreiten einzusetzen auf dem Werde-Weg der reifenden Persönlichkeit.

Um das Bild von sich selbst nicht zu verfehlen, das uns in der Persönlichkeit günstigenfalls gegen Ende einer Individuation entgegentritt als Ergebnis lebenslanger Prozesse von Personwerdung und Gestaltgewinnung, bedarf es der Entfaltung und Entwicklung von aufgenommenem Wissen und ernstgenommenem Gewissen, das untrüglich der Orientierung dient. Was einer wird, das ist er immer auch schon gewesen – nach innerer, eigentlich eigener Anlage und persönlicher Disposition von Karma und Geburt. Wie einer nicht aus seiner Haut kann – auch wenn er manchmal aus ihr fahren möchte –, so ist es sicher besser, sich selbst in seinen Grenzen und Begrenzungen erkennen, anerkennen und lieben zu lernen. Denn wie das berühmte zuletzt noch gepflanzte Apfelbäumchen bei noch so pfleglicher Behandlung keine Birnen hervorzubringen vermag, so bleibt es auch dem Menschen in seinem Lebenskreise eingeboren und aufgegeben, zu sich selbst zu finden und sich nicht zu entfremden oder zu überhöhen, um mit dem Mut der Demut und der Integrität der Identität schließlich zu seiner unabdingbaren persönlichen Authentizität in gelebter Echtheit zu gelangen. Erst dann ist der Mensch „wesentlich" geworden (im Sinne von Angelus Silesius), wenn seine Persönlichkeit Zeugnis gibt von der Weise, in der das Währende seines Wesens in die Erscheinung tritt – transparent für Transzendenz und nicht mehr bedacht auf Wirkung, sondern wirkmächtig an und für sich.

Persönlichkeit und Kommunikation

„Kommunikative Kompetenz" lautet mit einem gebräuchlich gewordenen Schlagwort die Forderung nach dem, was man im Umgang von einander erwartet, einschließlich Informationsaustausch per Telefon, Fax, Video oder sonstiger technisch möglich gewordener Verbindungen. Daß es trotz alledem nicht überall zu der angestrebten Verständigung kommt, liegt an der bei aller Multimedialität nach wie vor einseitig mit ihren fünf Sinnen ausgestatteten Natur des Menschen, für die rechtes Hören beispielsweise noch immer ein Problem zu sein scheint. Vermehrt gilt dies natürlich für jene, die gemäß Funktion und Position „das Sagen" haben, doch bleiben auch sie auf Gehör und Gehörtes angewiesen, wo Ungehörigkeit und Aufmüpfigkeit die Tradition des Gehorsams gelegentlich fruchtbar durchbrochen haben.

Natürlich spielt sich Kommunikation nicht nur im Hörensagen der Sprache ab: Mimik, Gestik, Handlung und Haltung spielen ihre Rolle aus der vielberufenen Körpersprache, die ihre Zeichen der Zuwendung oder Ablehnung aus dem Ungewußten oft noch vor dem Wort aus der Welt der Bilder entnimmt, in der wir agieren und rezipieren, in der wir uns mitgestaltend darstellen. Unwillkürlich und manchmal sogar anders als gewollt, senden wir im Kontakt mit Umwelt und Mitmensch Signale aus und nehmen solche auf, um sie mehr oder weniger bewußt wieder in unsere Reaktionen umzusetzen: „Man kann nicht nicht kommunizieren", wie Paul Watzlawick zutreffend einfach formuliert.

Vor der säkular und lautstark geforderten Kommunikation („wir sollten mehr miteinander sprechen" – was natürlich Hörbereitschaft einschließt!) gerät mehr und mehr in den Hintergrund des Vergessens, wo dieser Begriff seinen Ursprung hat, nämlich im geistigen, geistlichen Gemeinschaftsraum der Kirche, wo die sakrale communio oder Kommunion den Rahmen gab für die gemeinsam begangene Feier von Abendmahl und heiliger Messe.

Von solcher Feierlichkeit des Miteinander haben wir uns weit entfernt im Alltag des verbalen Untereinander, wo Wort und Sprache vielerorts degeneriert erscheinen zum profanen Träger monologischer Information und Weisung. Weit, sehr weit erscheint hier oft noch der Weg zur dialogischen Verständigung, die des verständnisvollen Willens zum Verstehen des anderen auch im Sinne der communio, der Stiftung von Gemeinsamkeit bedarf. Noch vor der grundgesetzlich garantierten Achtung vor der Würde des anderen, der so vom Gegenüber zum Gesprächspartner wird, sollte deshalb eine neue und bewußt gemachte Achtung und Ehrfurcht stehen vor der Sprache selbst, diesem sensibelsten aller Medien menschlichen Miteinanders.

Wichtigstes Mittel zwischenmenschlicher Verständigung ob in Diskussion, Diskurs, Dialog oder ganz einfach Gespräch ist und bleibt die Sprache mit dem (richtigen) Wort, das es zu treffen und zu beherrschen, zu wissen und zu wagen gilt. Im Anfang war das Wort, der Logos, der Geist, „der über den Wassern schwebte". In der Sprache wird der Geist Welt, mit der Wirrnis der Sprache beginnt die Verwirrung der Geister: Babylon ist hier und heute. Was ursprünglich einfach erschien auf dem Weg der Menschwerdung in bewußter Selbstreflektion wie in der schöpferischen Gestaltung von Verständnis und Verständigung mit Umwelt und Mitmensch, nämlich heimisch zu werden in der Sprache als dem „Haus des Seins" nach Martin Heidegger, erscheint heute zunehmend kompliziert. Von Heidegger stammt auch das Bild von der Sprache als dem „Geläut der Stille", worin schöner als in vielen Worten der Bereich des „Zwischen" angedeutet wird, aus dem ein Gespräch in gelegentlich durchaus verhaltener Rede und Gegenrede erst seine wahre kommunikative Dimension des geteilten und vermittelten, des mitgeteilten Sinnes und Seins gewinnt.

Dazu gehört dann auch, daß einmal etwas ungesagt bleiben und vielleicht dennoch verständnisvoll aufgenommen werden kann. „Die Unaussprechlichkeit ist eine zufällige Linie, welche die Grenze des Zusammenfalls von Gedanke und Sprache bezeichnet", sagt Ortega y Gasset in „Schweigen, das große Brahman". In einem beredten Schweigen mag denn auch manchmal mehr zum Ausdruck kommen als im nichtssagenden Gerede dessen, der das große Wort führt. Sprechen und sagen sind in diesem Sinne nicht immer das gleiche. Da mag einer viel daherreden, und doch sind seine Äußerungen ganz und gar nichtssagend – während ein anderer eher vielsagend und durchaus bedeutungsvoll zu schweigen vermag.

In einer anderen Kultur als der unseren, nämlich der japanischen, hat dies dazu geführt, daß gar die schweigende Kommunikation nach wie vor als die höchstmögliche Form zwischenmenschlicher Verständigung überhaupt gilt. Kein Wunder also, daß viele Gespräche dort nicht so verlaufen, wie man es sich von hier aus vorstellt, Wird doch auch in der japanischen Zen-Kultur davor gewarnt, „Worte nicht mit der Wirklichkeit" und Begriffe nicht mit der Wahrheit des Seins zu verwechseln, was sich im Lankavatara-Sutra des Buddha so liest: „Möge der Jünger sich davor hüten, sich an Worte zu klammern, in der Meinung, daß sie ihrem Sinn völlig entsprächen. Denn die Wahrheit liegt nicht im Buchstaben beschlossen. Wenn ein Mensch mit dem Finger auf etwas zeigt, so mag die Fingerspitze vom Uneinsichtigen bereits als das angedeutete Objekt angesehen werden. In gleicher Weise sind die Unwissenden wie die Kinder nicht fähig, die Idee aufzugeben, daß in dem Fingerzeig der Worte deren ganzer Sinn bereits enthalten ist. Sie können sich die höhere Wahrheit nicht vorstellen, geschweige denn in sich selbst verwirklichen, weil sie sich an Worte klammern, die doch nicht mehr sein sollten als ein weisender Finger. Denn die Wahrheit – die Wahrheit liegt jenseits aller Worte." Jenseits aller Worte, im unwegsamen Gelände der Seinsheit mit der allem Lebendigen innewohnenden Unwägbarkeit von Einhalten und Gestalten, kommt es dem Menschen zu, im „Dennoch!" seinen Weg zu gehen. Worte können dafür nur Wegweiser sein auf der Landkarte des Seins und Werdens, die unsere Sprache immer wieder neu und bunt entwirft – und die es in ihrer Abbildlichkeit nicht mit der existentiellen Wahrheit zu verwechseln gilt, die immer wieder neu ergangen und erfahren, individuell erlebt und verwirklicht sein will.

Auch wenn es sich nur um Fingerzeige handelt, so sind Wort und Sprache doch nur in hörsamer Aufmerksamkeit zu erfassen und zu verstehen. „Höre geduldig den an, der mit dir spricht und beeile dich nicht, ihn zu unterbrechen: Man fängt eine Unterhaltung nicht mit Antworten an" – so lesen wir in den Erzählungen von 1001-Nacht. Wenn hierzulande Zuhören dagegen als eine zu wenig geübte Kunst beklagt wird, so liegt dies daran, daß wir zu oft nicht wirklich bereit sind, uns dem aus seiner Natur ganz auf Empfang gestimmten Ohr wirklich mit Hirn, Herz und Hörsinn aufnahmebereit hinzugeben und auf den jeweiligen Sender, den Gesprächspartner und seine Signale, einzustimmen.

Echtes und aktives Hören, Zuhören beginnt immer beim Gegenüber, beim Du, beim anderen, dem man mit Ohr und Sinn aufgeschlossen begegnen muß. Um seinen Standort zu ergründen, muß man sich in ihn hineinversetzen, ihn „verstehen" wollen, aus ihm heraus mithören und nachvollziehen, was er gedanklich und argumentativ anbietet und darstellt – mag es auch etwas unbeholfen aus seinem Standpunkt heraus formuliert sein. Nur dann kann man sich seiner Darstellung annähern, wenn man ihm auf seiner Ebene begegnet, auf die man sich je nachdem hinaufheben oder herunterbegeben muß, ohne allerdings dabei überheblich oder herablassend zu sein oder auch nur zu scheinen. Zuhören heißt wahrnehmen, ernstnehmen, aufnehmen, zulassen und umsetzen – auch und gerade da, wo man vielleicht anderer Ansicht ist. Erst aus einem gleichwertigen, gleichgewichtigen Austausch im echten Dialog und unabhängig von vorgefaßten Meinungen der funktionalen Hierarchie und ihrer Monologe kann das Wagnis neuer Wege, Worte und Wertungen – ja vielleicht neuer Wirklichkeiten entstehen, die das Miteinander weiterführen und bereichern.

Daß auf solchen Wegen immer wieder neue Mißverständnisse lauern, ist unvermeidlich und menschlicher Fehlsamkeit zu eigen. Selbst bei gutem Willen sprechen zwei nicht immer dieselbe Sprache und es ist ein manchmal schwieriger und weiter Weg von gedacht über gesagt, von gehört über verstanden und einverstanden, akzeptiert und getan. „Es gibt nichts Gutes, es sei denn, man tut es" sagt Erich Kästner.

Wesentlich im Sinne einer auch als ethisch richtigen, als gerecht und richtig empfundenen Kommunikation sind Konsequenz und Glaubwürdigkeit der Beteiligten, die sich aus Übereinstimmung von Wort und Werk, von Handlung und Haltung ergeben. Offenheit und Aufgeschlossenheit, achtsame und achtungsvolle Aufmerksamkeit sowie selbstkritische Aufrichtigkeit sind die existentiellen Bausteine, aus denen sich die inter-individuelle Beziehung und Begegnung bildet, die dem Menschen das Miteinander leichter macht. Neben die Achtung vor der Würde, Personalität und Persönlichkeit tritt deshalb gebieterisch die Achtung vor dem Wort – mit Dag Hammarskjöld die erste Forderung in der Disziplin, durch welche ein Mensch zur Reife erzogen wird – intellektuell, im Gefühl und sittlich.

Das dialogische Prinzip

Unter dieser Überschrift wurden 1958 vier Schriften von Martin Buber veröffentlicht, deren Entstehung teilweise noch viel weiter zurückgeht: Ich und Du (1923), Zwiesprache (1932), Die Frage an den Einzelnen (1936) und Elemente des Zwischenmenschlichen (1953). Wie kaum ein anderer Denker vor oder nach ihm hat Buber das echte Gespräch als wesentliches Element, als Begründung und Begrenzung gleichermaßen des Zwischen im Menschlichen, des Zwischenmenschlichen schlechthin beschrieben. Im echten Gespräch geschieht die Hinwendung zum Partner in aller Wachheit, Wahrhaftigkeit und Offenheit. Solche wahrhafte Hinwendung des Wesens zu einem anderen Sein in Person schließt dessen Bestätigung und Akzeptation mit ein, ohne notwendig zu einer Billigung all seiner Standpunkte zu kommen. Akzeptanz aber im Sinne einer wirklich (gesprächs)-partnerschaftlichen Beziehung aus gegenseitigem Vertrauen ist notwendig, wozu sich jeder Teilnehmer am Gespräch selbst wirklich, willentlich und wirksam persönlich einbringen muß. Dazu gehört dann die Bereitschaft, sich selbst und seine Meinung in Frage zu stellen, auch in Frage stellen zu lassen und den oder die anderen völlig ernst zu nehmen, was den Respekt vor der personalen Würde und Unantastbarkeit des Menschen einschließt. Dieser Respekt gebietet die Diskretion dem anderen gegenüber auch dort, wo ihm vielleicht die Worte fehlen oder er sich nicht weiter äußern will.

Echte Gespräche lassen sich nur bedingt vordisponieren oder konzipieren und bedürfen stets der Freiheit aller Beteiligten, neues in Gedanken und Gestalt entstehen zu lassen, auch wenn es zu Überraschung in Wendung und sprachlicher Gewandung führt. Darin eben unterscheidet sich das Dialogische vom Autoritären als Prinzip, daß es der Entstehung von Neuem aus dem Prozeß heraus offen ist, ohne dogmatische, ideologische oder sonst autoritative Vorfixierung.

Auch vom Dialektischen als Idee oder historischem System nach Marx und Hegel unterscheidet sich der Dialog als Kunst der Unterredung zur Klärung der Begriffe, wobei so manche der heute oft als Hörstück vorgeführten Unterredungen ebenfalls meilenweit vom echten Gespräch entfernt sind.

Dialog ist weder Diskussion noch bloßer Meinungsaustausch. Dialogbereitschaft wurde schon als das Kriterium schlechthin für die Ethik eines Unternehmens angesprochen. Darin berührt sie sich mit der sogenannten Diskursethik, in der sich praktische ethische Vernunft und ökonomische Rationalität zu verbinden suchen. Dialog kann dazu führen, daß im interaktiven Prozeß die häufig vorzufindende Fragmentierung und Angst durch Kohärenz und Sinn ersetzt wird. Sinn ist in der Technokratie die knappste aller Ressourcen, und doch leben wir nicht von den Dingen, sondern vom Sinn der Dinge (St. Exupéry). Dialog kann zu Kohärenz führen. Durch den freien Fluß von

Gedanken und Gefühlen in einer Situation existentieller Verbundenheit kann sich der Sinn des Ganzen – also die Wahrheit – zeigen. Nicht aus Meinungen und deren Austausch, auch nicht aus der Meinung derer, die sie schon immer gepachtet zu haben glauben, entsteht Wahrheit. Sie ist vielmehr im Falle von Gelingen in Verbindung mit Gnade das Ergebnis eines subtilen interaktiven Prozesses – mit dem Philosophen Jaspers gesprochen: „Im Horizont des anderen erkennen wir die Wahrheit". Nur im gemeinsamen Handeln und Reflektieren entsteht beiderseitige Wahrhaftigkeit, in der die Wahrheit gründen kann. „Enrichisons nous de nos mutuelles différences" – bereichern wir uns an unseren gegenseitigen Unterschiedlichkeiten – lesen wir bei Paul Valéry. Und auch in Hans Küngs „Projekt Weltethos" entsteht der Grundgedanke einer Kommunikationsethik aus dem Prinzip der dialogischen Verständigung unter Einbeziehung speziell auch der wirtschaftlichen Systeme.

Auf dem Weg von einer monologischen Informationsorientierung zu einer dialogischen Bewußtseinsorientierung hilft es den Betroffenen, die gewohnten Nützlichkeitsaspekte einmal zugunsten allgemeiner Sympathie und Menschlichkeit zu vernachlässigen, woraus eine unerwartete Bereicherung entstehen kann. Schöpferische Gesprächsbegegnung als Grundlage des Verstehens in stetiger Lebensbewegung, Heilung aus der Begegnung oder Selbst-Transzendenz mit Viktor Frankls Logotherapie, wonach der Mensch erst dort ganz Mensch wird, wo er über sich hinausrreicht in der liebenden Zuwendung zu einem anderen oder im Dienst an einer Sache: es ist die je gleiche Teilhabe in der Anteilnahme gemeint, die Mensch und Menschen existentiell verbindet. Mit John B. Priestley kann der Mensch nicht Mensch bleiben, wenn er nicht über sich hinausblickt.

Die BBUG in Baden-Baden – Bereicherung aus der Begegnung im Gespräch

Mag er auch allein auf die Welt gekommen sein: In Familie, Schule und Beruf wächst der Mensch alsbald hinein in das Zusammen-Sein mit anderen Menschen in Gruppen und Gemeinschaften, in denen er sich einbringt und Aufnahme findet. Sein Personsein gewinnt der Mensch erst wesentlich aus der Gemeinschaft, als Gemeinschaftswesen. Von den anderen aus seiner Umgebung, die ihn anrühren und die er angeht, auch wo es ihn zunächst nichts anzugehen scheint, von diesen anderen in seinem Auftritt und Zugang vielfach und vielfältig zurückgespiegelt, vermag der einzelne gerade und oft erst in der Gruppe zu sich selbst, dem ihm Gemäßen seines Wesens, zum Zugang zur eigenen Tiefe und der oftmals verlorenen oder verschütteten Mitte zurückzufinden. Im Wechselspiel des offenen Umgangs miteinander mag der Mensch sich neu entdecken und begreifen, wenn er bereit ist, in sich ebenso wie auf den/die anderen einzugehen. Eingehen muß er auch das Wagnis der freien Kommunikation aus dem Nichts oder dem Zwischen, der „großen offenen Weite" des Bodhidharma, die in der Gruppe situativ immer neu entstehen und jeden Versuch willentlicher Strukturierung ad absurdum führen kann.

Nicht von ungefähr hat die Übung dynamischer Gruppenarbeit in Therapie und Praxis der Führung seit Anfang der siebziger Jahre einen hohen Stellenwert bekommen, der allerdings mit den oft einseitig und wenig einsichtig betriebenen „Sensitivity-Trainings" zu Euphorie und Realitätsverlust führte, was dem Gruppengedanken eher Schaden als Nutzen brachte. Ausgehend von der gruppendynamischen Ergänzung von Psychoanalyse und Einzeltherapie brachte die von Ruth C. Cohn entwickelte Methode der „themenzentrierten Interaktion" mit ihrem „living learning" oder lebendigem Lernen eine hilfreiche Ergänzung, die dem Ich der Teilnehmer und dem Wir der Gruppe das Thema als wichtigen dritten Faktor hinzufügte. Mit ihrer grundsätzlich immer ähnlich gelagerten Thematik der Unternehmensführung in ihren verschiedenen Facetten stellen die Baden-Badener Unternehmergespräche über jeweils drei Wochen – noch dazu unter Einschluß der Ehepartner in der dritten Woche – fast eine klassische Art solcher themenzentrierter Interaktion in Gruppendynamik dar. Daß es dabei erklärter Absicht gemäß keine analytischen Beurteilungen gibt, dient zusätzlich der Öffnung und Offenheit im Gespräch, wenn dies auch nicht auf „Sensitivity-Training" angelegt ist. Daß sich aber beim einzelnen wie in der Gruppe der Teilnehmer eine Steigerung der persönlichen Sensibilität und Wachheit ergibt, wird über den Zuwachs an Wissen und Erfahrung hinaus als positive Nebenwirkung gerne registriert und „billigend in Kauf genommen". Da dieser „dolus eventualis" aber nicht auf ein bestimmtes Ergebnis ausgerichtet ist, kann sich der Erfolg aus dem Miteinander der Gruppe in Gespräch und Geselligkeit in immer wieder anderen Variationen ausdrücken, wofür die jeweils „zufällige" Zusammensetzung der Gruppe maßgeblich ist und in ihrer Zentrierung um bestimmte Schwerpunkte oder Themen auch immer wieder neu und anders Gestalt annehmen kann.

Maßgeblich für das mehr oder weniger gute Gelingen jeder Gesprächsveranstaltung sind in hohem Maß die Teilnehmer selbst. Maßnehmen an Persönlichkeiten ist zu Recht das informelle Motto der BBUG, wozu sich Referenten und Teilnehmer im Gespräch messen und messen lassen. Manch individuelle Vermessenheit wurde so schon zurechtgerückt, wo Maßlosigkeit im persönlichen Anspruch das Selbstbild prägte, das den Spiegelungen der multipersonalen Korrektur nicht standzuhalten vermochte. Nicht nur mag Wahrheit im Horizont des anderen aufscheinen, sondern geben auch die Reaktionen aus und in der Gruppe das eingebrachte Bild in Haltung und Verhalten des einzelnen ganz ungeschönt zurück, woraus im Einzelfall schon heilsame Wirkung ausgehen kann, die zur Vertiefung im Umgang mit sich selbst lädt, wo Fähigkeit und Bereitschaft zur Einsicht nicht völlig verschüttet sind. Dem

Teilnehmer hier gegebenenfalls in der spielerischen Situation der Zusammen-
heit und ohne den zwanghaften Ernst seiner Alltagsverpflichtung und Verantwortung Hilfe anzubieten, um etwas von dem Geröll und Schutt selbstbildne-
risch angehäufter Statuenhaftigkeit abzutragen, das mag von zusätzlichem
therapeutischem Nutzen sein.

Wer nicht der eigenen Vorstellung von seiner Rolle und dem, was er glaubt,
darstellen zu müssen, ganz verhaftet ist, der gewinnt die Freiheit, immer neu
das den Umständen und der Situation Angemessene zu tun – oder zu lassen
und damit auch andere Rollen als die aus dem höchstpersönlichen Spielplan
unter der Regie des eigenen Ego zu übernehmen. Das Geheimnis des Erfolgs
besteht darin, nicht immer nur zu wollen, sondern auch zu lassen, von sich
selbst zu lassen, zuzulassen, was in Gespräch und Begegnung neu entsteht.
Dazu bedarf es auch der Bereitschaft zur Distanz zu Dingen und Menschen –
und insbesondere zu sich selbst. „Detached involvement" nennt Jagdish Parikh
die dafür hilfreiche Einstellung und Geisteshaltung einer „Abstand haltenden
Anteilnahme". Distanzfähigkeit und Anteilnahme sind also gleichermaßen
wichtig für den richtigen Umgang mit sich selbst und anderen, wozu auch ein
gerüttelt Maß an Bejahungs-Bereitschaft gehört.

Gespräche und Gemeinschaften wachsen, sie werden geprägt von denen,
die darin stehen, gehen und wirken. Was wir sind, spricht eine deutlichere
Sprache als das, was wir sagen. Es gilt darum, das Bild der Persönlichkeit in
ihrer Entwicklung und aus ihren Begegnungen transparent werden zu lassen:
Durchlässigkeit als eine innere Verfassung, die es erlaubt, andere Menschen
unbefangen und ohne Vorurteil auf sich wirken zu lassen. Personale Substanz
und transpersonale Struktur können so günstigenfalls im gelebten Maß
menschlicher Form ganzheitlich zum Ausdruck kommen, d.h. in das Sein
ihrer Erscheinung treten. Die Gesprächs- und Gruppen-Situation kann dafür
einen adäquaten Rahmen darstellen, in dem die Teilnehmer sich persönlich
frei entwickeln können. Die Besonderheit gerade der Baden-Badener UnternehmerGespräche besteht darin, kompetent, konsequent und kontinuierlich
ein Forum darzustellen für hochkarätige persönliche Begegnungen aus Wirtschaft und Gesellschaft – Wagnis von Neuem ebenso wie Tradition von Be-
währtem. Sie dienen damit der Bildung und Bereicherung von Personen wie
Institutionen und beleben dialogisch konkret das Bild des Unternehmerischen als tragendem Prinzip der freien und sozialen Marktwirtschaft des
Gemeinwesens Deutschland im zusammenwachsenden Europa.

Menschenführung im Unternehmen –
Führen und führen lassen

Bernd Pischetsrieder

Es ist wohl nicht übertrieben, die neunziger Jahre dieses kalendarisch zu Ende gehenden Jahrhunderts eine revolutionäre Zeit des Umbruchs zu nennen. Diese Jahre markieren die Schwelle eines neuen Zeitalters. Solche Zeiten – das lehrt die Geschichte – gehören den Veränderern, das heißt denjenigen Menschen, die den Mut aufbringen, Verantwortung zu übernehmen und aktiv und gestaltend zu verändern. Richtungweisend ist hier das Wort Albert Einsteins, der einmal formuliert hat: „Die Welt, die wir geschaffen haben, ist das Resultat einer überholten Denkweise. Die Probleme, die sich daraus ergeben, können nicht mit der gleichen Denkweise gelöst werden, durch die sie entstanden sind."

Wer in einer solchen Zeit, wo sich alles verändert und beinahe alles verändert werden kann, nicht selbst handelt, der wird gehandelt. Wettbewerbsfähig ist heute – und wird es bleiben – nur das Unternehmen, das fähig ist, die Innovationskraft des Menschen zu aktivieren und vor allem technologieübergreifend zu vernetzen: unternehmensübergreifend und global. Ein fundamentaler Leitsatz einer Wirtschaft und Gesellschaft mit Zukunft muß lauten: Der Mensch ist ein Erfolgs- und Leistungsfaktor – und nicht nur Kostenfaktor. Im Grunde handelt es sich hier um den Kern der nächsten industriellen Revolution.

Die Wiederentdeckung des Menschen

Es kann kaum bestritten werden, daß die großen Erfolge unserer Wirtschaft in den vergangenen Jahrzehnten weitgehend auf den systematischen Auf- und Ausbau sowie auf die ständige Verfeinerung von Planungs-, Steuerungs- und Kontrollsystemen zurückzuführen sind. Wie seinerzeit die Einführung des Fließbands nach den Erkenntnissen der „wissenschaftlichen Betriebsführung" haben diese Systeme der Wirtschaft zu Quantensprüngen in der Produktivität verholfen.

Die rein betriebswirtschaftliche Verbesserungsmöglichkeit einer Organisation stößt inzwischen an eine Grenze. Diese Grenze – eigentlich ist es ein Leistungslimit – wird dort sichtbar, wo die Fähigkeiten des Menschen jenseits

der Steuer- und Planbarkeit durch Dritte gefordert sind. Diesen Fähigkeiten
gilt es Freiraum zu schaffen und bisher nur ungenügend ausgeschöpftes Potential zu aktivieren: die Intelligenz des Menschen, seine Phantasie, seine Kreativität, seine Innovationskraft. Alle anderen Elemente der Konkurrenzfähigkeit von Unternehmen bleiben peripher, wenn es nicht gelingt, den Menschen
stärker ins Zentrum zu rücken.

Es ist keine Frage: Die Überlebens-, die Anpassungs- und auch die Wandlungsfähigkeit von Unternehmen wird maßgeblich davon abhängen, inwieweit es im Rahmen eines evolutionären Prozesses gelingt, den Menschen als
wichtigstes Erfolgspotential zum Zuge kommen zu lassen. Gerade die öffentliche Diskussion vor etwa 15 Jahren um unternehmerische Erfolgsfaktoren,
die damals durch die Exporterfolge japanischer Hersteller ausgelöst wurde,
hat jenseits aller kulturspezifischen Merkmale gezeigt, daß die Einstellungen
und individuellen Wertvorstellungen der Mitarbeiter einen maßgeblichen
Einfluß auf die Leistungsfähigkeit eines Unternehmens besitzen.

Es gilt zu konstatieren: Die Ordnung unserer komplexen Organisationen
mit ständig zunehmender bürokratischer Regelungsdichte hat viel zu lange
die Bedeutung des einzelnen Mitarbeiters vernachlässigt. Seine Möglichkeiten
zu individuellen, spontanen, innovativen Beiträgen blieben weitgehend außer
Betracht. Mehr noch: Die bei den Mitarbeitern latent vorhandenen Kreativitätspotentiale wurden oft nicht nur ignoriert, de facto wurden sie oft sogar
unterdrückt.

Individualität galt lange Zeit als Störfaktor. Und wenn heute allenthalben –
beinahe gebetsmühlenartig – der „unternehmerisch denkende" Mitarbeiter
gefordert wird, dann kontrastiert das mit der Tatsache, daß sich Organisationen gegenüber früher zwar in der Form, wohl aber in den tatsächlichen
Abläufen kaum geändert haben.

Fakt ist: Die bürokratische Realität unserer Unternehmen generiert nach
wie vor Barrieren für initiativ denkende und unternehmerisch handelnde
Mitarbeiter.

Die interne Realität von Unternehmen wird nach wie vor von Überreglementierung und Ausführungs- statt Zielkontrolle geprägt; der Begriff „Mißtrauensorganisation" ist das Synonym dafür. Kreativität und Unternehmergeist können jedoch nur in einer „Vertrauensorganisation" gedeihen. Die
Betrachtung der „menschlichen" Seite des Unternehmens ist somit keine
bloße Sozialromantik. Die Mitarbeiter sind das wertvollste Kapital – sie sind
die bestimmende Kraft eines Unternehmens, das auch im 21. Jahrhundert
noch erfolgreich sein will.

Der Mensch im Mittelpunkt – eine unteilbare Forderung

Heute wird überall eine stärkere Kundenorientierung gefordert. Im Grunde aber geht es um eine „Menschen-Orientierung". Die Forderung „der Mensch im Mittelpunkt" ist unteilbar. In diesem Sinn darf sie sich nicht ausschließlich auf den Kunden beziehen, denn es ist schwer vorstellbar, daß ein Unternehmen in der Kundenorientierung besonders erfolgreich ist, bei dem nicht gleichzeitig oder sogar primär die Mitarbeiterorientierung Priorität genießt.

Fast alle Großunternehmen haben sich in den 70er und verstärkt in den 80er Jahren ein beachtliches Know-how aufgebaut und verfügen heute über exzellente Planungsstäbe. Ihre Bedeutung für den Unternehmenserfolg steht außer Frage. Doch trotz aller Rationalität darf es zu keiner zu einseitigen Betrachtungsweise kommen, die den Mitarbeiter und auch seine Emotion unberücksichtigt läßt.

Zumindest für die frühen Ansätze der strategischen Planung war es kennzeichnend, daß soziale und politische Aspekte weitgehend ausgeblendet wurden und damit die Problemkonstellation beinahe nur auf rein technisch-betriebswirtschaftliche Probleme reduziert wurde. Gerade auch im Bereich der Unternehmensberatungen hat sich ein augenfälliger Wandel vollzogen: Das „menschliche" Element spielt nun in den Analysen und strategischen Empfehlungen eine herausragende Rolle. Der rein technische Ansatz ist weitgehend in den Hintergrund getreten. Die bestimmende analytische Leitlinie heißt nun: Handelt ein Unternehmen rein quantitativ-funktional orientiert, das heißt, berücksichtigt es nur das Meßbare – die sogenannten harten Faktoren – und nicht gleichermaßen die soziale Wirklichkeit im Unternehmen – die weichen Faktoren –, dann besteht die Gefahr von gravierenden Fehlentscheidungen. Das Charakteristikum für rein rationale Konzeptionen war, daß sie „an sich" logisch und schlüssig schienen. Doch blieb die Umsetzungsproblematik ausgeklammert, so mußte dies – über kurz oder lang – zum Scheitern führen.

Die Krise der Hierarchie

Bereits seit mehreren Jahren besteht verstärkt die Tendenz – sowohl im Bereich der Wirtschaft als auch der Politik –, nach dem Subsidiaritätsprinzip Entscheidungen so weit wie möglich auf untere Ebenen zu verlagern. Eine Barriere auf diesem Weg bilden dabei die „etablierten Instanzen", die ihre Entscheidungskompetenz als Besitzstand auffassen und dementsprechend wahren möchten. Da aber die herkömmliche Hierarchie die immer komplexer werdenden Aufgaben nicht mehr bewältigen kann, werden Hilfskonstruktionen – wie das Projektmanagement – eingeführt. So gibt es heute in Unternehmen fast keine größere Neuerung mehr, für die kein Projekt aufgesetzt würde. Die Folge jedoch ist: Viele der Projekte funktionieren nicht, weil die Hierarchen sie nicht mit genügend Qualität und Vollmachten ausstatten, um eine Reduzierung ihrer eigenen Kompetenzen zu vermeiden. Am Ende dieses Kompetenzzwistes stehen dann „politische" statt sachgerechter und kreativer Lösungen.

Die Bedeutung der Führung – die Fiktion von der schönen, heilen Welt

Die Bedeutung von Führung wird häufig mißverstanden und unterschätzt. Was eigentlich zu führen ist, sind nicht Abstrakte wie Abteilungen oder Unternehmen, sondern Menschen. Deshalb verfügen viele Unternehmen oft nicht über die „richtigen" Führungskräfte und erst recht nicht über genügend von ihnen. Viele Top-Manager haben die Dinge zwar sach-rational „im Griff", nicht aber die Menschen, die sie für die Umsetzung ihrer Entscheidungen brauchen. Daher wird der Erfolg sehr viel häufiger durch schlechte Umsetzung von Entscheidungen als durch fehlerhafte Entscheidungen selbst gefährdet. So klafft eine Lücke zwischen Anspruch und Wirklichkeit, zwischen logisch überzeugendem Konzept und der tatsächlichen Umsetzung.

Motivation – das große Mißverständnis

Ein Mißverständnis der Motivationsproblematik paßt lückenlos in das Bild des rein rational orientierten Managers, der den Menschen als Manipulationsobjekt betrachtet. Weil es einleuchtend zu sein scheint, daß Geld und andere materielle Zuwendungen den Mitarbeiter motivieren, hat man jahrzehntelang konsequent diesen Weg beschritten. Viele in den zurückliegenden Jahren reichlich ausgeteilten materiellen Leistungen mögen zwar zum generellen Wohlbefinden der Mitarbeiter beigetragen haben, doch die letztlich bezweckte Leistungsmotivation beeinflußten sie dagegen kaum. Im Gegenteil: Solche allgemeinen Leistungen werden innerhalb kürzester Zeit für selbstverständlich angesehen und zum „einklagbaren Besitzstand".

Doch Motivation ist ihrem Wesen nach nur schwerlich aktiv vermittelbar. Ganz im Gegenteil: Es ist das, was aus dem Innersten eines Menschen kommt, was ihn aufgrund seiner Interessenlage dazu bewegt, sich für etwas einzusetzen. Es ist deshalb im Prinzip falsch, von einer Führungskraft zu fordern, Mitarbeiter zu motivieren. Die Motivation kann nur aus dem Mitarbeiter selbst kommen. Der Ansporn von Ehrgeiz, Stolz und Begeisterung für die Unternehmensziele führt zu einer solchen Motivation.

Die „Wirtschafts-Heilslehren" und ihre Grenzen

Unter dem Vorzeichen einer unternehmerischen Aufholjagd sind die Unternehmen in Westeuropa in den vergangenen Jahren mit einer Vielzahl von „Wirtschafts-Heilslehren" konfrontiert worden: etwa Benchmarking, Lean Management, Reengineering oder Business Reinvention. Die Diskussion im internen Kreis über die unterschiedlichen „Management by…"-Botschaften, die über den Atlantik kamen, wurde beinahe zu einem Ritual. Und auch wenn viele dieser selbsternannten Ökonomie-Gurus mit ihren so einleuchtend scheinenden Modellen in ihrem Heimatland längst gescheitert waren, so konnten sie – und sie können es anscheinend immer noch – in unseren Breiten große Erfolge feiern. Zu fragen ist deshalb: Was war, was ist der Grund dafür?

Die gesellschaftliche Entwicklung in Deutschland war lange Zeit sich selbst überlassen. Staat, Bürokratien, Verbände und letztlich auch viele Unternehmen hatten sich in einer Welt zunehmender Instabilität auf eine bequeme Verlängerung der Vergangenheit in die Zukunft eingerichtet: Immer mehr materieller Wohlstand bei immer geringerem persönlichen Risiko hieß die Formel. Die Wirklichkeit hat nun für das Ende dieses Traums gesorgt. Die Illusion mußte der Realität weichen; die ökonomischen Heilssysteme mußten ihr Versagen bekennen.

„Shareholder value" – das große Mißverständnis

Das Jahr 1996 könnte in Deutschland als das „Jahr des Shareholder value" in die Geschichte eingehen – unter dem irrigen Titel: Kurzfristige Gewinnmaximierung um jeden Preis. Der amerikanische Finanzprofessor Alfred Rappaport hatte die Idee des shareholder value Mitte der achtziger Jahre entwickelt. 1986 erschien dann sein Buch „Creating Shareholder Value". Darin machte er deutlich, daß Gewinne ungeeignet sind, um den ökonomischen Unternehmenswert zu messen. Der Planungsprozeß, so schreibt er, muß im Einklang stehen mit der betrieblichen Realität und mit den schwierigen Voraussetzungen für die praktische Umsetzung. Auch die bestdurchdachte Strategie ist ohne eine entsprechende Organisation für ihre Umsetzung wertlos. Für Rappaport gilt das Motto: „Pläne sind nichts, Planen ist alles." Deshalb ist für ihn – was heute fast überhaupt nicht rezipiert wird – eine mit den Strategien vereinbare Unternehmenskultur eine der Grundlagen eines strategischen Management-Systems.

Unternehmenskultur ist deshalb etwas Unmittelbares und nicht Kopierbares, etwas, das täglich im Unternehmen geschieht. Unternehmenskultur kann nicht verordnet werden, im Gegenteil: Sie muß gefördert und von innen her gestaltet werden.

Wichtige Prämissen dafür sind – gerade nach Rappaport: Nicht die Kapitalkosten oder der Cash-flow stehen, wie immer wieder behauptet wird, im
Vordergrund. Vielmehr gilt: Derjenige, der erfolgreich im Wettbewerb bestehen
will, muß alle Prozesse in seinem Unternehmen der geistigen, physischen und
psychischen Beschaffenheit des Menschen anpassen. Er hat Konstellationen
zu schaffen, unter denen der Mitarbeiter seine einzigartige Fähigkeit zur
Geltung bringen kann: nämlich das Handeln nach vorheriger intellektueller
Durchdringung des Sachverhalts. Das ist nicht nur sozial und human, es ist
zugleich praktische, ökonomische Vernunft: Das menschlich Notwendige
erweist sich als das ökonomisch Richtige.

Gerade heute muß es verstärkt darum gehen, die Technik in ihren ver-
netzten gesellschaftlichen Zusammenhängen zu begreifen. Darum wäre die
gedankliche oder organisatorische Aufspaltung eines Unternehmens in ein
technisch-ökonomisches und ein sozial-humanitäres System, die noch dazu
mit unterschiedlichen Mitteln und Methoden zu steuern wären, der falsche
Weg.

Es kommt auf das Menschenbild an

Das alte naturwissenschaftlich-mechanistische Weltbild bestimmte lange Zeit
das Bild des Managers von seinen Mitarbeitern. Es degradierte den Menschen
zur Funktion im Getriebe der großen Unternehmensmaschinerie: Repetitive
Arbeit ohne persönliches Erfolgserlebnis war die Folge. „Eigen-Sinn", Individualität und Unberechenbarkeit mußten den Menschen bei diesem Weltbild
zum potentiellen Störfaktor machen.

Dieses Menschenbild ist scheinbar überwunden. Oder prägt es auch heute
noch die Einstellung vieler Führungskräfte? Der Verdacht drängt sich auf.
Zunächst liegt dies wohl einmal daran, daß vielfach – so die Beobachtung von
Psychologen – gerade ein erfolgreicher Mensch im psychologisch-sozialen
Bereich nur noch bedingt lernfähig ist. Noch mehr mag es daran liegen, daß
das „alte Bild" vom Manager in den Top-Etagen – vor allem auch bei der
Besetzung von Spitzenpositionen – nie ernsthaft in Frage gestellt oder bewußt
korrigiert wurde. Das führt dann zu der zwiespältigen Situation, daß die
Personalabteilung zwar ein modernes Führungsverständnis entwickeln und
lehren darf, de facto aber ein anderes Führungsverhalten zumindest zuläßt.

Personalentwicklung ist eine der wichtigsten Führungsaufgaben

Personalentwicklung muß als eine der wichtigsten Führungsaufgaben angesehen werden, denn sie dient der Zukunftssicherung. Eine Unternehmenslei-

tung, die sich allein auf Planungs- und Kontrollsysteme bzw. auf das Tagesgeschäft konzentriert und die systematische Qualitätsentwicklung des Nachwuchses vernachlässigt, vergeudet nicht nur latent vorhandene Leistungsreserven in der Gegenwart, sondern läuft vor allem Gefahr, die Zukunft zu verspielen.

Führungsmanagement wird und muß zu einem Beruf an sich werden. Die hohe Kunst der Personalführung wird dort deutlich, wo Spezialisten, die ihrem Vorgesetzten im fachlichen Detail unter Umständen weit überlegen sind, von diesen sinnvoll eingesetzt und ihrer Arbeitsleistung gemäß bewertet werden. Spezialisten werden dann nach ihrer fachlichen Effizienz bewertet, Führungskräfte dagegen nach ihrer Effektivität. Und die Erfolge der Führungskraft basieren in erster Linie auf den durch sie ermöglichten und beflügelten Erfolgen ihrer Mitarbeiter.

Sicherlich hat der Weg zu solch einem Verständnis von Führung vielfach erst in Ansätzen begonnen. Es gibt aber Anzeichen dafür, daß sich gegenwärtig ein solcher neuer Typus von Führungskraft herausbildet. Das sind Nachwuchskräfte, die den Wertewandel bewußt mitmachen und reflektieren. Sie verstehen es, das Bedürfnis nach Selbstverwirklichung bei ihren Mitarbeitern ernstzunehmen und im Interesse des Unternehmens zu würdigen. Es sind Führungskräfte, die erkannt haben, daß es zu ihren vordringlichen Aufgaben gehört, ihren Mitarbeitern Sinn und Bedeutung zu vermitteln, Menschen zu führen, statt Aufträge ausführen zu lassen.

Erfolgreiche Unternehmen des 21. Jahrhunderts werden Unternehmen sein, in denen „kritische Geister" nicht nur geduldet, sondern geradezu verlangt werden – in einem Klima offener geistiger Auseinandersetzung. Hierarchen müssen Kritik entgegennehmen, ertragen oder gar stimulieren. Und das Entscheidende dabei ist: Die Mitarbeiter müssen wissen, daß das alles ernstgemeint ist.

In diesem ganzheitlichen Sinn bedarf es auch einer Pflege der Kommunikationskultur. Diese ist immer aufwendig, aber wenn man bedenkt, wieviel Leerlauf, wie viele Reibungsverluste und Mißverständnisse dadurch vermieden werden können, dann lohnt sich diese Investition allemal. Die Mitarbeiter sollen sich wahrnehmen als das, was sie wirklich sind: „wert-schöpfende" Mitgestalter einer lebendigen und sinnvollen Wertegemeinschaft.

Konsistenz und Verläßlichkeit – die zentralen Merkmale einer funktionierenden Unternehmenskultur

Unternehmenskultur wird zu einem zentralen Element der Standortsicherung, wenn in ihr vor allem zwei Elemente sichtbar werden: Konsistenz und Verläßlichkeit in der Führung des Unternehmens. Es geht um den Aufbau einer Vertrauensorganisation im Unternehmen. Nur wenn die Mitarbeiter verläßlich wissen, daß ihre Beteiligung nicht nur in Krisenzeiten – und dann nur als Rationalisierungsfaktor – erwünscht ist, werden sie sich ernsthaft engagieren.

Unter allen Arten von Kapital sind Vertrauen, Verläßlichkeit und Kalkulierbarkeit die sensibelsten und die flüchtigsten. Diejenigen, die ein Unternehmen führen, müssen sich sorgfältiger denn je um das Vertrauen derer bemühen, die mit ihnen ziehen sollen. Und Vertrauen beruht auf Ehrlichkeit, Beständigkeit und Verbindlichkeit – letztes wohlverstanden in beiderlei Sinn des Wortes!

Die Kunst der Unternehmens- und Mitarbeiterführung verlagert sich heute weg von einem rein rationalen Entscheidungsprozeß hin zu einem zwischenmenschlichen Überzeugungsprozeß. Diesen Prozeß in Gang zu setzen und zur Wirkung zu bringen, ist tatsächlich mehr eine Kunst als eine bloße Definition betrieblicher Ziele in Form von nüchternen Kennziffern. Mit dieser Aussage sind Grundsätze der Personalpolitik angesprochen: die Forderung nach einer offenen Analyse neuer Richtungen gesellschaftlichen Wandels. Neue Zielsetzungen aus dem gesellschaftlichen Leben müssen in der Personalpolitik diskutiert werden. Die Orientierung der Führung an Werten ist dabei bestens geeignet, langfristig auch den Wert eines Unternehmens zu erhöhen. Denn so steigt die „kollektive Intelligenz" eines Unternehmens und damit seine innere Leistungskraft.

Zentrale Werte der BMW Personalpolitik

Für die Personalpolitik von BMW stehen vor diesem Hintergrund beispielhaft sieben Werte:

1. *Die Orientierung des Verhaltens an ethischen Zielen:* Sie führte zu BMW Handlungsmaximen, die Bestandteil eines jeden Arbeitsvertrages sind.
2. *Information und Kommunikation:* Ziele werden nicht verordnet, sondern verabredet. Teamorientierung ist das Ergebnis, der Vorgesetzte wird als „Trainer", als „coach" seiner Mitarbeiter empfunden und erlebt.
3. *Leistung und Gegenleistung:* Konsequenz daraus sind leistungs- und ergebnisorientierte Entgeltsysteme, Löhne und Gehälter, die sich am Erfolg des Unternehmens und des einzelnen Mitarbeiters orientieren.
4. *Förderung der Risikobereitschaft in einem überwiegend von Sicherheitsstreben gekennzeichneten Umfeld:* In einer Handlungsmaxime werden ausdrücklich Fehler toleriert. Damit soll der Versuch gefördert werden, also auch das Wissen um den Irrtum. Diese Haltung führt dazu, daß bei einer Fehlentwicklung nicht die Schuldigen gesucht werden, sondern die Ursachen.

5. *Selbständigkeit und Individualität:* In einer immer mehr auf das Individuum orientierten Gesellschaft können Führung und Arbeitsorganisation
   nicht mehr kollektiv sein. Eine durchgehende zeitliche, örtliche und inhalt-
   liche Flexibilisierung der Arbeit wird deshalb letztlich entstehen.

6. *Selbstverwirklichung in der Arbeit, nicht nur in der Freizeit:* Auch Arbeit ist
   – auf den ersten Blick – vor allem wertorientiert. Als Ergebnis einer werte-
   orientierten Führung muß aber auch Arbeit selbst zugleich werteorien-
   tiert sein oder werden. Daraus entstehen neue Arbeitsstrukturen, neue
   Formen der Zusammenarbeit und eine konsequente Dezentralisierung
   von Verantwortung.

7. *Sanktionen bei wiederholtem oder absichtlichem Fehlverhalten oder bei
   Mißbrauch delegierter Verantwortung:* Dabei überrascht nicht, daß Sank-
   tionierung in solchen Fällen auch von den Mitarbeitern gefordert wird!

Die Qualität der Mitarbeiter wird zur Überlebensfrage

Jede Unternehmenskultur ist letztlich die Kultur der Menschen, die darin
arbeiten, sie mitprägen und wiederum von ihr geprägt werden. Die Lebendig-
keit und Überlebensfähigkeit einer jeden Kultur und eines jeden Systems
hängen von ihrer Anpassungsfähigkeit sowie von ihrer Veränderungsfähig-
keit ab. In schwierigen Situationen müssen an alle, nicht nur an Spitzenpositionen, andere Qualitätsanforderungen gestellt werden als in sogenannten
guten Zeiten.

Eine Studie der Hochschule St. Gallen hat vier Charaktere von Spitzen-
leuten herausgestellt und darauf hingewiesen, daß Unternehmenskulturen
durchaus sehr unterschiedlich geprägt werden, je nachdem, welcher Typus
dominiert.

Da ist zuerst einmal der Unternehmer, der – als risikobereiter Visionär –
gewohnt ist, mit Ungleichgewichten umzugehen. Auf der Gegenseite steht der
Verwalter. Für ihn sind Ordnung und Klarheit das oberste Prinzip aller Richtlinien. Daneben gibt es den Typus des Managers. Als Technokrat beherrscht
er die sach-rationale Ebene. Er bedient sich versiert aller Planungs- und Steue-
rungselemente und entscheidet aufgrund der Analyse von Kennziffern. Schließlich gibt es noch den Führer, der auf die Menschen setzt, weil er in ihnen den
Schlüssel zu einer erfolgreichen Unternehmensentwicklung sieht.

Natürlich ist diese Typologie holzschnittartig gezeichnet. Es steht außer
Frage, daß ein Unternehmen aller vier „Typen" bedarf. Dennoch ist diese
Typologie hilfreich, weil sie eine Antwort auf die Frage provoziert, welcher
Typus in der gegenwärtigen Situation das Sagen haben soll.

In turbulenten Zeiten wie den gegenwärtigen, die einen enormen Verände-
rungsdruck mit sich bringen, ist die Frage nach der Qualität der Führung

eine Überlebensfrage. Die Bürokratisierung der ganzen Gesellschaft und all ihrer Großorganisationen hat im Laufe der Jahre auch bei den großen Wirtschaftsunternehmen vermehrt einen Managertypus nach oben gebracht, der viel von rationalen Managementsystemen, von Organisation und Verwaltung versteht, aber die weichen Faktoren, die sozialen Prozesse, die im Unternehmen ablaufen, nicht in sein Aktionsschema einordnen kann.

Das Unternehmen des 21. Jahrhunderts

Es ist heute üblich, Unternehmen nach ihren Kernkompetenzen zu beurteilen, also danach, was sie besser können als andere Unternehmen. Um ein Unternehmen erfolgreich ins 21. Jahrhundert führen zu können, wird eine zukunftsorientierte Unternehmenskultur mit einer positiven Bewertung des Wandels eine wesentliche Kernkompetenz werden müssen. Es darf nicht sein, daß eine oft mühsam erarbeitete Unternehmenskultur im Crash- oder Krisenfall über Bord geworfen wird. Nur so kann es gelingen, in einer Art Warnsystem zukünftige Entwicklungen zu erkennen, vorwegzunehmen und mitzugestalten. Nur so können schmerzhafte Strukturbrüche vermieden werden, wie wir sie heute in vielen Unternehmen finden.

Führung im Familienunternehmen

Jörg Mittelsten Scheid

Wer diese Überschrift liest, wird sich fragen, warum Führung in einem Familienunternehmen etwas anderes als in jedem anderen Unternehmen sein sollte. Ist nicht Führung gleich Führung, gleichgültig in welchem Unternehmen? Sind die persönlichen und sachlichen Probleme nicht überall gleich?

Nun ist die Führung in einem Handwerksbetrieb sicherlich etwas anders als in einem Großkonzern. Das Großunternehmen bedarf der Unterstützung durch eine eigene Personalabteilung, durch Systeme und Institutionen, während der Kleinunternehmer auf sich selbst gestellt ist. Er hätte weder die Zeit noch das Geld, um sich derartiger Hilfsmittel zu bedienen. Er bedarf ihrer auch nicht. Hier kocht der Chef noch selber.

Führung aller Mitarbeiter durch den Firmenchef ist seine unternehmerische Aufgabe, was natürlich nicht bedeutet, daß es ihm nicht gut täte, sich gelegentlich mit modernen Führungsmethoden auseinanderzusetzen. Aber etwa Probleme der systematischen Gleichbehandlung oder der ausreichenden Information aller Mitarbeiter, die ein Großunternehmen beschäftigt, bereiten ihm weniger Sorge.

Daß Führung in den beiden genannten Fällen unterschiedliche Probleme aufwirft, leuchtet ein. Die Frage bleibt, ob der Unterschied nicht viel eher aus der unterschiedlichen Größenordnung – hier Kleinbetrieb/dort Großkonzern – als aus dem Gegensatz Familienunternehmen/Nichtfamilienunternehmen stammt.

Da in unserem Land fast 100% aller kleinen und mittleren Unternehmen Familienunternehmen sind, ist die Frage akademisch. Ich schlage daher vor, zunächst einmal zu untersuchen, was unter einem Familienunternehmen und was unter einem Nichtfamilienunternehmen zu verstehen ist. Anschließend wollen wir das Familienunternehmen genauer betrachten, um Besonderheiten herauszufinden, die Auswirkungen auf die Führung eines Unternehmens haben können.

Was sind Familiengesellschaften?

Unternehmen, die unter Familieneinfluß stehen: das meint, daß eine oder mehrere Familien sowohl eine Kapitalbeteiligung am Unternehmen halten als auch Einfluß auf die Führung nehmen.

Das Gegenstück zur Familiengesellschaft bildet die anonyme Gesellschaft oder auch Publikumsgesellschaft. Beide Bezeichnungen drücken aus, daß die Gesellschafter sich nicht kennen und ihr Einfluß auf gesetzliche Mitwirkungsrechte beschränkt ist. Während die Familiengesellschaft jede Rechtsform annehmen kann, ist die anonyme Gesellschaft auf die Kapitalgesellschaft, i. d. R. die Aktiengesellschaft, angewiesen. Normalerweise entwickelt sich die anonyme Gesellschaft aus einer Personengesellschaft. Ein Unternehmen wird durch natürliche Personen gegründet, und die Gründer halten den rechtlichen Einfluß auf die Gesellschaft. Die Form der Familiengesellschaft bildet daher die Jugendphase fast aller Gesellschaften, gleichgültig, ob sie später zur anonymen Gesellschaft werden oder nicht.

Familiengesellschaften treten aus meiner Sicht in drei typischen Erscheinungsformen auf, die sich aus denen ihrer jeweiligen Eigentümer ableiten.
1. Die Gründergeneration
2. Die zweite Generation
3. Die dritte und alle folgenden Generationen

a) Die Gründergeneration ist gekennzeichnet durch die innovative Idee, die zur Grundlage des neuen Unternehmens wird, und die Kraft zur Umsetzung, die der Gründerunternehmer braucht, um Erfolg am Markt zu haben. Der Gründerunternehmer ist daher von starker Überzeugungskraft. Er ist ein Macher, weniger ein Denker und Analytiker. Sein Glaube an sich, seine Zähigkeit, mit der er das einmal anvisierte Ziel zu verfolgt, sind Grundlage seines Erfolges, können ihm aber zu einem späteren Zeitpunkt zum Verhängnis werden. Dann nämlich, wenn ihn seine Eigenüberzeugung hindert, wahrzunehmen, daß wirtschaftliche Bedingungen sich verändert haben. Wenn es dem Macher nicht gelingt, den notwendigen Wandel selbst zu initiieren, wird ihm die Anpassung schwerfallen, weil sie die Fähigkeit voraussetzt, die Wirklichkeit zu sehen, wie sie ist, nicht, wie man sie gestalten will.

b) Die zweite Generation
Die vorher fehlende Fähigkeit zur Analyse trifft man nun in der Regel bei der zweiten Generation. Sie hat meist eine bessere Ausbildung genossen, man betrachtet den Vater wie in allen Familien kritisch und will sich von ihm unterscheiden. War der Vater der Macher, so werden die Söhne Analytiker, die das Unternehmen aus der Distanz betrachten, seine Stärken und Schwächen und seine Marktposition analysieren. Sie haben es schwer gehabt, unter der starken Persönlichkeit des Patriarchen aufzuwachsen und seinen offenen oder verdeckten Anforderungen gerecht zu werden. Entweder mußten sie den Konkurrenzkampf mit ihm bestehen, oder der

Patriarch hat sie auf den Altar gehoben, weil er seine eigenen uneingestandenen Wünsche in sie projizierte. Die zweite Generation hat es daher schwer, unbeeinflußt sich selbst und die eigenen Anlagen zu erkennen und zu entwickeln.

Ein weiteres Problem der zweiten, aber auch aller späteren Generationen liegt im Sichvertragen. Anders als die Gründergeneration haben sie sich ihre Partner nicht selber aussuchen dürfen. Vielmehr wurden diese durch Erbgang bestimmt. Klare Mehrheitsverhältnisse und Entscheidungskompetenzen sind daher von dieser Generation an für Familienunternehmen von Wichtigkeit, um Familienstreitigkeiten aus dem Unternehmen fernzuhalten.

c) Die dritte Generation schließlich ist durch eine wachsende Entfernung zum Unternehmen gekennzeichnet. Die Familie ist verzweigter geworden. Der Vater hat nicht unbedingt im Unternehmen gearbeitet. Manche Erben sind weggezogen oder haben weggeheiratet.

Das Ergreifen wirtschaftsferner Berufe, Ehepartner aus einem anderen Milieu etc. führen zu mehr innerer oder äußerer Entfernung zum Unternehmen. Das eigene Interesse entfernt sich vom Firmeninteresse und gerät zunehmend mit ihm in Konflikt.

Diese Konstellation führt dann häufig zur Abgabe von Anteilen oder zur Veräußerung des Gesamtunternehmens. Nur durch eiserne Disziplin der Familie kann dies aufgehalten werden. Eine solche Selbstbeschränkung ist aber nicht nur für das Unternehmen überlebensnotwendig, sie ist es auch für die Familie selber; denn je weiter sich die Generationen entfernen, um so stärker kann der Zusammenhalt nur noch durch das Unternehmen herbeigeführt werden, etwa durch die jährlichen Gesellschafterversammlungen.

Nachdem wir die aus meiner Sicht typischen drei Interessenlagen von Familienunternehmen gestreift haben, die sich selbstverständlich wiederholen können – man kann also einen typischen Gründungsunternehmer auch in der 5. Generation beobachten –, muß man wohl die Frage stellen, ob es allgemeine Merkmale gibt, die in allen Formen von Familiengesellschaften auftreten.

Die gibt es, wie ich meine, in der Tat. Ein Familienunternehmen wird seine geschäftsführenden Gesellschafter weniger rasch wechseln als eine anonyme Gesellschaft. Familiengesellschafter sind Miteigentümer. Sie vertreten in ihrer Person Management- wie Eigentümerinteressen. Sie sind als Mitglieder der Eigentümerfamilie sehr viel schwerer zu entlassen.

Dies führt etwa dazu, daß Familienunternehmer längerfristiger denken und Entscheidungen durchhalten können, auch wenn der schnelle Erfolg versagt bleibt, als ihre Kollegen in Publikumsgesellschaften, die alle paar Jahre zur Wiederwahl anstehen und daher kurzfristig nachweisbare Erfolge brauchen.

Die Familie selber verbürgt eine Kontinuität gegenüber dem Unternehmen in ihrem Denken und Handeln. Wenn diese Kontinuität, die nicht immer mit Konservatismus gleichgesetzt werden darf, auch nicht immer nur positive Seiten hat (manchmal hat sie auch wegen fehlender Flexibilität zum Niedergang geführt), so ist sie doch ein Element der Berechenbarkeit und Verläßlichkeit, das der Mitarbeiter in seine eigenen Überlegungen einbauen kann.

Dieser Kontinuitätsgedanke findet dort eine Erweiterung, wo die geschäftsführenden Familiengesellschafter in der persönlichen Haftung stehen. Zwar haften auch Geschäftsführer von Kapitalgesellschaften, aber ihre Haftung beschränkt sich auf Verschulden und verkürzt sich durch die jährliche Entlastung der Gesellschafterversammlung.

Der geschäftsführende Gesellschafter einer Familiengesellschaft ist nicht nur Träger der Geschäftsführung, sondern zugleich Vertreter der Anteilseigner. Er kann keine Vermittlungsposition zwischen Kapital und Arbeit übernehmen. Er ist immer zugleich auch personifiziertes Kapital.

Durch die enge Bindung an das Unternehmen ist auch das persönliche Interesse am anderen tendenziell stärker. Oskar von Nell-Breuning beschrieb dies so: „Der Vorstand einer Publikumsgesellschaft kennt die Aktionäre nicht und kann sie daher auch nicht 'inspirieren'. Erst gar, wer Aktien erwirbt, um sie bei erster Gelegenheit mit Kursgewinn wieder zu veräußern, identifiziert sich nicht mit dem, 'was da unternommen wird', und läßt sich damit nicht identifizieren; es kümmert ihn überhaupt nicht. Ganz anders ist die Situation des mittelständischen Unternehmers, wo der Unternehmer zugleich nicht nur der erste Arbeiter im Betrieb, sondern auch sein eigener Kapitalist ist. ... Daß er sich mit dem, 'was da unternommen wird', identifiziert, ergibt sich geradezu von selbst."

Aus allem ergeben sich Besonderheiten, die – besonders aus der Sicht der Mitarbeiter – Auswirkungen auf die Führungsaufgabe in einem Familienunternehmen haben:

1. Große Transparenz: Wegen der überschaubaren Größe des Unternehmens weiß man meist über alle Bereiche Bescheid und kann die Folgen seines Tuns und Wirkens einfach verfolgen.

2. Die Führung ist weniger akademisch als praktisch zugreifend. Schnelle Entscheidungen, praktisch und vor Ort zupacken und mitgestalten.

3. Man erlebt den oder die Unternehmer persönlich mit allen menschlichen Stärken, aber auch Schwächen. Damit muß man auskommen, dort muß man sich einpassen und auch mit der Einsicht abfinden, daß man nie an die Unternehmensspitze selber vorstoßen kann, weil man nicht zur Familie gehört.

Die Führungsaufgabe des Unternehmers

In einer global werdenden Wirtschaft benötigt der Unternehmer viel Kreativität. Ein Familienunternehmen lebt zunächst von der Kraft und Kreativität des Unternehmers. Er ist der Feldherr, gibt die Richtung an und packt auch selber zu. Er ist der Motor und Geist des Betriebes. Das gilt meist nur für eine gewisse Zeit (regelmäßig für die Gründungsphase). Später, zum Beispiel wenn der Unternehmer älter wird, sucht er sich qualifizierte Mitarbeiter, die treu und loyal das Unternehmen weiterbauen, wie er es sich vorstellt. Seine Vision bleibt für das Unternehmen bestimmend. Innovationen und Veränderungen werden durchgeführt, soweit er ihnen zustimmt, d.h. zugleich, soweit er sie zu verstehen in der Lage ist, ihre Notwendigkeit erkennt und sich zu eigen machen kann.

Ein solches Verhalten war in Zeiten stabiler Strukturen, klarer Marktposition und überschaubarer Märkte durchaus angebracht. Häufig erstreckte sich die Aktivität des Unternehmens auf den Heimatmarkt mit gewissen zusätzlichen Exportbemühungen. Dieses friedliche Bild hat sich heute grundlegend gewandelt. An die Stelle nationaler Märkte treten einerseits regionale Märkte wie der europäische Binnenmarkt, andererseits aber immer mehr der globale Weltmarkt. Möglich wurde dies durch die enorme Beschleunigung von Transporten und Reisen, durch die zunehmend freie Konvertierbarkeit von Währungen und den raschen Austausch von Informationen. Details über neue Produkte, Liefermöglichkeiten und Serviceleistungen sind heute überall auf der Welt in kürzester Zeit zu erhalten. Wettbewerber, ebenso wie Kunden und Lieferanten, sind heute nicht mehr regional, sondern global zu finden.

Wer zu teuer produziert, muß nach billigeren Vorprodukten suchen oder Eigenproduktion verlagern; es sei denn, er sei so innovativ, daß sein Produkt trotz höheren Preises gekauft wird. Als Folge verkürzten sich überall die Produktionszyklen, und der Druck, schneller mit neuen Produkten oder Dienstleistungen auf den Markt zu kommen, wächst stetig.

In diesem Umfeld kann der klügste Kopf eines Unternehmers nicht mehr genügen. Es ist für das Familienunternehmen überlebenswichtig, an die Kreativität und Innovationskraft möglichst aller seiner Mitarbeiter heranzukommen. Der Unternehmer kann die wichtigen Entscheidungen nicht mehr alleine treffen. Er muß vielmehr die Pyramide der Hierarchie umdrehen. Er ist nicht mehr oben, sondern unten. Er ist nicht mehr Mittelstürmer, der selber das Spiel macht und Tore schießt, sondern Coach, Motivator und Trainer, der seine Leute vom Rande des Spielfeldes aus motiviert und von ihnen Eigenentwicklung, Eigeninitiative und innovative Ideen erwartet. Alle, Mitarbeiter und auch der Unternehmer, befinden sich mehr auf einer Ebene der Gleichordnung und spielen für das gemeinsame Unternehmen, d.h. für die Kunden, die dahinter stehen.

Das bedeutet für viele Unternehmer einen deutlichen Rollenwechsel, ein Herabsteigen vom Podest, das Einreihen in ihre Mannschaft, ohne daß ein Nachfolger bereitsteht, der im Stil Ludwigs XIV. verkündet: „Das Unternehmen bin ich". Auch wenn die letzte Verantwortung und Entscheidung beim Unternehmer verbleiben, ist ein hohes Maß an Gleichberechtigung und Gleichwertigkeit aller am Unternehmen Beteiligten nötig, um die Begabungsreserven freizusetzen. Dazu ist erforderlich, daß der Unternehmer Entscheidungsbefugnisse und Verantwortung soweit als möglich nach unten delegiert. Die Mitarbeiter müssen dadurch direkt gefordert werden und müssen Erfolg oder Mißerfolg unmittelbar erleben können.

Je weiter ein solches Delegieren nach unten möglich ist, um so weniger braucht man die bisher existierenden mittleren Führungsschichten. Gerade in Familienunternehmen mit der persönlichen Komponente in den Beziehungen zwischen Unternehmer und seinen Mitarbeitern sollten sich flache Führungsstrukturen rascher und einfacher herstellen lassen als in Großunternehmen.

Wichtig ist dabei, daß man sich bei der Delegation von Verantwortung um ein hohes Maß von Klarheit und Übersichtlichkeit bemüht. Denn je mehr Freiraum den Mitarbeitern eingeräumt wird, auch über die Schranken des eigenen Arbeitsplatzes hinaus zu wirken, umso wichtiger ist es, verfolgen zu können, was mit den einzelnen Vorschlägen geschieht: ob und wie sie umgesetzt werden und welche Resultate sie bringen. Die beschleunigende Kraft des Erfolges soll gerade genützt werden, um mehr Kreativität freizusetzen, auf der anderen Seite aber muß Chaos vermieden werden, das entstehen kann, wenn jeder bei allem mitreden will.

Eine Struktur, die sich hierbei anbietet, ist das Arbeiten in Teams, die ad hoc oder permanent zusammengesetzt klar umrissene Aufgaben wahrnehmen. „Team culture" ist ein hierfür angebotenes, systematisches Modell, wobei es aber aus meiner Sicht weniger auf ein einzelnes Führungsmodell ankommt als vielmehr auf eine Berücksichtigung der einzelnen handelnden Personen, auf ihre subjektiven Eigenheiten und Begabungen, die am richtigen Platz eingesetzt werden müssen, sowie auf das Schaffen einer Arbeitsatmosphäre, die eine gute Mischung von Gefordertsein und Sichwohlfühlen beinhaltet.

Führung berücksichtigt neben objektiven Elementen stets auch subjektive. Ebenso wie die Wahrheit einer Aussage von uns stets sowohl gefühlsmäßig wie auch verstandesmäßig geprüft wird, wird auch der Erfolg einer geschäftlichen Maßnahme beide Elemente in sich tragen. In anonymen Gesellschaften wird häufig das Rationale mehr im Vordergrund stehen und in Familiengesellschaften das Emotionale. Dies folgt schon aus der Größe und Struktur der beiden Unternehmenstypen. Hier kennt man den Unternehmer von Angesicht, und das Persönliche steht mehr im Vordergrund, während dort der Vorstand weiter entfernt erscheint und Entscheidungen besser analytisch abgesichert werden müssen. Daher ist es nicht verwunderlich, daß erfolgreiche Großunternehmen wie etwa General Electric in den USA mit Jack Welch an der Spitze sich verstärkt um die emotionale Seite der Mitarbeiterführung bemühen, während erfolgreiche Familienunternehmen sich verstärkt um analytische und rationale Elemente der Unternehmensführung kümmern.

Das unter dem Namen „Situatives Führen" entwickelte Modell spricht beide Ebenen an, auch wenn die Gedanken vielleicht nicht grundsätzlich neu sind. Es bedeutet, daß sowohl auf die emotionale Lage des Mitarbeiters Rücksicht genommen wird als auch auf den Stand seines fachlichen Wissens und beides in einen regelmäßigen Dialog eingebunden wird.

Führung im Familienunternehmen bedeutet auch Führung der Familie. Damit stellt sich eine weitere, außerordentlich wichtige Führungsaufgabe in einem Familienunternehmen, denn es genügt nicht, die Führung im Unternehmen selbst zu gestalten. In vielerlei Hinsicht geht es auch um die Führung der Familienmitglieder, also der gegenwärtigen und zukünftigen Gesellschafter des Unternehmens.

Viele Familienunternehmen kranken in späteren Generationen an Streitigkeiten innerhalb der Familie. Einige Mitglieder wollen ausscheiden und ihre Anteile verkaufen, andere dagegen das Unternehmen als Familiengesellschaft erhalten. Einige wünschen hohe Ausschüttungen, andere wollen möglichst die Erträge im Unternehmen stehen lassen. Manche hegen die Hoffnung, eigene Sprößlinge in die Unternehmensleitung entsenden zu können, andere streiten um die Qualifikation des Kandidaten. Menschliches, allzu Menschliches wie Regungen des Neides, der Rache (um alte Rechnungen zu begleichen), Starrsinnigkeit oder ganz einfach Machtkämpfe zwischen einzelnen Familienmitgliedern hat viele Familiengesellschaften bis hin zum wirtschaftlichen Untergang gelähmt. Daher gehört zur Führung im Familienunternehmen auch die Führung der Gesellschafter. Streit zu vermeiden ist daher ebenfalls eine wichtige Führungsaufgabe im Familienunternehmen. Was ist zu tun?

Erste Voraussetzung ist dabei, daß die Ausgestaltung des Gesellschaftsvertrages immer klare Entscheidungen für die Führung der Gesellschaft ermöglicht.

Weiter ist von Bedeutung, den Grundsatz „Firmeninteresse geht vor Gesellschafterinteresse" allgemein anerkannt zu halten. Nur wenn alle übereinstimmen, daß längerfristig das Wohlergehen des Unternehmens zugleich im Interesse der Familie liegt, wird es gelingen, Familiendisziplin zu halten und widerstreitende Individualinteressen oder Egoismen zu unterdrücken.

Dazu ist es hilfreich, deutlich zu machen, daß nicht nur das Unternehmen durch die Familie, sondern umgekehrt auch die Familie durch das Unternehmen zusammengehalten wird. Die Teilnahme am Schicksal des Unternehmens, das Miterleben und Teilen von Sorgen oder Freude über Erfolge, die jährliche Gesellschafterversammlung, die ein regelmäßiges Treffen der Familienmitglieder bedeutet, ohne extra einen Familientag einberufen zu müssen, all dies verbindet die Familie.

Zugleich bestimmen Erfolg und Bedeutung des Unternehmens das Ansehen der Familie in der Gesellschaft. Die Achtung, die man einem erfolgreichen Unternehmen in der Öffentlichkeit entgegenbringt, gilt ebenso der Familie als Inhaber. Das Unternehmen wird damit zu einer Quelle des Selbstwertgefühls, aber auch des Selbstverständnisses einer Familie. Geht das Unternehmen unter oder wird verkauft, sinkt nicht nur die Bedeutung der Familie, sondern sie verliert ihren Mittelpunkt und wird, wie viele Beispiele zeigen, bald in alle Winde zerstreut.

Die Herausbildung von qualifiziertem Nachwuchs ist eine weitere wichtige Aufgabe des Familienunternehmers. Diese Aufgabe muß von ihm selber wahrgenommen und kann nicht an einen Beirat oder Aufsichtsrat delegiert werden. Er muß das Interesse der nachwachsenden Generation für das Unternehmen wecken, er muß unternehmerische Zusammenhänge verständlich machen, ohne gleichzeitig Hoffnungen oder gar Ansprüche auf eine Nachfolge in der Führung entstehen zu lassen. Das bedeutet immer eine Gratwanderung, bei der es gilt, die außenstehenden Gesellschafter und besonders die jungen unter ihnen, an das Geschehen im Unternehmen heranzuführen und ihnen die Notwendigkeit familiärer Disziplin zu verdeutlichen, sie aber gleichzeitig sie aus allen Entscheidungen kompromißlos herauszuhalten.

Die Versuchung für außenstehende Gesellschafter mitzureden, ohne aktiv im Unternehmen zu arbeiten und ausreichend fundierte Kenntnisse zu besitzen, kann groß werden. Für Mitarbeiter im Unternehmen ist es aber eine erschreckende Vorstellung, wenn Entscheidungen von außen durch die Familie beeinflußt werden.

Aber nicht nur das Heranführen der jungen Gesellschafter an das Unternehmen und die Auswahl unter möglichen Nachwuchskräften ist eine Führungsaufgabe, der Unternehmer muß sich auch um die Aus- und Heranbildung des Nachwuchses kümmern. Er muß Antworten auf Fragen finden wie
Gibt es Nachfolger aus der Familie?
Sind sie qualifiziert?
Wie kann ein objektiver Maßstab gefunden werden? Hilft hier ein Beirat?
Welche Ausbildung wird angestrebt?
Wann soll der Nachfolger in das Unternehmen eintreten?
Wie lange soll die Übergangszeit sein? etc.

Dazu gehört auch die sorgfältige Überlegung, was zu geschehen habe, falls aus der Familie kein geeigneter Nachwuchs zur Verfügung stehen sollte.

Soll dann die Familiengesellschaft erhalten bleiben?

Sollten für eine Übergangszeit familienfremde Geschäftsführer die Führung übernehmen?

Sind familienfremde Kandidaten im Hause vorhanden?

Vor allem aber: ist neben der fachlichen Qualifikation auch die menschliche Seite in Ordnung? Denn wenn die Familie die Geschäftsführung einem Fremden überträgt, bedeutet dies einen gewaltigen Vertrauensvorschuß in die Loyalität und unternehmerische Eignung des Fremden.

Es muß überlegt werden, wie das Verhältnis zu den Eigentümern gestaltet wird und wie die notwendige Überwachung und Kontrolle durch die Familie gleichwohl sichergestellt werden können.

Führung im Familienunternehmen bedeutet daher mit Blick auf die Globalisierung der Märkte für den Unternehmer

- mehr Distanz des Unternehmers zu sich selbst und Verzicht auf Macht,
- die Förderung von analytischen und rationalen Prozessen,
- die Delegation von Freiräumen, d. h. von Entscheidungen an die Basis,
- die Nutzung von Möglichkeiten zu raschen, flexiblen Entscheidungen und deren Umsetzung,
- Führung der Familiengesellschafter und
- Lösung der Nachwuchsfrage.

All dies, so scheint mir, sind Aufgaben, die für die Führung im Familienunternehmen wichtig und typisch sind und sich von der Führung in einem anonymen Unternehmen unterscheiden.

Unternehmensführung und Umweltschutz

Hans-Dietrich Winkhaus

Einführung

Für Unternehmer und Manager gilt: Wie erfolgreich sie ein Unternehmen führen, zeigt sich immer erst in der Zukunft. Die Zukunftsfähigkeit ihrer Unternehmen zu sichern muß also oberstes Ziel sein.

Da Entscheidungen aber immer auf den Fakten von gestern und heute beruhen und die von morgen nicht bekannt sind, gibt es auch nur einen Weg zur Zukunftsfähigkeit: die Bereitschaft zum Wandel, zur ständigen Veränderung. Gute Manager sind deshalb auch immer „change agents". Von hier aus gibt es eine direkte Verbindung zur Ökologie.

Die Zukunftsfähigkeit von Unternehmen ist abhängig von der Zukunftsfähigkeit der Märkte, der Regionen, der Gesellschaft. Die Globalisierung der Unternehmen und Märkte findet ihre Entsprechung in der Globalisierung von Umweltproblemen und den ebenfalls globalen Lösungsansätzen.

Schon 1987 hat die UN-Kommission für Umwelt und Entwicklung dafür das Leitbild Sustainable Development erarbeitet. Die Rio-Konferenz 1992 hat dem Begriff Sustainable Development international Popularität verschafft.

Henkel hat sich vor Rio zu diesem Leitbild, definiert in der Business Charter for Sustainable Development der Internationalen Handelskammer ICC, bekannt.

Einmal, weil wir frühzeitig direkt – über unsere Konsumprodukte – mit Umweltthemen konfrontiert wurden und weil wir deshalb früherbegonnen haben, uns systematisch mit Umweltthemen zu beschäftigen. Zum anderen, weil Sustainability, Nachhaltigkeit, und das Streben nach dauerhaftem Bestand ohnehin ein Identitätsmerkmal einer offenen Familiengesellschaft Henkel sind.

Man muß hinzufügen, daß Sustainable Development, ebenso wie das internationale Programm Responsible Care®, mittlerweile in der gesamten deutschen chemischen Industrie den Rahmen bilden, innerhalb dessen nach praktikablen und nachhaltigen Lösungen gesucht wird.

Die Entwicklung der vergangenen Jahre hat bei Henkel zu einer Auffassung von Management geführt, die Umweltorientierung als wesentlich miteinschließt.

Unser Selbstverständnis, unsere Corporate Identity, haben wir in einem Leitbild und zehn Unternehmensgrundsätzen niedergelegt. Leitbild und Grundsätze, auch das ein Merkmal unserer Unternehmenskultur, sind in Arbeitsgruppen im Unternehmen entstanden, in denen alle Ebenen des Unternehmens vertreten waren.

Im Anhang zu den Grundsätzen haben wir die wesentlichen Inhalte der Unternehmensstrategie der Henkel-Gruppe dargestellt.

Ergänzt wird der Katalog unserer Überzeugungen durch die „Grundsätze und Ziele zu Umweltschutz und Sicherheit" sowie durch die „Leitlinien für Zusammenarbeit und Führung".

Jeder Mitarbeiter der Henkel-Gruppe hat diese Materialien oder kann sie anfordern. Anders ausgedrückt: Die Unternehmensführung kann darauf vertrauen, daß unsere gemeinsamen Überzeugungen weltweit bekannt und akzeptiert sind.

Im Leitbild formulieren wir unsere Ansprüche an uns selbst: „Wir stellen uns den wirtschaftlichen und ökologischen Herausforderungen des neuen Jahrtausends.

Wir wollen Henkel auf Dauer zu einem internationalen Spitzenunternehmen machen. Daran orientieren wir unser Handeln. Wir nutzen angewandte Chemie und intelligenten Service, um das Leben der Menschen leichter, sicherer und besser zu machen. Wir wollen unseren Kunden helfen, ihre eigenen Ergebnisse zu verbessern und die an sie gestellten Anforderungen zu meistern. Wir leben den Wandel und wollen auf unsere Leistungen stolz sein."

Grundsätze
1. Henkel ist der Spezialist für angewandte Chemie.
2. Henkel ist in allen Bereichen kunden- und marktorientiert.
3. Henkel nutzt seine Marktpotentiale weltweit.
4. Henkel ist durch Innovationen im Markt erfolgreich.
5. Henkel will für tüchtige Mitarbeiter attraktiv sein.
6. Henkel ist das ökologisch führende Chemie-Unternehmen.
7. Henkel achtet die gesellschaftlichen Werte und Normen aller Länder.
8. Henkel gibt sich eine Struktur, die schnelle Anpassung an Veränderung ermöglicht.
9. Henkel richtet alle Entscheidungen danach aus, seinen langfristigen Bestand zu sichern.
10. Henkel pflegt die Tradition der offenen Familiengesellschaft.

Kurzdarstellung Henkel

1876 gegründet, umfaßt Henkel heute 214 konsolidierte Unternehmen in 59
Ländern. Schwerpunkte der Geschäftstätigkeiten in Europa sind, neben der
Bundesrepublik Deutschland, Frankreich, Italien und Spanien. Wichtige
Märkte in Übersee sind die USA, Mexico, Brasilien und der asiatisch-pazifi-
sche Raum. Die Henkel KGaA, Düsseldorf, ist die Führungsgesellschaft der
Henkel-Gruppe.

Henkel ist ein diversifiziertes Unternehmen mit einer ausgewogenen
Produktpalette. Die Unternehmen der Henkel-Gruppe produzieren und ver-
treiben weltweit etwa 8.000 Produkte. Das Geschäft ist in sechs Produkt-
bereiche gegliedert, die weltweit zuständig sind: Chemieprodukte, Metall-
chemie, Klebstoffe, Wasch- und Reinigungsmittel, Kosmetik/Körperpflege,
Hygiene. Entsprechend den Produktpaletten sind jedem der Markt-Unter-
nehmensbereiche sowie dem Joint Venture Henkel-Ecolab Produktentwicklung, Anwendungstechnik, Produktion und Marketing zugeordnet.

Die zentrale Forschung mit Sitz in Düsseldorf ist weltweit kompetenter
Partner der operativen Geschäftsbereiche. Ein weiteres Forschungszentrum
besteht im amerikanischen Ambler/Pennsylvania.

Dank einer konsequenten Qualitätspolitik und einer hochentwickelten
Forschung hält Henkel in nahezu allen Geschäftsfeldern Spitzenpositionen.
Henkel ist weltweit der größte Hersteller von oleochemischen Produkten auf
der Basis nachwachsender Rohstoffe und ist weltweit führend in der Metall-
oberflächenbehandlung. Das Unternehmen produziert und vertreibt weltweit
die vielseitigste Klebstoff-Produktpalette und hält führende Positionen in
Europa bei Wasch-/Reinigungsmitteln und Kosmetik-/Körperpflegeproduk-
ten. Durch das Joint Venture Henkel-Ecolab, das Henkel zusammen mit seinem amerikanischen Partner Ecolab Inc. betreibt, hält das Unternehmen
außerdem eine führende Position in Europa auf dem Gebiet der industriellen
und institutionellen Hygiene.

Mit über 47.000 Mitarbeitern weltweit hat Henkel 1996 einen Umsatz von
mehr als 16 Milliarden DM erzielt.

Herausforderungen an global operierende Unternehmen im Spannungsfeld Wirtschaft – Umwelt – Gesellschaft

Umweltschutz ist für moderne Industrieunternehmen, und damit auch für
Henkel, schon lange kein neues Thema mehr. Vor dem Hintergrund der
gewachsenen Einsichten in die Grenzen der Belastbarkeit von Gesundheit
und Ressourcen haben sich jedoch Anspruch und Umfang stark erweitert.

Wenn bis vor wenigen Jahren von Umweltschutz die Rede war, so ging es meist um räumlich eng lokalisierbare Probleme. Die Ursachen waren im wesentlichen singuläre Ereignisse, die Abhilfe fast immer rein technischer Art. Die positive Wirkung trat fast augenblicklich ein. Viele Aufgaben im Umweltschutz konnten und können auch heute noch auf diese Weise erfolgreich und dauerhaft gelöst werden.

Dazu müssen wir uns aber neuen Herausforderungen stellen, die weit über das bisher gekannte Maß hinausgehen. Es sind globale Aufgaben mit erheblichem Zeit- und Finanzbedarf für wirksame Lösungen. Außerdem sind diese Aufgaben komplex, mit vielfältigen, sich z. T. gegenseitig bedingenden Einflußgrößen. Die Problemstellungen gehen über den reinen Umweltschutz hinaus. Aufgaben und ihre Lösungen bewegen sich im Spannungsfeld von Umwelt, Wirtschaft und Gesellschaft.

Vier globale Probleme

Problem Nummer eins ist das Bevölkerungswachstum. Seit 1950 hat sich die Bevölkerung verdoppelt. Täglich nimmt die Menschheit um 250.000 Menschen zu. Das entspricht einem jährlichen Zuwachs von 1,6 % bei derzeit etwa 5,7 Milliarden Menschen. Selbst wenn der Anstieg zurückgeht, werden bis zum Erreichen eines stabilen Plateaus noch viele Jahrzehnte vergehen. Nach Schätzungen der UNO müssen wir im Jahr 2025 mit 8 Milliarden, 2050 mit mehr als 10 Milliarden Menschen rechnen.

Eine wachsende Bevölkerung nutzt verstärkt die Ressourcen unseres Planeten. Der Ressourcenverbrauch wird damit zum Problem Nummer zwei. Das gilt zunächst für natürliche Ressourcen, besonders die Nahrungsmittel. Die seit Mitte des Jahrhunderts verdoppelte Weltbevölkerung verbraucht heute dreimal soviel Getreide und Fleisch, viermal soviel Fisch, sechsmal soviel Papier und doppelt soviel Bauholz wie damals (Lester R. Brown: We can build a sustainable Economy, The Futurist, July-August 1996, S. 8–12). Auch wenn ein großer Teil des überproportionalen Wachstums auf den gestiegenen Wohlstand in den Industrieländern zurückführbar ist, liegen die Herausforderungen der Gegenwart und Zukunft in den armen Teilen der Welt. Während die Bevölkerung in den Industrieländern stagniert, wächst sie in der Dritten Welt noch stark. Schaden an nachwachsenden Ressourcen entsteht zudem nur durch Übernutzung, d.h. wenn dem natürlichen Kreislauf mehr entnommen wird, als in gleicher Zeit neu entsteht. Als Beispiel sei der Einsatz von Holz als Brennstoff genannt. Durch Übernutzung werden z.B. in Afrika oder auf dem indischen Subkontinent große Begiete regelrecht entwaldet.

Ebenso schwer wie die Übernutzung natürlicher Ressourcen wiegt der gestiegene Verbrauch endlicher nicht-nachwachsender Ressourcen. So verbrauchen wir heute viermal soviel fossile Brennstoffe (Kohle, Öl, Gas) wie vor knapp 50 Jahren. Bei einem Verbrauch auf dem gegenwärtigem Niveau werden schon in einigen Jahrzehnten die Vorräte an wichtigen Industriemetallen wie Kupfer, Zink oder Silber aufgebraucht sein.

Die dritte Herausforderung liegt im Ungleichgewicht der wirtschaftlichen und sozialen Entwicklung. Die Mehrheit der Menschen in den Industriestaaten lebt in Wohlstand und Sicherheit. Sie stellen nur etwa 20% der Weltbevölkerung, können aber aufgrund ihrer wirtschaftlichen Überlegenheit auf 80% der Ressourcen zurückgreifen. Dagegen leben 1,3 Milliarden Menschen in der Dritten Welt unterhalb der Armutsgrenze. Während sich die wohlhabenden Gesellschaften Umweltschutz leisten und bezahlen können, findet in den armen Ländern aus der Not heraus eine zusätzliche Umweltzerstörung statt. Ein Beispiel dafür ist die rigorose Übernutzung von Wäldern zur Gewinnung von Brennholz. Umweltschutz, soziale Gerechtigkeit und wirtschaftliche Entwicklung sind deshalb unlösbar miteinander verbunden.

Alle drei Probleme münden in ein zentrales Problem: der zunehmenden Belastung und Überlastung des globalen Öko-Systems. Dies ist ablesbar an weltumspannenden Umweltbeeinflussungen. Ein herausragendes Beispiel ist die globale Klimaveränderung, der sogenannte Treibhauseffekt. Vor allem durch die Freisetzung von Kohlendioxid aus der Verbrennung fossiler Rohstoffe, die seit Mitte des vorigen Jahrhunderts mit der Industrialisierung begonnen hat, ist die durchschnittliche Temperatur auf der Erde meßbar angestiegen. Die Menschheit sitzt im selbstverursachten „Schwitzkasten". Als Folge werden klimatische Veränderungen befürchtet, die das Wettergeschehen in den bisher gemäßigten Zonen negativ beeinflussen und die zum Anstieg der Weltmeere bzw. zur Verödung großer Teile der heutigen Vegetationszonen führen könnten.

Diese vier Herausforderungen lassen sich weder lokal, noch sofort oder durch einzelne Gruppen bis hin zu nationalen Regierungen lösen. Bei näherer Betrachtung erweisen sie sich zudem als weit komplexer, als es hier dargestellt werden kann. Dennoch wird ihre Lösung zur entscheidenden globalen Überlebensfrage werden.

Handlungsmodelle in der Diskussion

Den Herausforderungen angemessen, müssen Lösungswege die globalen Zusammenhänge berücksichtigen. In den achtziger Jahren hat die UN-Kommission für Umwelt und Entwicklung unter der Leitung von Gro Harlem Brundtland dazu einen visionären Ansatz geschaffen. Der Abschlußbericht aus dem Jahre 1987, unter dem Titel „Our Common Future", führt zu einem Programm, das innerhalb weniger Jahre zum Leitbild des ausgehenden 20. Jahrhunderts wurde: Sustainable Development.

Zentrale Idee des Sustainable Development ist eine Entwicklung, die die Bedürfnisse der Gegenwart befriedigt, ohne daß künftige Generationen in ihren Gestaltungsmöglichkeiten eingeschränkt werden. Untrennbar verbunden ist damit die Gleichrangigkeit wirtschaftlicher, sozialer und ökologischer Aspekte.

Nachhaltige Entwicklung – so die meist verwendete deutsche Übersetzung des Begriffs – hat aus dem ökologischen Blickwinkel vier Voraussetzungen:

Erstens darf die Natur nur im Rahmen ihrer Regenerationsfähigkeit genutzt werden. Das gilt vor allem für nachwachsende Rohstoffe. Zweitens dürfen alle endlichen Ressourcen – die Rohstoffe wie die nutzbare Erdoberfläche – nur so sparsam wie möglich verbraucht werden. Drittens dürfen nicht mehr Schadstoffe emittiert werden, als von der Umwelt verkraftet werden können. Viertens sollen nur solche Entwicklungen begonnen werden, deren künftiges Risiko kalkuliert und getragen werden kann.

Die Weltkonferenz für Umwelt und Entwicklung in Rio de Janeiro im Jahre 1992 hat besonders zur Verbreitung der Idee des Sustainable Development beigetragen. Dort haben 170 Staaten, darunter die Bundesrepublik Deutschland, die „Agenda 21" unterschrieben und sich damit zu einem globalen Programm der Nachhaltigkeit bekannt. An vorderster Stelle stehen Maßnahmen zur Vorsorge gegen Klimaveränderungen und zum Erhalt der Artenvielfalt auf der Erde. Gerade am Beispiel der Klimaveränderung durch Eintrag von Treibhausgasen – vor allem durch Verbrennung fossiler Energieträger – wird das komplexe Wechselspiel deutlich, das aus der Gleichrangigkeit zwischen ökonomischen, ökologischen und sozialen Zielen hervorgeht: Dem berechtigten Wunsch der Schwellen- und Entwicklungsländer nach steigender Industrialisierung und wachsendem Wohlstand – verbunden mit steigendem Energie- und Rohstoffverbrauch – stehen die Programme der Industrieländer gegenüber. Dort haben sich Politik und Wirtschaft in freiwilligen Vereinbarungen festgelegt, den Kohlendioxid-Ausstoß und andere Umweltbelastungen zu senken. Für die Industriestaaten heißt dies: Selbstbeschränkung in schwieriger Zeit. Hohe Arbeitslosigkeit und schwache Konjunktur verlangen auch in diesen Ländern nach Wachstum.

Ein Ansatz, diese Spannungen konstruktiv zu lösen, kommt von der Industrie. Aus einer Initiative einiger engagierter Unternehmensführer entstand unter Führung von Stephan Schmidheiny das Business Council for Sustainable Development (BCSD). Ziel dieser Gruppe ist es, globale unternehmerische Perspektiven in ihren Unternehmen beispielhaft voranzutreiben. Nahezu zeitgleich hat die Internationale Handelskammer (ICC) ihre Business Charter of Sustainable Development erarbeitet. Die darin enthaltenen 16 Grundsätze beschreiben ein ganzheitliches Umweltmanagement, das einer unternehmerischen Umsetzung des Sustainable Development vorangehen muß. 1991 wurde die Charta auf der zweiten World Industry Conference for the Environment (WICE) unterzeichnet. WICE als ständige Einrichtung mit Task Forces zu allen Themen des nachhaltigen Wirtschaftens und BCSD haben ihre Aktivitäten 1994 zum World Business Council for Sustainable Development (WBCSD) fusioniert.

Auch auf nationaler Ebene haben sich entsprechende Unternehmensinitiativen gebildet. Ein bekanntes Beispiel ist der 1984 gegründete Bundesdeutsche Arbeitskreis für Umweltbewußtes Management e.V. (B.A.U.M.). Konkretes Ziel von B.A.U.M. ist es, Unternehmen und Institutionen für die Probleme des Umweltschutzes zu sensibilisieren. Weiterhin soll dargestellt werden, daß es auch aus unternehmerischer Sicht sinnvoll sein kann, freiwillig und über gesetzliche Anforderungen hinaus Umweltschutz als wichtige Zielsetzung zu beschließen und umzusetzen. Ein Meilenstein in der politischen Diskussion war die Aufnahme des Schutzes der Umwelt in das Grundgesetz im November 1994. Parallel hat sich in der Diskussion der Begriff der „ökologisch-sozialen Marktwirtschaft" etabliert.

Lassen sich vor diesem Hintergrund Ökologie und Ökonomie versöhnen? Ja, wenn Umweltnutzung und Umweltschädigung ihre richtigen ökonomischen Preise hätten – ein in weiterer Ferne liegender Zustand. Nein, da Ökonomie und Ökologie ein Spannungsverhältnis von Zielkonflikten bilden. Die Herausforderung für Politik, Wirtschaft und Gesellschaft heißt, ein nachhaltiges (sustainable) Konfliktmanagement zu betreiben.

Spannungsfeld zwischen Ökonomie und Ökologie

Unser internationales ökonomisches System ist untrennbar mit dem Begriff Wachstum verbunden. Auf die teilweise ideologisch geführte Diskussion über qualitatives oder quantitatives Wachstum will ich hier nicht eingehen. Wir können auf dieses Wachstum nicht verzichten, wollen wir nicht auf Lebensqualität und soziale Sicherheit verzichten. Die hohe Zahl arbeitsloser Menschen, nicht nur in Deutschland, sondern in ganz Europa, und die stark gestiegene Staatsverschuldung sind ein überzeugendes Beispiel für diesen Zusammenhang. Brauchen wir also Wachstum ohne Ende?

Die Ökologie verweist uns auf Grenzen des globalen Ökosystems, die schon erwähnten endlichen Ressourcen und die Belastungsgrenzen für die Umwelt. Danach wäre nicht Wachstum, sondern Beschränkung zu fordern, zur Schonung der Ressourcen, zur Entlastung der Ökosphäre. Für die Industrieländer hieße das: Ohne Wachstum die Gefahr sozialer Verwerfungen, bis hin zu gewaltsamen Verteilungskämpfen. Für die Entwicklungsländer wären die Konsequenzen mindestens ebenso hart: Ohne Wachstum kein Ausweg aus Armut und Chancenlosigkeit. Selbst der Umwelt wäre nicht gedient, da die gegenwärtige Lebensweise durch Übernutzung der nachwachsenden Ressourcen (Brennholz, Wasser) anhielte. Gleichzeitig wären weltumspannende Migrationsströme zu erwarten.

Wachstumsverzicht stellt also keine nachhaltige Lösung dar.

Sustainable Development als Konzept fordert den aktiven Interessenausgleich. Das Spannungsfeld zwischen Ökonomie und Ökologie muß von Politik, Wirtschaft und Gesellschaft gestaltet werden. Die Naturwissenschaften, die ganz präzise die Konsequenzen unseres Handelns beschreiben können, liefern freilich keine operationalen Ziele. Es bedarf vielmehr der selbstverantwortlichen Entscheidung der Menschen über den Umfang ihrer Umweltnutzung.

Innerhalb der Unternehmen kann die Unternehmensethik das geeignete Fundament für Sustainability bilden. Einer kürzlich publizierten Statistik (in Beitrag von H.-J. Zimmerman, Unscharfe Wirtschaftsethik: Kontext und Wortbedeutung in der ethischen Diskussion. In: Ökonomie contra Ökologie? Hrsg. von S. M. Doecke, Stuttgart (1995)) zufolge haben in den Vereinigten Staaten etwa 93% aller Unternehmen spezielle Unternehmensgrundsätze. 44% unterrichten ihre Mitarbeiter in ethischen Fragen und 18% besitzen sogar ein „Ethics Committee". Auch in Deutschland gibt es immer mehr Unternehmen, die sich an Leitbildern und Grundsätzen orientieren und damit zumindest in ihrem Willen zur nachhaltigen Ausrichtung messen lassen.

Allein aus ethischer Motivation kann allerdings kein nachhaltiger Umweltschutz erwachsen. Unternehmen müssen auch ökonomisch stark genug sein, um dauerhaft ihre Ziele umsetzen zu können. Nur wirtschaftlich erfolgreiche Unternehmen werden wirksamen Umweltschutz und sozialen Ausgleich erreichen können. Ein verträgliches wirtschaftliches Wachstum ist daher Voraussetzung für die Verwirklichung von Sustainable Development.

Für ein gesamtwirtschaftlich gesehen ausgewogenes Verhältnis von Ökologie und Ökonomie ist es notwendig, die marktwirtschaftlichen Instrumente so zu gestalten, daß Gewinnerzielung automatisch zu umweltverträglichem Verhalten führt, und umgekehrt. Die politische Diskussion der letzten Jahre hat allerdings gezeigt, daß mit einfachen und häufig unausgereiften Ansätzen mehr Schaden als Nutzen angerichtet wird. Der Vorschlag einer nationalen und unspezifischen Ökosteuer hätte den Verlust der Wettbewerbsfähigkeit gerade jener Branchen zur Folge, die auf energieintensive Prozesse zurückgreifen müssen. Neben der Stahl-, Aluminium- und Papierindustrie zählt auch die Chemie zu den betroffenen Industriezweigen. Zudem würden Unternehmen getroffen, die immer schon – allein aus Kostengründen – auf einen effizienten Umgang mit Energien und Ressourcen achten.

Die zusätzliche Belastung unserer Wettbewerbsfähigkeit würde nicht global zu geringerem Energieverbrauch und weniger Emissionen führen. Andere Unternehmen bedienten den Markt vom Ausland her. Energieverbrauch und Emission blieben höchstens gleich. Der Umwelt wäre damit – global betrachtet – aller Voraussicht nach noch nicht gedient.

Das Spannungsfeld zwischen Ökonomie und Ökologie darf also nicht zur Zerreißprobe der sozialen Ordnung werden. Eine übertriebene Vorsorgepolitik verletzt die Forderung nach Ökonomie- und Ökologieverträglichkeit genauso wie ein ausschließlich auf Gewinnsteigerung ausgerichtetes Wirtschaften. Ökologisch und ökonomisch verträgliche Ansätze, das heißt solche, die auch den globalen Wettbewerb berücksichtigen, sehen daher entweder einen internationalen Abstimmungsprozeß vor oder klammern überproportional benachteiligte Branchen – wie z.B. die energieintensiven Branchen Stahl-, Chemie- und Papierindustrie bei Ökosteuern – aus.

Zudem sind die ideologischen Politikmodelle, die einigen Konzepten zur Besteuerung des Ressourcenverbrauchs zugrunde liegen, in Frage zu stellen. Vor allem, wenn es dabei letztlich um das Diktat von Reduktionszielen beim Pro-Kopf-Verbrauch endlicher Ressourcen geht.

Das gilt auch für die Frage des Rohstoffverbrauchs im Hinblick auf künftige Generationen. So ideal die Forderung nach Verteilungsgerechtigkeit zwischen den Generationen klingt: es wird – trotz engagierten Bemühens aller Verantwortlichen – nicht möglich sein, jeder beliebigen zukünftigen Zahl von Menschen einen vergleichbaren Anspruch auf Rohstoffverbräuche zuzusichern wie der heutigen Generation. In einem Szenario einer weiterhin ansteigenden Weltbevölkerung würde dies beispielsweise dazu führen, daß die heute lebenden Menschen nicht einmal mehr das zum Existenzminimum Notwendige nutzen dürften. Dieses Dilemma ließe sich nur durch eine weltweite Beschränkung der Geburtenrate lösen. Dies wiederum ist Teil der Diskussion um soziale Verträglichkeit.

Nicht in diesem globalen Umfang, dafür aber weit häufiger, müssen im betrieblichen Alltag unternehmerische Entscheidungen im Spannungsfeld zwischen Ökonomie und Ökologie gefällt werden. Strukturelle wie operationale Voraussetzung für nachhaltiges Wirtschaften ist ein umfassendes marktorientiertes Umweltmanagement. Bedeutenden Anteil daran hat insbesondere ein ganzheitliches Marketing. Neben der Befriedigung der Kunden- und Verbraucherbedürfnisse und der Ausnutzung von Wettbewerbsvorteilen schafft es auch die gesellschaftliche Legitimierung des Unternehmens.

Der Transfer von ökologischen Vorteilen in Wettbewerbsvorteile gelingt insbesondere dann, wenn der Umweltvorteil vom Kunden auch als Individualnutzen erlebt werden kann. Die Erfahrung zeigt aber: Eine Überwälzung von möglicherweise höheren Kosten auf die Verbraucherpreise läßt sich auch in dieser Konstellation nur in geringem Umfang durchsetzen.

Das gilt um so mehr, als in den letzten Jahren in Deutschland die Bedeutung von Umweltschutz für die Bevölkerung zurückgegangen ist. Zwar ist weiterhin ein hoher Anteil der Bevölkerung über den Zustand der Umwelt und mögliche zukünftige Entwicklungen stark beunruhigt; in der jüngsten Umfrage des Umweltministeriums waren es 65 Prozent. Doch wenn persön-

liche Verhaltensänderungen gefragt sind, ist ein deutlicher Einbruch festzustellen. Waren 1992 noch 42 Prozent bereit, für umweltverträglichere Produkte mehr Geld auszugeben, sind es 1996 noch etwa 35 Prozent. Vor allem die
jüngere Generation setzt ihr Umweltbewußtsein kaum in ein umweltorientiertes Einkaufsverhalten um.

Darauf stellt sich der Handel ein. Ihm kommt aus Sicht der Hersteller die
besondere Rolle eines ökologischen Gatekeepers zu. Der Handel trägt durch
seine Angebots- und Sortimentspolitik ganz entscheidend zum Erfolg oder
Mißerfolg ökologisch orientierter Produkte bei.

Das Spannungsfeld zwischen Ökologie und Ökonomie wird auch in Zukunft
bestehen bleiben. Für jeden einzelnen Fall muß um eine individuelle Lösung
gerungen werden. Für das einzelne Unternehmen erwächst die Lösung aus
dem ausgewogenen Zusammenspiel von politischen Rahmenbedingungen,
gesellschaftlichen Ansprüchen und der vom Unternehmen wahrgenommenen
Umweltverantwortung. Nicht eine einmalige „Versöhnung", sondern ständiges
Abwägen führt zu nachhaltigem Wirtschaften in einer Sustainable Society.

Umweltschutz in der Wirtschaft

Mit der Verstärkung des Umweltschutzgedankens seit Beginn der siebziger
Jahre setzte auch eine schrittweise Umsetzung von Umweltschutzmaßnahmen in der Wirtschaft ein. Insbesondere die chemische Industrie hat als eine
der ersten Branchen Umweltschutzmaßnahmen ergriffen.

Ursprung aller Maßnahmen war der Arbeitsschutz, der schon weit früher
mit der beginnenden Industrialisierung und speziell der Zunahme von Chemie-
unternehmen Ende letzten Jahrhunderts einsetzte. Hier ging es primär um
die Vermeidung von Erkrankungen der Mitarbeiter und den Erhalt ihrer
Arbeitskraft. Erst später setzten die ersten technischen Maßnahmen zum
Schutz der unmittelbaren Umgebung jenseits der Werksgelände ein. Dies waren
nach heutiger Definition im wesentlichen Immissionsschutzmaßnahmen,
weniger die Reduktion oder Vermeidung von Emissionen selbst.

Heute setzen wir möglichst unmittelbar bei der Entstehung von Schad-
stoffen und – falls deren Einsatz derzeit unvermeidlich ist – bei der Emissions-
vermeidung an. Damit werden Umweltprobleme direkt an der Wurzel behandelt.

Daher werden chemische Produktionsanlagen schon seit einigen Jahren
nach dem Prinzip des „produktionsintegrierten Umweltschutzes" betrieben,
d.h., schon bei der Anlagenplanung und während ihres Betriebs ist der
Umweltschutz fester Bestandteil. Ein zusätzlicher Schritt ist der Einsatz innovativer Verfahren für schadstoff-freie oder schadstoff-reduzierte Produktionsprozesse. Dadurch werden nachträgliche Umweltschutzmaßnahmen

(„end-of-the-pipe-Technologien") von vornherein unnötig. Sollten daher in den Produktionsprozessen heute problematische Substanzen eingesetzt werden, so werden diese Stoffe in geschlossenen Kreisläufen gefahren werden und haben somit keinen Kontakt zur Umwelt. Produktionsintegrierter Umweltschutz bewahrt daher nicht nur die Umwelt vor Schäden, sondern verbessert auch die Arbeits- und Prozeßsicherheit.

Die Ausdehnung dieses Ansatzes schon auf die Produktentwicklung führte zum „Produkt- oder Innovationsintegrierten Umweltschutz". Schon bei der Entstehung bzw. Überarbeitung einer Produktidee gilt die Umweltverträglichkeit als ein den Leistungsaspekten gleichrangiges Entwicklungsziel. Diese Vorgaben waren es, die beispielsweise in unserem Unternehmen vor mehr als zwei Jahrzehnten zur Entwicklung eines Phosphat-Ersatzstoffes in Waschmitteln führten. In der Forschung wurde eine dem Phosphat wirkungsgleiche, aber umweltverträgliche Substanz gesucht, die nicht zur Überdüngung von Gewässern führt. Andere Beispiele für diesen innovationsintegrierten Umweltschutz sind die Entwicklung von lösemittelfreien Klebstoffen, Lacken und Dispersionen auf Wasserbasis oder biologisch abbaubaren Schmierstoffen.

Auch wenn die chemische Industrie in besonderer Weise mit dem Thema Umweltschutz verbunden ist, so sind inzwischen alle Wirtschaftszweige aktiv beteiligt. Dies gilt für die Rohstoffgewinnung (Beispiel: Rekultivierung im Braunkohletagebau) und Energierzeugung (Emissionsschutz durch Rauchgasentstaubung, -entschwefelung und -entstickung). In der Landwirtschaft wird als Ergebnis intensivierter Forschung und Entwicklung mit immer kleineren Mengen an Pflanzenschutz- und Düngemitteln gearbeitet. Parallel weiten sich verschiedene Formen der ökologischen Bewirtschaftung aus.

Im produzierenden Gewerbe sind in den vergangenen beiden Jahrzehnten in jeder Branche eine Vielzahl von Initiativen gestartet worden. Mit an vorderster Stelle stehen Maßnahmen zur Energie- und Materialeinsparung bzw. zum Recycling. In der Automobilindustrie werden leichtere Fahrzeuge mit sparsameren Motoren entwickelt. Das Automobil der Zukunft soll emissionsärmer fahren und am Ende seines Lebenszyklus wieder in die Ausgangsmaterialien zerlegbar sein. Die Packmittelindustrie arbeitet an verbesserten Verpackungen, die weniger Packstoffe benötigen und nach Gebrauch sortenrein trennbar sind.

Während Rohstoff-, Energie- und Landwirtschaft sowie das produzierende Gewerbe schon vielfältige Erfahrungen auf dem Gebiet des Umweltschutzes haben, ist dies in Handel und Dienstleistung ein neues Thema. Aber es gewinnt derzeit rasch an Bedeutung.

Der Einzelhandel ist beispielsweise im Rahmen der Verpackungsverordnung mit der Rücknahmepflicht von Produktverpackungen konfrontiert. Um dies zu vermeiden, wurde in einer beispiellosen Kooperation von Herstellern, Handel, Entsorgern, Politik und Wirtschaft das „Duale System", der „grüne

Punkt", geschaffen, der inzwischen – nach großen Anlaufschwierigkeiten – ein latentes Gleichgewicht gefunden hat.

Auch Banken und Versicherungen setzen sich in mehrfacher Hinsicht mit der Umweltproblematik auseinander. Ein Schlagwort heißt beispielsweise „umweltorientiertes Kreditmanagement" bzw. „umweltorientierte Prämiengestaltung". Dabei gilt es, umweltbedingte Kreditrisiken zu minimieren. Die Bonität der Kunden hängt immer häufiger von Umweltfaktoren ab. So wird von Umweltsachverständigen der Banken geschätzt, daß von den Wertkorrekturen in Höhe von rund 30 Milliarden Mark in Deutschland im Jahre 1994 zwischen 10 und 25% auf Umweltgründe zurückzuführen ist (Bilanz der neuen Werte, In: Manager Magazin, Juli 1996, S. 130–135). Entsprechend verhalten sich Versicherungsgesellschaften. Können Industrieunternehmen auf Maßnahmen zur Reduktion betrieblicher Umweltrisiken verweisen, beispielsweise durch ein Öko-Audit-Zertifikat, werden günstigere Prämien vereinbart. Ein anderer Versicherer will Umweltschutz praktizieren, in dem er in der Fahrzeug-Haftpflicht Nachlässe für institutionelle Versicherte anbietet, die Jahreskarten für öffentliche Verkehrsmittel oder Fahrertrainings für umweltbewußtes Fahren nachweisen können.

Gleichzeitig entsteht in der Branche ein starkes Interesse auch an globalen Umweltveränderungen. So haben Anzahl und Schadensumfang von Unwettern und Überschwemmungen in den letzten Jahren deutlich zugenommen. Beispielsweise hat der Hurrikan „Andrew", der 1992 in Florida viele Tausend Gebäude zerstörte, auch acht Versicherungsgesellschaften in den Konkurs getrieben.

Der Umweltgedanke hat bei den Finanzdienstleistern auch zur Gründung von Öko- oder Umweltbanken bzw. zur Auflage von Öko-Fonds geführt. Anders als übliche Fonds, sollen Öko-Fonds nicht nur Gewinne erwirtschaften, sondern gezielt Kapital für umweltverträglich wirtschaftende Unternehmen zur Verfügung stellen. Die Anlagehorizonte sind mittel- bis langfristig. Ein vor wenigen Monaten in Skandinavien aufgelegter Fonds prüft dazu mit einem speziellen Computerprogramm die Daten aus Umwelterklärungen und Geschäftsberichten, um die profitabelsten und gleichzeitig umweltfreundlichsten Unternehmen auszuwählen.

Umweltbanken wollen sich speziell der Finanzierung von Umwelttechnologien zuwenden. Dabei werden die Hoffnungen vor allem in die Profitabilität von Wind- oder Wasserkraftanlagen, Blockheizkraftwerken oder ökologischen Landbaubetrieben gesetzt. Einige dieser Banken haben neben dem Aufsichtsrat einen zusätzlichen Umweltrat, der in einem laufenden Prozeß die Bankgeschäfte anhand der vorgegebenen Auswahlkriterien prüft.

Öko-Fonds und Öko-Banken weisen insbesondere auf die schon diskutierte Schnittstelle zwischen Ökologie und Ökonomie hin. Insbesondere die Institution eines Umweltrates neben dem Aufsichtsrat in einer Öko-Bank zeigt an, daß Gewinn und Umwelt nicht in einfacher Weise zur Deckung zu bringen sind. Andererseits wird deutlich, daß beide Begriffe in Zukunft nicht mehr voneinander getrennt zu betrachten sein werden.

Das Unternehmen Henkel im Wandel

All die geschilderten Entwicklungen und Strömungen haben auch auf Henkel eingewirkt. Als weltweit tätiges Unternehmen hat sich Henkel von Anbeginn in die öffentliche Umweltschutzdiskussion in verschiedenen Ländern und Regionen eingeschaltet. In gleichem Maße, wie sich Umweltprobleme und die zu entwickelnden Lösungen wandelten, haben sich auch Ziele, Leitbilder und Strukturen im Unternehmen verändert.

Von der Reparatur von Umweltfolgen zum ganzheitlichen Umweltmanagement

Ich habe eingangs ausgeführt, wie aufgrund lokaler und regionaler Probleme, die deutlich sichtbar und fühlbar wurden, Unternehmen begannen, Umweltprobleme und die Suche nach Lösungen systematisch zu behandeln, auch wenn damals vorrangig die Schadensbegrenzung das Schutzziel war.

Umweltschutz als Schadensbegrenzung

Ein deutlich sichtbares Umweltproblem waren Anfang der 50er Jahre die gewaltigen Schaumberge auf deutschen Flüssen, hervorgerufen durch den Gebrauch von Wasch- und Reinigungsmitteln einer neuen Generation. Diese enthielten neue synthetische Tenside. Das Entwicklungsziel hieß, einen Waschwirkstoff zu entwickeln, der im Vergleich zum etablierten Rohstoff Seife seine Waschkraft weitgehend unabhängig von der Wasserhärte entwickeln sollte. Dieses Ziel wurde erreicht.

Was bei der Entwicklung dieser synthetischen Tenside nicht berücksichtigt wurde, war ihr ökologisches Verhalten. Im Gegensatz zur Seife waren sie nur schwer und unvollständig biologisch abbaubar, akkumulierten sich in Oberflächengewässern und führten zu den erwähnten Schaumbildungen, die – aus unserer heutigen Sicht sehr erstaunlich – damals von der Öffentlichkeit wohl bemerkt, aber nur wenig beachtet wurden.

Für Rohstoffhersteller und die Waschmittelindustrie waren sie jedoch der Auslöser für die Entwicklung biologisch rasch und vollständig abbaubarer synthetischer Tenside. Das Umweltproblem war nach wenigen Jahren gelöst. Der Umweltschaden war behoben.

Die Auswirkungen, die diese Ereignisse auf das Unternehmen Henkel hatten, waren jedoch weitreichender. Damals, Anfang der 50er Jahre, das Wort Umweltschutz war noch nicht populär, entwickelte sich eine unternehmensinterne Diskussion darüber, wie künftig schädliche Umweltauswirkungen durch Rezepturbestandteile von Henkel-Produkten von vornherein vermieden werden können. Das Vorsorgeprinzip im Umweltschutz hielt bei Henkel Einzug in die Produktentwicklung. Das Ereignis war auch der Anlaß, althergebrachte Firmenstrukturen zu verändern und neue Strukturen zu schaffen, wie beispielsweise die Fachabteilung Ökologie. Henkel begann, sich systematisch damit zu beschäftigen, wie das ökologische Wirkungsprofil von Stoffen durch Labortests ermittelt werden kann. Etliche dieser bei Henkel entwickelten experimentellen Prüfungen, beispielsweise zur Beurteilung der biologischen Abbaubarkeit oder der Aquatoxizität, sind später als standardisierte Prüfverfahren national und international von der Fachwelt übernommen worden. Die gewonnenen Erkenntnisse über die inhärenten Eigenschaften von Stoffen erlaubten es dann, ökologische Risikoabschätzungen für Produkte und deren Inhaltsstoffe vorzunehmen. Dieses nun funktionsfähige wissenschaftlich-fachliche Instrumentarium zog ab 1959 folgerichtig ein marktpolitisches Instrumentarium nach sich, nämlich die regelmäßige ökologische Gütekontrolle für Wasch- und Reinigungsmittel.

Sie blieb nicht lange auf den Wasch- und Reinigungsmittelbereich beschränkt, sondern wurde auf andere Produktgruppen, insbesondere auf die chemisch-technischen Produkte wie z.B. Textilhilfsmittel oder Industriereiniger, übertragen. Bei einigen dieser Produktgruppen wird dem Kunden die ökologische Beurteilung des Produktes als „Öko-Zertifikat" zur Verfügung gestellt.

Zur Absicherung der Modelle, die zum ökologischen Risk Assessment herangezogen wurden, gehörte ein regelmäßiges Umweltmonitoring in den Gewässern. 1958 – somit lange, bevor sich staatliche Institutionen mit dieser Thematik beschäftigten – hat Henkel begonnen, regelmäßig die Frachten wichtiger Waschmittelkomponenten in deutschen Gewässern zu bestimmen.

Damals hat Henkel angefangen, sich auf breiter Basis mit der neuen Thematik „Umweltverträglichkeit" auseinanderzusetzen. Der Erfolg umweltverträglicher Produkte am Markt hat sich schließlich in einer Strategie niedergeschlagen, die Anfang der 70er Jahre entscheidend geformt wurde und im Grundsatz bis heute Gültigkeit hat: Henkel möchte durch leistungsfähige und umweltverträgliche Produkte und Systeme eine technische und ökologische Vorreiterrolle übernehmen und diese im Markt in Wettbewerbsvorteile umsetzen. Damit war der Umweltschutz ins Managementsystem integriert.

Es wurde deutlich, daß für die Umsetzung der genannten Strategie klare Unternehmensziele festzulegen waren. 1982 wurden diese weltweit verbindlichen Vorgaben als „Grundsätze Umwelt- und Verbraucherschutz in der

Henkel-Gruppe" veröffentlicht. Und schließlich wurde 1987 der Umweltschutz als gleichrangiges Unternehmensziel neben dem Erzielen von Gewinnen in die Unternehmensleitlinien aufgenommen.

1971 wurde bei Henkel die Leitstelle Umwelt- und Verbraucherschutz als zentrale Koordinationsstelle für alle Fragen von Umweltschutz und Produktsicherheit eingerichtet. Sie war der Kristallisationskeim für die heutigen Strukturen der zentralen und unternehmensbereichsspezifischen Organisation von Umweltschutz und Sicherheit im Unternehmen.

Integrierter Umweltschutz durch vernetztes Management

Wesentliches Element dieser heutigen Strukturen sind zwei zentrale Bereiche im Unternehmensbereich Forschung und Technik, die sich diesen Aufgaben widmen.

Im Bereich Umweltschutz und Sicherheit werden alle produktions- und standortrelevanten Themen behandelt, einschließlich der Emissionen und Immissionen, Energie, Abluft, Abwasser, Abfall, Lärm und Geruch.

Im Bereich Biologie/Produktsicherheit werden alle Aspekte der Sicherheit unserer Produkte für Mensch und Umwelt bearbeitet. Beide Bereiche kooperieren miteinander sowie mit allen Fachabteilungen der operativen Unternehmensbereiche, der Produktentwicklung/Anwendungstechnik, der Produktion, dem Marketing und dem Vertrieb. Informations- und Erfahrungsaustausch sind darüber hinaus institutionalisiert. Zum Beispiel durch die regelmäßigen Sitzungen des Koordinationskreises Umwelt- und Verbraucherschutz, in dem die Leiter Produktentwicklung/Anwendungstechnik aller Unternehmensbereiche und der genannten Zentralbereiche vertreten sind.

Vor dem Hintergrund der zunehmenden Komplexität, aber auch der zunehmenden Ausprägung des Umweltmanagements und der sich daraus ableitenden zunehmenden Zahl der Erfolge, hat Henkel 1995 seine Umweltpolitik neu formuliert. Die „Grundsätze und Ziele zu Umweltschutz und Sicherheit" umfassen nun den Gesundheitsschutz von Mitarbeitern und Nachbarn ebenso wie die Absicherung unserer Produkte nach anerkannten wissenschaftlichen Kriterien, die Berücksichtigung der Aspekte eines nachhaltigen Wirtschaftens (Sustainable Development) bereits bei der Konzeption und Planung neuer Produktionsverfahren oder das Bekenntnis zur gesellschaftlichen Verantwortung. Henkel bringt seine Überzeugung zum Ausdruck, daß nachhaltiges Wirtschaften ökonomische, ökologische und gesellschaftliche Ziele gleichermaßen behandeln muß. Nur wirtschaftlich erfolgreiche Unternehmen werden wirksamen Umweltschutz und sozialen Ausgleich erreichen können.

Integrierte Managementsysteme sehen wir als ein wichtiges Instrument zur Erreichung der gesetzten Ziele. Sie stellen die Einhaltung der Umweltstandards und die Kontrolle des Erreichungsgrades von Umwelt- und Sicherheitszielen sicher. Ein konzernweiter Transfer nicht nur von Technologie, sondern auch von Managementmethoden auf dem Gebiet von Umwelt- , Gesundheitsschutz und Sicherheit, wird systematisch betrieben. Darin sieht Henkel auch einen Beitrag zum weltweiten sozialen Ausgleich.

Das strategische Ziel heißt: Öko-Leadership

In dem 1994 neugefaßten Leitbild der Henkel-Gruppe heißt einer von 10 Grundsätzen: „Henkel soll das ökologisch führende Chemieunternehmen sein." Henkel strebt somit eine Führungsrolle in Fragen des Umwelt- und Verbraucherschutzes sowie der Sicherheit an, die von der Öffentlichkeit wahrgenommen wird und am Markt in Wettbewerbsvorteile umgesetzt werden kann. Das Steuerungsgremium zum Erreichen dieses Zieles ist der Koordinationskreis Öko-Leadership. Dieser Kreis will einerseits möglichst viele Aktivitäten initiieren und andererseits durch Koordination möglichst viel Wirkung erzielen. Unter der Leitung des für Forschung und Technologie verantwortlichen Vorstandsmitglieds arbeiten Vertreter aller Unternehmensbereiche am gemeinsamen Ziel, den Begriff Henkel-Qualität auf Umweltverträglichkeit auszudehnen.

Die Initiative der chemischen Industrie: Responsible Care[®]

Die chemische Industrie hat eine weltweite Initiative entwickelt, die sie Responsible Care nennt. Chemieunternehmen in fast 50 Ländern bekennen sich inzwischen dazu. Die jeweiligen nationalen Chemieverbände wirken koordinierend an dieser Initiative mit. In Deutschland ist dies der Verband der Chemischen Industrie (VCI), der diese Initiative „Verantwortliches Handeln" nennt. Ziel von Responsible Care ist es, eine ständige Verbesserung auf den Gebieten Produktverantwortung, Anlagensicherheit und Gefahrenabwehr, Arbeitssicherheit, Umweltschutz, Transportsicherheit sowie im internen und externen Dialog zu erreichen. Henkel bekennt sich zu dieser Initiative, trifft sie doch mit dem Leitgedanken der ständigen Verbesserung den Anspruch der Unternehmensziele von Henkel im Bereich von Umweltschutz und Sicherheit. Der breite Ansatz macht Responsible Care zu einem Instrument, Sustainable Development in den Handlungsfeldern Ökonomie und Ökologie abzudecken und erreichte Verbesserungen, aber auch neue Herausforderungen in die Öffentlichkeit zu kommunizieren.

Die Internationalität von Responsible Car, wiederum war für Henkel ein Anstoß für die Implementierung eines entsprechenden konzernweiten Managementsystems. Dieses übergreifende System mit dokumentierten Standards und Vorgaben zu den genannten Managementbereichen und für interne Systeme zur Messung des Fortschritts und des Erreichens von Zielen will Henkel bis 1997 gruppenweit einführen. Es wird ein wichtiges Instrument für die Umsetzung konzernweit verbindlicher Standards sein. Das Projekt-Team ist länderübergreifend zusammengesetzt. Es erwartet weitreichende Synergien im Konzern: Vorgehensweisen und Praktiken, die sich an einem Standort bewährt und als wirkungsvoll erwiesen haben, können für die übrigen Standorte übernommen werden.

Von der Reparatur von Umweltfolgen zum ganzheitlichen Umweltmanagement

- Internes und externes Öko-Controlling
- Öko-Portfolio

Bisherige Öko-Controlling -ansätze sind entweder finanziell oder ökologisch orientiert. Ein ganzheitliches Umweltmanagement muß heute jedoch neben der Umweltbewertung wirtschaftlicher Aktivitäten in gleicher Weise auch die finanziellen Auswirkungen ökologisch relevanter Entscheidungen in Betracht ziehen. Nur so können Unternehmen ökonomisch und ökologisch nachhaltige Entwicklungen wirkungsvoll initiieren und erfolgreich gestalten.

Ein Managementinstrument, das diesem erweiterten Ansatz gerecht wird, ist die Öko-Portfolio-Analyse. Die Portfolio-Analyse hat sich als eine zentrale Technik der strategischen Planung bewährt. Sie kombiniert Informationen aus dem Umfeld und aus dem Unternehmen in geeigneter Weise und kann direkt strategischen Handlungsbedarf aufzeigen. Hierbei werden systematisch die sich aus dem Umfeld ergebenden Chancen und Risiken mit den Stärken und Schwächen des untersuchten Bereiches verglichen. In der Portfolio-Matrix werden Felder mit bestimmten Merkmalskombinationen unterschieden, denen jeweils Normstrategien zugeordnet werden können. Stellt man dem Ist-Portfolio ein Ziel-Portfolio gegenüber, werden die strategischen Lücken offenbar.

Diese Art der Analyse ermöglicht es, Ziele zu setzen, Zielerreichung zu prüfen, Verbesserungsoptionen aufzuzeigen und damit Gewinnpotentiale zu erschließen. Die schematische Vorgehensweise eines Bewertungsverfahrens erhöht zudem die Transparenz und Vergleichbarkeit der Ergebnisse.

Das Prinzip der Portfolioanalyse läßt sich erweitern zur Öko-Portfolio-Analyse. Dabei können in einem System aufeinander abgestufter Portfolios
• Produkte
• Produktentwicklungsprojekte
• Strategische Geschäftseinheiten (SGE)
bewertet werden.

Für die jeweilige Anwendung der Öko-Portfolio-Analyse wird die Umwelt-
folgenbewertung geschäftlicher Aktivitäten markt- und betriebswirtschaftli-
chen Kriterien gegenübergestellt. Damit können aus der Öko-Portfolio-
Analyse direkt Stärken und Schwächen und insbesondere der ökologische
und ökonomische Erfolg unternehmerischen Handelns abgeleitet werden.

Für Produkte wird die Öko-Performance nach den Kriterien des Leitbildes
Sustainable Development über den gesamten Lebenszyklus von der Wiege bis
zur Bahre bewertet. Der Öko-Performance wird als externes Kriterium der
Kundennutzen gegenübergestellt.

Damit können in der Öko-Portfolio-Analyse direkt innovative und offen-
sive Produkte identifiziert werden. Insbesondere läßt sich aus der Position
die ökologische und die ökonomische Zukunftsfähigkeit von Produkten ablesen (s. Abbildung). Die Öko-Portfolio-Analyse ergibt darüber hinaus gezielte
Produktoptimierungsindikatoren, wie z.B. Substitutionsempfehlungen für
Inhaltsstoffe zur ökologischen Verbesserung von Produkten und Prozessen.

Produktentwicklungsprojekte definieren bereits zu Beginn eines Projektes
entscheidende Eigenschaften des neuen Produktes. Bevor kostenaufwendige
Produktentwicklungen in Angriff genommen werden, können mit der
Technik der Öko-Portfolio-Analyse ökologische und ökonomische Optimie-
rungen überprüft und Ressourcen optimal gelenkt werden. Als wirtschaftliche Bewertungsparameter werden hier die Größen „Umsatz des bestehenden
Produktes" und „Budget der Produktentwicklung" verwendet.

Die Öko-Portfolio-Analyse ist auch zur Bewertung strategischer Geschäftseinheiten (SGE) geeignet. Dabei wird der Öko-Performance die Performance
des Umwelt-Managements gegenübergestellt. Hier lassen sich Positionen im

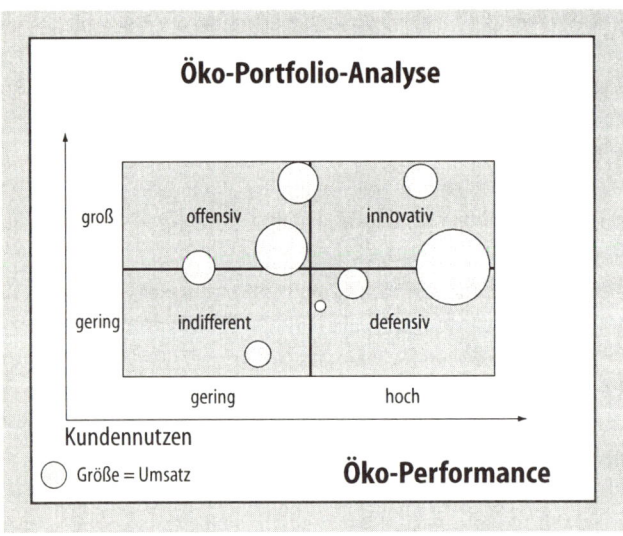

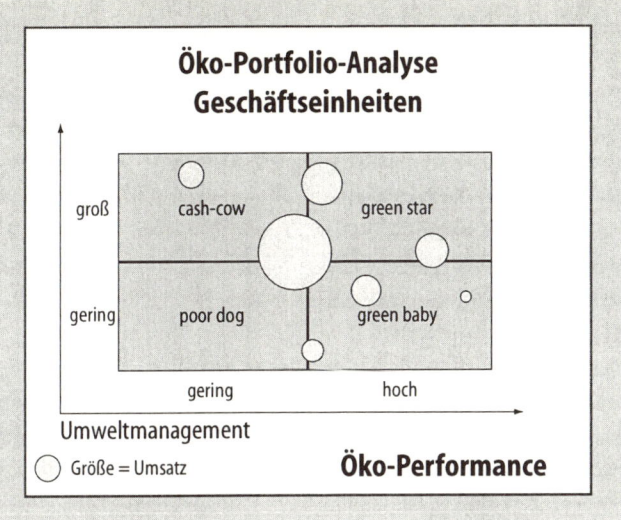

Portfolio typischen SGE-Entwicklungszuständen zuordnen. Eine junge, ökologisch orientierte SGE wird sich in der Position 'green baby' wiederfinden. Eine SGE, deren Produkte aufgrund des anwendungstechnischen Anforderungsprofils nur eine geringe Öko-Performance erreichen, kann durch entsprechend umfangreiches Umwelt-Management hier für einen sicheren Umgang für Mensch und Umwelt sorgen. Einen hohen Beitrag zum Unternehmensziel einer ökologischen Führungsposition leisten SGEs mit hoher Öko-Performance und umfangreichem Umweltmanagement. SGEs im unteren linken Quadranten tragen sicher nicht zu diesem Unternehmensziel bei. Die mit den jeweiligen Positionen verbundenen strategischen Handlungsoptionen sind offensichtlich.

Mit dem System der Öko-Portfolio-Analysen liegt ein durchgängiges System zur Bewertung von Produktportfolios bis hin zu Geschäftseinheiten vor. In der Öko-Portfolio-Analyse werden die wesentlichen Kriterien der Unternehmensführung, ökonomischer Erfolg und langfristige Sicherung des Geschäftes, im Sinne marktwirtschaftlicher Prinzipien bewertet.

Öko-Controlling und -Audits

Das Instrumentarium, um die Situation des Unternehmens Henkel bezüglich Umweltschutz und Sicherheit nach innen, aber auch nach außen transparent und bewertbar zu machen, ist in den letzten Jahren vielfältiger geworden. Hier ist einmal die Tätigkeit des bereits genannten Koordinationskreises Öko-Leadership anzuführen. Dieser Kreis hat beispielsweise veranlaßt, daß systematisch bei allen europäischen verbundenen Unternehmen erhoben wurde, wie in den einzelnen Ländern das Umweltverhalten der Gesellschaft und die Marktsituation allgemein sowie bezogen auf umweltverträgliche Produkte zu bewerten ist, welche zukünftigen Pläne und spezifischen Umweltziele die verbundenen Unternehmen verfolgen. Aber auch, welche Hürden dem Voranbringen der Öko-Leadership entgegenstehen. Eine weitere Initiative des Koordinationskreises Öko-Leadership war die stärkere Internationalisierung der Umweltberichterstattung, beispielsweise die konzernweite Erhebung und Veröffentlichung von Daten wie Energieverbrauch und Emissionen.

Als wichtiges Hilfsmittel für unternehmerische Entscheidungen haben sich Öko-Bilanzen bewährt. Die Erhebung der Basisdaten für Öko-Bilanzen ist sehr aufwendig. Für mehrere hundert für Henkel wichtige Rohstoffe und Verfahren stehen sie zur Verfügung. Mit Hilfe von Rechenprogrammen können daraus die Öko-Bilanz-Rohdaten für Produkte erstellt werden. Auch die Verpackungsentwicklung benutzt entsprechende Rechenmodelle zur Öko-Bilanzierung, und die ökologischen Vorteile von Waschmittelenzymen der „2. Generation" sind durch Öko-Bilanzen belegbar. An der Öko-Bilanzierung von 22 Waschmitteltensiden, teils hergestellt aus petrochemischen Rohstoffen, teils auf der Basis nachwachsender Rohstoffe, hat Henkel in der Arbeitsgruppe „Ecosol Surfactant LCA" des europäischen Chemieverbandes CEFIC mitgewirkt.

Öko-Bilanzen können dem Management keine Entscheidungen abnehmen, sie sind aber wichtige Wegweiser, weil sie alle umweltrelevanten Einflußgrößen beschreiben, die bei Herstellung, Verwendung und Entsorgung eines Produktes auftreten.

Ein vermeintlich schlichtes, aber verblüffend wirkungsvolles Instrument für die Minimierung von Abwasser und Abfall ist die abteilungsbezogene verursachergerechte Kostenverrechnung. Dies hat dazu geführt, daß beispielsweise im Henkel-Stammwerk Düsseldorf nunmehr 81% der gesamten Abfallmenge stofflich oder thermisch verwertet wird, die Abwassermengen in den letzten 10 Jahren um mehr als ein Drittel abgenommen haben und sich darüber hinaus der Standort das Ziel gesetzt hat, bis Ende 1997 die Abwassermenge nochmals um mehr als 15% zu senken.

Audits haben sich bei Henkel als ein besonders wirkungsvolles Instrument bewährt. Bevor die Diskussion um eine EU-Öko-Audit-Verordnung begann, hat Henkel 1989 aus der erkannten Verantwortung für Umweltschutz und Sicherheit ein eigenes weltweites Öko-Audit-Programm entwickelt. Die Geschäftsführung wollte sich einen Überblick über die Umweltsituation sämtlicher Produktionsstätten und die Umweltbelastung durch die vermarkteten Produkte verschaffen. Das bedeutete, daß weltweit 140 Produktionsstandorte in 55 Ländern bezüglich ihrer Umweltsituation untersucht werden mußten.

Die Audits waren stoffbezogen konzipiert. Basis waren Stofflisten, die insgesamt 246 Stoffe mit besonders gefährlichen stoffimmanenten Eigenschaften enthielten, die in offiziellen deutschen Chemikalien-Listen entsprechend klassifiziert und eingestuft waren. Aus der Sicht von Henkel sind solche Stoffe als Rezepturbestandteil von Produkten prinzipiell zu vermeiden; bei ihrem Umgang in der Produktion sind besondere Vorsichtsmaßnahmen zu ergreifen. Die Auswertung ergab, daß in einigen Fällen solche Stoffe in Produkten eingesetzt wurden. In fast allen Fällen konnte durch konzernweiten Know-how-Transfer kurzfristig eine Substitution durch unbedenklichere Ersatzstoffe erreicht werden. In einem Fall war dies aus Kostengründen nicht möglich. Das Produkt wurde ersatzlos vom Markt genommen. Es zeigte sich weiter, daß die Produktionsanlagen der Henkel-Gruppe generell auf einem hohen Sicherheitsstandard waren. Die Analyse ergab aber auch, daß in einzelnen Produktionsstätten, vor allem in solchen, die durch Firmenkäufe erworben wurden, Arbeiten zur Anhebung der Sicherheit erforderlich waren. 1993 hat Henkel mit der Initiative „Risikopotentialstudie" zusätzliche Sicherheitsuntersuchungen, die über gesetzliche Anforderungen hinausgehen, unter anderem für solche Anlagen eingeleitet, in denen gefährliche Stoffe unter Druck und bei erhöhter Temperatur verarbeitet werden. 35 Anlagen im Inland und weltweit weitere 21 Anlagen waren in die Risikopotentialstudie einbezogen. Es wurden keine außerhalb akzeptabler Grenzen liegende Risiken gefunden. Dort, wo im Sinne der Vorbeugung technische Maßnahmen notwendig waren, wurden Schwachstellen behoben.

Inzwischen ist mit der EU-Öko-Audit-Verordnung eine vereinbarte Norm festgelegt worden, die im Rahmen eines System-Audits Aufbau und Funktionalität des Umweltmanagementsystems überprüft und eine Validierung durch einen unabhängigen Gutachter beinhaltet. Unser Unternehmen beteiligt sich am EU-Öko-Audit. Ein Standort, Kepec Chemische Fabrik Siegburg, ist zertifiziert, die Umwelterklärung wurde veröffentlicht. Ende 1996 wurde die Metallchemie-Produktionsstätte Collordin in Herborn-Schönbach sowie das große Stammwerk Düsseldorf zertifiziert. Weitere Standorte werden folgen. Außereuropäische Henkel-Standorte werden sich an der vergleichbaren Norm ISO 14001 orientieren, sobald diese endgültig verabschiedet ist.

Daneben haben Forschungsinstitute und Umweltverbände eigene Kriterien ausgearbeitet, um die Situation bezüglich Umweltschutz und Sicherheit in Unternehmen zu bewerten. Oftmals werden die Ergebnisse in Form von Preisen, Auszeichnungen oder auch Öko-Rankings veröffentlicht. Genannt seien hier beispielhaft die weltweite TOP-50-Studie des Hamburger Umweltinstituts, veröffentlicht im Manager Magazin sowie das Ranking von Umweltberichten und Umwelterklärungen durch das Institut für Ökologische Wirtschaftsforschung, das in der Zeitschrift Capital auszugsweise abgedruckt wurde. Henkel setzt sich mit den Ergebnissen solcher Studien selbstkritisch auseinander. Das Unternehmen sucht aber auch den Dialog und geht aktiv auf die Institutionen zu mit dem Ziel, Bewertungskriterien praxisnah und aussagekräftig zu gestalten. Nebenbei: Nicht in allen Fällen wird eine solche Beteiligung seitens der Institute gewünscht.

Vom Umweltbeauftragten zum verantwortlichen Mitarbeiter

Als Umweltschutz in unserem Unternehmen zunehmend thematisiert wurde, lag es nahe, von einer zentralen Organisationseinheit aus Ideen und Initiativen ins Unternehmen hineinzutragen, den operativen Unternehmensbereichen beratend zur Seite zu stehen und auch eine zentrale Kontrollfunktion auszuüben. Dies führt zu einem System von Umweltbeauftragten, wie es beispielsweise in der Bundesrepublik Deutschland ordnungsrechtlich verankert ist.

Mit der zunehmenden Bedeutung des Umweltschutzes und der zunehmenden Verzahnung mit anderen Bereichen wie Sicherheit und Gesundheitsschutz, vor allem aber bei den Bemühungen zur Erreichung des strategischen Ziels Öko-Leadership, wird deutlich, daß dies alleine nicht ausreicht.

Umweltschutz muß in den Köpfen aller Mitarbeiter beginnen. Ihr Denken und Handeln muß Tag für Tag verantwortungsbewußt ökologische Aspekte am Arbeitsplatz und im Arbeitsumfeld berücksichtigen. Das Verständnis für Umweltschutz und Sicherheit muß systematisch und in vielfältiger Weise entwickelt und gefördert werden.

Dies gelingt besonders gut in einer Unternehmenskultur, die von der hohen Identifikation aller Mitarbeiter mit ihrer jeweiligen Aufgabe lebt. Zwei der zehn erwähnten Grundsätze des Unternehmensleitbilds werden in eigenen Broschüren genauer konkretisiert und der Öffentlichkeit zugänglich gemacht hat: Neben dem Grundsatz 6, der sich mit der Öko-Leadership beschäftigt, ist dies der Grundsatz 5, der sich mit den Mitarbeitern beschäftigt. In den „Leitlinien für Zusammenarbeit und Führung" sind die hohen Ansprüche, die Henkel an das Führungsverhalten stellt, festgelegt.

Die Systeme, mit denen die Mitarbeiter auf die Themen Umweltschutz und Sicherheit verpflichtet werden sollen, beginnen bei der unternehmensinternen Kommunikation. Das obere Management sieht hier eine Bringschuld an umweltrelevanten Informationen für die Mitarbeiter. Eine Vielzahl von Instrumenten wird hierfür eingesetzt. Beispiele sind die verschiedenen Werkszeitungen, aber auch Electronic-Mail-Systeme mit tagesaktuellen Informationen, z.B. auch über Betriebsstörungen am Standort. Die Arbeitnehmervertretung ist intensiv in diesen Informationsprozeß eingeschaltet. Im Henkel-Stammwerk Düsseldorf gibt es beispielsweise eine Betriebsvereinbarung, welche die Information der Mitarbeiter zu Fragen von Umweltschutz und

Sicherheit für alle Mitarbeiter regelt. Der Betriebsrat selbst wird nicht nur regelmäßig über alle Umweltschutz- und Sicherheitsbelange informiert, sondern ist auch in sämtliche Genehmigungsverfahren eingebunden. Die Umweltschutzbeauftragten der Betriebe treffen sich regelmäßig mit den Betriebsbeauftragten und den Vertretern der Fachabteilungen der zentralen Umweltschutzorganisation zu einem Informations- und Erfahrungsaustausch. Das betriebliche Vorschlagswesen führt Sonderaktionen und besondere Wettbewerbe zu Umweltschutz und Sicherheit durch; nicht zuletzt werden Umweltschutzwochen für die Auszubildenden durchgeführt.

Der Weiterbildung der Mitarbeiter zum Thema Umweltschutz und Sicherheit dienen Fortbildungsveranstaltungen, die allen Interessenten offenstehen, sowie ein spezielles Fortbildungsangebot für Führungskräfte. Beim Training der Tarifmitarbeiter hält Henkel neben mindestens halbjährlich abgehaltenen Umweltschutzbesprechungen innerhalb der jeweiligen Organisationseinheiten eine zentrale Umweltschutzschulung für erforderlich. Mitarbeiter aller Bereiche, aus Produktion, Technik oder Laboratorien ebenso wie aus Einkauf, Vertrieb oder Verwaltung durchlaufen verpflichtend dieses Schulungsprogramm. Je nach Umweltrelevanz der Tätigkeit finden turnusmäßig Aufbauseminare statt (beispielsweise für Mitarbeiter in Störfallbetrieben alle 2 Jahre).

Mit all diesen Maßnahmen will Henkel das Verständnis der Mitarbeiter für Umweltschutz und Sicherheit systematisch und in vielfältiger Weise fördern und entwickeln. Das Unternehmen ist sich bewußt, daß es auf das kreative Potential der Mitarbeiter angewiesen ist und hat sich zum Ziel gesetzt, ein Klima der Innovation zu schaffen. Jeder Mitarbeiter soll an seinem Arbeitsplatz und in seinem Arbeitsumfeld einen Beitrag zu Umweltschutz und Sicherheit leisten.

Führungskräfte spielen in diesem System eine entscheidende Rolle. Sie haben nicht nur Vorbildfunktion und müssen den Gedanken von Umweltschutz und Sicherheit in besonderer Weise gerecht werden. Sie sind es auch, die in ihren Organisationseinheiten und bei ihren Mitarbeitern für ein innovatives Klima sorgen müssen. Die Unternehmensführung unterstreicht die Bedeutung der Aufgabe der Führungskräfte u.a. dadurch, daß in den jährlichen Zielsetzungsgesprächen auch Umweltschutz- und Sicherheitsziele festgelegt werden. Das Erreichen dieser Ziele ist mit Incentives verknüpft. Umweltschutz und Sicherheit ist darüber hinaus Bewertungspunkt der regelmäßigen Leistungs- und Führungsbeurteilung und findet Berücksichtigung bei der Karriereplanung.

Der Unternehmer in der wirtschaftspolitischen Diskussion

Hans-Olaf Henkel

Einführung

„Manche halten den Unternehmer für einen räudigen Wolf, den man totschla-
gen muß, andere für eine Kuh, die man ununterbrochen melken kann. Nur
wenige sehen in ihm ein Pferd, das den Karren zieht."

Gilt dieses Zitat von Winston Churchill immer noch? Welchen Ruf genießt,
welchen Stellenwert hat der Unternehmer in der heutigen Zeit in unserer
Gesellschaft?

Tatsache ist doch wohl: Unternehmer und Unternehmen gehören zu den
am häufigsten beargwöhnten, beneideten und attackierten „sozialen Tatsachen" industrieller Gesellschaften. Der Unternehmer in Deutschland nimmt
auf der sozialen Rangskala eine vergleichsweise schlechte Position ein. Während dem Arzt unter allen Berufen der größte Respekt gezollt wird, liegt der
deutsche Unternehmer nach einer Allensbach-Umfrage nur auf Platz 8 der
Imageskala. Daß Politiker derzeit das „Schlußlicht" abgeben, nur noch unter-
troffen von Buchhändlern und Gewerkschaftsführern, mag angesichts der
allenthalben grassierenden Politik- und Politikerverdrossenheit nicht überraschen.

Dennoch: Das landläufige Image des Unternehmers, der von Geld und
Macht besessen ist, gleichwohl das Risiko scheut – ein Urteil, das nicht nur in
Gewerkschaftskreisen die Runde macht –, konnte in den vergangenen Jahren
nicht wesentlich korrigiert werden.

Häufig werden in einer allzu vereinfachenden Weise die aktuellen strukturellen Probleme der deutschen Wirtschaft einseitig den Managern bzw. Unternehmern angelastet. Selbst wenn man einräumt, daß es auch Manage-
mentfehler gegeben hat und sicherlich auch immer geben wird, kann es nicht
darum gehen, Schuldige zu suchen, sondern muß es darum gehen, gemeinsam die Probleme zu meistern.

Marktwirtschaften brauchen Unternehmer, also Menschen, die bereit sind,
die Chancen der Selbständigkeit zu ergreifen und ihre Risiken zu tragen.

Hans-Martin Schleyer hat einmal gesagt: „Eine Gesellschaft ohne Unternehmer wäre eine ärmere Gesellschaft, ärmer im immateriellen, ärmer im
materiellen Sinne. Sie wäre eine unmenschliche Gesellschaft, weil sie dem

Drang eines jeden Menschen nach Wohlstand und nach Freiheit nicht gerecht würde. Sie wäre eine traurige Utopie, weil eine der schönsten Formen menschlicher Entfaltung, nämlich unternehmerisch tätig zu sein, verschüttet wäre".

Unternehmer werden häufig dafür kritisiert, daß sie nach Gewinn streben. Zunächst einmal ist festzustellen, daß über die Gewinnsituation der Unternehmen zum Teil abstruse Vorstellungen bestehen. Zwei von drei befragten Bürgern tippen auf eine Nettoumsatzrendite von 10% und mehr. Fast jeder fünfte meint, daß 50% des Umsatzes als Gewinn nach Steuern übrig bleibt. Traurige Tatsache ist jedoch, daß die durchschnittliche Nettoumsatzrendite, die Mitte der 80er Jahre noch gerade bei 2% lag, Anfang der 90er Jahre auf nur mehr rund 1,5% zurückgegangen ist.

Die Gewinnerzielung ist jedoch ein ganz wesentliches Element für die unternehmerische Betätigung. Sie ist zur Sicherung der Funktionsfähigkeit unserer marktwirtschaftlichen Ordnung geradezu unerläßlich. Allerdings bestimmen in zunehmendem Maße Entscheidungs- und Risikofreude, Verantwortung gegenüber Betrieb und Belegschaft, Staat und Gesellschaft die unternehmerischen Wertvorstellungen.

Unternehmerisches Risiko und Rentabilität unternehmerischen Handelns müssen in einem ausgewogenen Verhältnis zueinander stehen.

Wer ist heute Unternehmer?

Der klassische Unternehmer ist gleichzeitig Eigentümer, er betreibt ein Gewerbe auf eigene Rechnung und auf eigenes Risiko, produziert Waren und bietet Dienstleistungen an. Früher sprach man ehrfürchtig von ehrbaren Kaufleuten, Fabrikanten und Fabrikherren. Für Karl Marx war der Unternehmer Ausbeuter und Kapitalist, in Karikaturen ist er der feiste Boß, der Melone trägt und Zigarre raucht. Kennzeichen des Unternehmers ist eine gewerbliche Tätigkeit. Er stellt etwas her, verkauft Waren oder Dienstleistungen, um damit sein Geld zu verdienen. Der Besitzer eines Kaufhauskonzerns ist ebenso Unternehmer wie der Besitzer eines Kiosks.

Aber heute, in den modernen Volkswirtschaften üben nicht nur Eigentümer unternehmerische Tätigkeiten aus, sondern auch Angestellte. Maßstab ist dabei nicht vorrangig der Kapitalbesitz, sondern die Leitungsfunktion. So sind auch Manager, Direktoren und Betriebsleiter Unternehmer.

Auch die Selbständigen, die Angehörigen der freien Berufe wie Ärzte, Anwälte, Architekten, Steuerberater oder Ingenieure werden gemeinhin zu den Unternehmern gezählt.

Was ist die Aufgabe der Unternehmer? Die unternehmerische Tätigkeit ist einer der vier Produktionsfaktoren, durch deren möglichst geschickte Kombination ein gewünschtes Ergebnis mit möglichst geringem Einsatz erzielt werden kann. Die anderen Produktionsfaktoren – Arbeit, Boden, Kapital – müssen vom Unternehmer optimal eingesetzt werden. Er hat dafür zu sorgen, daß mit den Ressourcen sparsam umgegangen wird, daß Geld und Arbeitszeit nicht sinnlos verschleudert werden.

Karl Schiller sagte einmal: „Der Unterschied zu den Olympischen Spielen ist klar: In der Wirtschaft muß sich der Selbständige dem Wettbewerb nicht nur einmal in vier Jahren stellen, in der Wirtschaft ist der Wettbewerb ein tägliches Geschäft. Man muß jeden Tag in guter Kondition sein".

Unternehmer wirken, arbeiten und wirtschaften aber nicht im luftleeren Raum. Sie müssen sich nach den wirtschaftlichen Gegebenheiten richten und versuchen, unter den jeweiligen Rahmenbedingungen ein optimales Ergebnis zu erzielen.

Mehr denn je gilt heute: Wenn unsere Gesellschaft unternehmerisch denkende und handelnde Menschen will, dann müssen die entsprechenden Rahmenbedingungen aber auch geschaffen werden. Die 80er Jahre haben gezeigt, daß ein Trend umkehrbar ist, wenn die wirtschaftspolitischen Weichen nur richtig gestellt sind. Eine prioritäre wirtschaftspolitische Aufgabe der Zukunft und zugleich gesellschaftspolitische Herausforderung ersten Ranges liegt daher vor allem in der Verbesserung der Voraussetzungen für unternehmerisches Engagement.

Die Zukunft der unternehmerischen Tätigkeit als solche und die des deutschen Wirtschaftsstandorts sind untrennbar miteinander verknüpft, denn nicht nur die Produkte der Unternehmen stehen im internationalen Wettbewerb, sondern auch die Rahmenbedingungen, unter denen die Unternehmen wirtschaften und konkurrieren müssen.

Die strukturellen Probleme des Standorts Deutschland

Der Standort Deutschland hat nicht nur mit konjunkturellen Problemen zu kämpfen – wie andere Standorte auch. Hinzu kommen seit einigen Jahren ganz verschärft strukturelle Probleme, die durch zwischenzeitliche konjunkturelle Erholungen nur oberflächlich verdeckt werden. Ein Nachlassen in den Bemühungen um die Verbesserung der Standortbedingungen in Deutschland könnte daher fatale Folgen haben. Die deutsche Wirtschaft befindet sich in einem gewaltigen Strukturwandel. In den letzten Jahren haben sich die wirtschaftlichen und gesellschaftlichen Koordinaten für Deutschland grundlegend verändert.

Unser Land ist mit einem Bündel von neuen Herausforderungen konfrontiert:
- Die Vollendung des europäischen Binnenmarktes hat zu einem Abbau administrativer Barrieren in Europa und damit zu einer umfassenden Dere-

gulierung der Wirtschaft geführt. Der Wettbewerb innerhalb der Europäischen Union hat sich dadurch wesentlich intensiviert. Dies ist nachdrücklich zu begrüßen, erfordert aber auch erhöhte Anstrengungen aller, um in diesem schärferen Wettbewerb bestehen zu können.

– Die Wiedervereinigung Deutschlands macht eine neue Standortbestimmung unumgänglich. Die Herstellung der wirtschaftlichen und sozialen Einheit Deutschlands ist mit größeren Schwierigkeiten und deutlich höherem finanziellen Aufwand verbunden, als vielfach erwartet wurde. Der kreditfinanzierte Einigungsbonus für Westdeutschland ist in eine höhere Steuer- und Abgabenquote für Gesamtdeutschland umgeschlagen.

Fortschritte beim Aufbau Ostdeutschlands sind in der Bauwirtschaft, dem Handwerk und den Dienstleistungen, der staatlichen Infrastruktur sowie den Wirtschaftsbereichen, die für lokale Märkte produzieren oder unmittelbar von den Transferzahlungen profitieren, unverkennbar. Obwohl der Strukturwandel seit der Wende in den neuen Bundesländern enorm war, unterscheidet sich jedoch die ostdeutsche Industriestruktur noch immer stark von der westdeutschen. So hat sich die wirtschaftliche Lage bei Industrieunternehmen der Wirtschaftszweige, die dem internationalen Wettbewerb ausgesetzt sind, noch nicht stabilisiert. Ein Hinweis auf die nach wie vor unzureichende Wettbewerbsfähigkeit der ostdeutschen Industrie insgesamt ist die Tatsache, daß z. B. die Ernährungsindustrie mit fast einem Fünftel einen deutlich überproportionalen Anteil am Umsatz der ostdeutschen Industrie besetzt und nach wie vor die größte Branche in den neuen Bundesländern ist. Die Ernährungsindustrie ist aber in der Regel auf lokale Produktion und die Versorgung des Inlandsmarktes ausgerichtet.

Die durch 40 Jahre Planwirtschaft in Ostdeutschland verursachten spezifischen Probleme können nicht in 6 Jahren beseitigt werden. Sie sind immer noch von ganz anderer Qualität als die in anderen strukturschwachen Regionen Europas. Die Wirtschaftskraft je Einwohner erreicht erst 53 % des Westniveaus. Die Industrieproduktion je Einwohner liegt bei noch nicht mal einem Drittel des Westniveaus.

Immer noch sind fast 2 Mio. Menschen ohne wettbewerbsfähige Arbeitsplätze und von staatlicher Unterstützung abhängig. Zwischen der im Osten erwirtschafteten Produktion und den dort verbrauchten Gütern besteht eine Lücke von 200 Mrd. DM, die im wesentlichen über Transfers aus dem Westen finanziert werden muß. Sie entsprechen über 40 % des Bruttoinlandsprodukts Ost und 5 % des Bruttoinlandsprodukts West und tragen in nicht unerheblicher Weise zu der hohen Steuer- und Abgabenquote und der massiven öffentlichen Verschuldung in Deutschland bei.

– Die internationale Wirtschaftsverflechtung ist enger und der Wettbewerb härter geworden. Gerade auf den Feldern der Hoch- und Spitzentechnologie stehen Deutschland und Westeuropa in einem schärfer werdenden Wettbewerb mit Japan und den USA. Nach der Auflösung der Konkurrenz der Wirtschaftssysteme zwischen Ost und West liegen heute die Gravitationszentren der Weltwirtschaft in den USA, in Ostasien und Europa. Nachdem Europa und Japan in den letzten 20 Jahren technologisch zu den USA aufgeschlossen haben, treten die Länder dieser Triade in eine Phase der „Kopf-an-Kopf-Konkurrenz". Das heißt, daß diese Industrienationen heute alle um dieselben wertschöpfungsintensiven neuen Technologie- und Produktionsfelder konkurrieren. Es zeichnet sich dabei ab, daß dieser Innovationswettlauf eine neue Dimension erhalten wird. Zunehmend wichtiger wird, wo für forschungs- und wertschöpfungsintensive Produktionen die besten Standortvoraussetzungen für Wissenschaft und Industrie geboten werden. Der Technologiewettbewerb wird damit zum Standortwettbewerb. Die technologiebezogene Qualität der Standorte wird zur entscheidenden Grundlage für die Stärken oder Schwächen der einzelnen Industrienationen.

Die Unternehmen werden noch von einer weiteren Seite in die Zange genommen. In den letzten Jahren sind vor allem Unternehmen aus den südostasiatischen Schwellenländern mit einer hochentwickelten Produktionstechnik, hoher Arbeitsdisziplin und langfristigen Strategien in die Kernmärkte der deutschen Industrie eingedrungen. Durch niedrige Löhne, ausgezeichnete Qualität sowie einen Technologieverbund mit Japan haben sie rasch die angestammten Märkte, insbesondere für Standardprodukte der deutschen Industrie erobert. Hiervon sind vor allem der Maschinenbau, der Fahrzeugbau, die Elektroindustrie und die chemische Industrie betroffen. Diese Branchen, in denen 47% aller Beschäftigten der Industrie arbeiten, und die fast 58% der deutschen Exporte erwirtschaften, geraten durch diese Entwicklung immer stärker unter Druck.

- Nach dem Fall des Eisernen Vorhangs stößt Deutschland jetzt als Hochkostenland direkt an Mittel- und Osteuropa mit immer noch sehr niedrigen Arbeitskosten, aber mit relativ gut ausgebildeten und motivierten Arbeitnehmern sowie weitgehend freiem Zugang zum europäischen Markt. Dieser geschichtlich einmalige Vorgang muß dazu führen, daß Menschen von Ost nach West und Unternehmen von West nach Ost wandern.

- Vor neue Herausforderungen wird uns in Zukunft auch die demographische Entwicklung stellen. Die Bevölkerungspyramide wird zum Pilz. Immer weniger junge Menschen, die in Arbeit stehen, werden für immer mehr Menschen im Ruhestand sorgen und die Finanzlasten tragen müssen. Zudem stellt sich die Frage der Innovationsfähigkeit einer alternden Gesellschaft.

Diese gewaltigen Strukturveränderungen treffen Industrieunternehmen, die im direkten internationalen Wettbewerb stehen existenziell. Natürlich wird auch der Dienstleistungssektor und das Handwerk von diesen Entwicklungen hart getroffen. Der gemeinsame europäische Binnenmarkt hat auch zu einer enormen Verschärfung des Wettbewerbs beispielsweise im Dienstleistungssektor geführt. In vielen Fällen tritt der Wettbewerb dort aber unter in etwa gleichen Startbedingungen an. Viele Leistungen müssen zudem vor Ort erbracht werden. Hier stehen die Unternehmen mehr im regionalen Wettbewerb und nicht in der direkten Weltkonkurrenz. Völlig unstrittig ist, daß die Mitwirkung in der Weltliga eine andere Qualifikation fordert als etwa in der Regionalliga.

Vor welchen Herausforderungen stehen die deutschen Unternehmer?

Die deutschen Unternehmer und Unternehmen haben mit einer Reihe von Herausforderungen zu kämpfen, die sie gegenüber ihren internationalen Konkurrenten in eine schlechtere Position bringen.

Die unternehmerische Steuerbelastung ist im internationalen Vergleich weit überhöht

Deutsche Unternehmen sind mit erheblich höheren Steuern und Abgaben belastet als ihre weltweite Konkurrenz. Im Verlauf der letzten Jahre ist der Abstand durch Steuersenkungen im Ausland größer geworden. Neben der Kumulation von Ertragsteuern werden gewerbliche Einkünfte zusätzlich mit ertragsunabhängigen Steuern belegt. Diese sind auch in Verlustperioden zu zahlen und wirken somit krisenverschärfend. Dies hat dazu geführt, daß die Bundesrepublik als Anlagestandort nicht angemessen an der dynamisch expandierenden internationalen Arbeitsteilung partizipiert.

Wer würde in Berlin investieren, wenn hier der Steuersatz 50%, in Hamburg dagegen 37% und in Frankfurt 26% wäre? Genau dies ist aber die Situation Deutschlands im Vergleich z.B. mit Frankreich und Großbritannien.

Die Staatsverschuldung droht auszuufern

Die öffentlichen Haushalte sind in den vergangenen Jahren aus den Fugen geraten. In nur vier Jahren ist unsere Staatsquote von gut 45% auf rund 52% hochgeschnellt. Zum Vergleich: Die Staatsquote in den USA beträgt lediglich 33%, in Japan sind es 35%. Der hohe Staatsanteil ist ein alarmierendes Zeichen für eine Überforderung unserer Volkswirtschaft. Wir müssen uns die Frage stellen, wie lange wir uns mit einer so hohen Staatsquote im Wettbewerb der Standorte behaupten können.

Jede fünfte Mark des deutschen Bundeshaushalts ist für Zinsverpflichtungen abzuzweigen. Die Zinslastquote wird weiter steigen. Mehr als 80% der gesamtwirtschaftlichen Ersparnis wird zur Finanzierung der Neuverschuldung der öffentlichen Haushalte benötigt.

Deutschland ist auf dem besten Wege in die Staatswirtschaft. Dies ist eine gefährliche Entwicklung. Überzogene Ansprüche an die volkswirtschaftliche Wertschöpfung zerstören Leistungsanreize und dämpfen die Wachstumsdynamik.

Das soziale Netz ist kaum mehr finanzierbar

Der Sozialstaat droht in einen Wohlfahrtsstaat umzukippen. Das Sozialbudget steigt merklich stärker als die Investitionen und das Inlandsprodukt. 1970 lagen sie noch annähernd auf gleichem Niveau. Die Sozialabgaben entziehen immer größere Teile des Einkommens. Die Personalzusatzkosten betragen mittlerweile 82% des Direktlohns. Unser Sozialstaat, einst ein Gütezeichen des Standorts Deutschland, wird immer mehr zum Handikap. Das viel zitierte Ziel von Ludwig Erhard „Wohlstand für alle" kann nicht in erster Linie durch Umverteilung realisiert werden, sondern durch eine aktive und produktive Teilnahme möglichst vieler Menschen am Prozeß der wirtschaftlichen Leistungserstellung. Im übrigen hieße es auch Erhard falsch zu interpretieren, setzte man Sozialstaat gleich mit Wohlfahrtsstaat. Erhard hat 1962 geschrieben: „Nichts ist unsozialer als der Wohlfahrtsstaat, der die menschliche Verantwortung erschlaffen und die individuelle Leistung absinken läßt."

Gravierende Wettbewerbsnachteile für die deutschen Unternehmen resultieren insbesondere aus den zu hohen Arbeitskosten

Die Arbeitskosten je Stunde betragen in Westdeutschland mittlerweile über 45 DM. In den USA liegen sie bei 25 DM und in Großbritannien bei 21 DM. Selbst die neuen Bundesländer haben mit fast 30 DM pro Arbeitsstunde die Konkurrenten aus Frankreich, den USA, Italien und Großbritannien weit überflügelt. Die Lohnstückkostenposition der westdeutschen Industrie hat sich seit 1989 gegenüber den wichtigsten Konkurrenten um 20% verschlechtert. Zu einem Teil ist dafür der Höhenflug der DM verantwortlich. Dies kann aber die Tarifpartner nicht aus ihrer lohnpolitischen Verantwortung entlassen. Der zukünftige Verteilungsspielraum ist enger geworden, dies müssen die Tarifpartner bei den anstehenden Tarifverhandlungen berücksichtigen.

Die deutsche Wochenarbeitszeit schließlich wird lediglich von Dänemark unterboten. „Freizeitweltmeister" leben aber bekanntlich gefährlich.

Unsere technologische Wettbewerbsfähigkeit ist in wesentlichen Teilbereichen gefährdet

Wir haben in Deutschland eine gravierende Innovationslücke. Die Forschungs-
ergebnisse werden zu langsam in neue Produkte umgesetzt. Deutschland ist
zwar in einigen klassischen Sparten nach wie vor stark, in bestimmten neuen
Schlüsseltechnologien allerdings bedrohlich schwach. Beim Handel mit for-
schungs- und entwicklungsintensiven Gütern mußte Deutschland in den letzten Jahren hohe Marktanteilsverluste hinnehmen und liegt jetzt hinter Japan
und den USA nur noch an dritter Stelle.

So weist die deutsche Außenhandelsbilanz ausgerechnet in den Bereichen
EDV, Software und Luft- und Raumfahrt ihre größten Schwächen auf. Nur
13,7% der deutschen Exporte entfallen auf Produkte der Spitzentechnik. Die
USA machen hiermit 43% ihres Exportgeschäfts, die Japaner 27%.

In der Informationstechnik, der Gentechnik, den neuen Werkstoffen sowie
der Umwelttechnik finden derzeit weltweit große Innovationsschübe statt.
Diese Schlüsseltechnologien sowie die mit ihnen eng verbundenen forschungs-
und entwicklungsintensiven Produktionsbereiche waren auch in Deutschland
in den zurückliegenden zehn Jahren wichtige Träger des wirtschaftlichen
Wachstums. Es sind diese Bereiche, in denen vorrangig neue Arbeitsplätze in
der Industrie entstehen. Dies sind Arbeitsplätze mit hoher Produktivität, die
notwendig ist, damit die hohen Löhne in Deutschland auch in Zukunft gezahlt werden können. Diese neuen Technologien besitzen auch eine enorme
Bedeutung für die Wettbewerbsfähigkeit der klassischen Industrien. Dies wird
spätestens in dem Moment klar, wenn man sich vor Augen führt, daß bereits
heute zwei Drittel der Mikrochips direkt in Werkzeugmaschinen, Autos und
Fernseher eingebaut werden.

Der Umweltschutz hat ein im internationalen Vergleich wettbewerbsverzerrendes Niveau erreicht

Sicherlich ist Umweltschutz eminent wichtig. In der früheren DDR wurde uns
drastisch demonstriert, wie Umweltzerstörung die Qualität von Wirtschafts-
und Wohnstandorten bedroht.

Allerdings ist auch klar: Deutschland ist im Umweltschutz international
führend. Die Umweltschutzausgaben der privaten Unternehmen und des
Staates sind nur in Dänemark höher als in Deutschland. Und die Strompreise
für industrielle Verbraucher liegen in Westdeutschland im internationalen
Vergleich im oberen Drittel. Es wird der Umwelt nicht gedient, wenn wir den
anderen zu weit vorauseilen. Alleingänge führen zu Wettbewerbsnachteilen.
Vorsorgender Umweltschutz ist notwendig, er darf jedoch nicht zu einem
strukturellen Standortnachteil werden. Deshalb muß sich Umweltpolitik
stärker an der ökonomischen Tragfähigkeit der notwendigen Anpassungs-
maßnahmen orientieren.

Das deutsche Bildungssystem entspricht kaum mehr den Anforderungen einer modernen Wirtschaft

Die Studienzeiten in Deutschland sind entschieden zu lang. Während 1977 im Durchschnitt noch 11 Semester studiert wurde, liegt die Studiendauer heute bei 14 Semestern. Wir haben mittlerweile mehr Studenten als Lehrlinge. Eine Fortsetzung dieser Entwicklung würde die Leistungsfähigkeit der Wirtschaft nachhaltig gefährden.

Deutschland ist eines der wenigen Hochtechnologieländer, in dem die Schüler 13 Schuljahre bis zum Abitur benötigen. Japaner, US-Amerikaner und Franzosen verlassen bereits nach 12 Jahre die Schule.

Im Bereich der beruflichen Ausbildung sind die Ausbildungsordnungen oftmals nicht flexibel genug. Angesichts des schnellen technischen Wandels in der Arbeitswelt gewinnen Schlüsselqualifikationen an Bedeutung, denen auch die berufliche Bildung und Ausbildung Rechnung tragen muß.

Planungs- und Genehmigungsverfahren erweisen sich immer stärker als Innovationshemmnisse

Deutsche Unternehmen haben mit wesentlich mehr administrativen Hemmnissen und längeren Genehmigungszeiten zu kämpfen als ihre Konkurrenten in anderen Ländern. So reicht die durchschnittliche Dauer behördlicher Genehmigungen in Europa von fünf Monaten in Belgien über sieben in Großbritannien bis zu zwölf Monaten in Deutschland. Wir brauchen in Deutschland zu lange, um auf den Markt zu kommen.

Wie ist diesen Herausforderungen zu begegnen?

Die Zukunft unternehmerischer Betätigung in Deutschland ist in hohem Maße davon abhängig, inwieweit es gelingt, Risiko und Leistung einerseits und unternehmerischen Ertrag andererseits wieder in ein vernünftiges Gleichgewicht zu bringen. Eine prioritäre wirtschaftspolitische Aufgabe der Zukunft und zugleich gesellschaftspolitische Herausforderung ersten Ranges ist daher vor allem in der Verbesserung der Voraussetzungen für unternehmerisches Engagement zu sehen.

Der BDI hat daher Anfang 1996 ein Konzept[1] vorgelegt, das unter dem Motto „Entlasten statt entlassen" die Schaffung von zwei Millionen zusätzlichen Arbeitsplätzen bis zum Jahr 2000 für ein zwar ehrgeiziges, aber mögliches Unterfangen hält. Dieses Konzept stellt anspruchsvolle Ziele für das Jahr 2000 auf, nennt Maßnahmen, die noch in diesem Jahr angepackt werden

---

1) Dieses Konzept wurde am 14.1.1997 überarbeitet

müssen und macht deutlich, welche weiteren Signale an in- und ausländische Investoren gesendet werden sollten.

Beginnen wir bei den Zielen. Der BDI unterstützt nachdrücklich die Absicht der Bundesregierung, die Rückführung der Staatsquote auf 45,8 % und die Herabsetzung der Steuer- und Abgabenquote auf 40,7 % zu erreichen. Als weiteres Ziel fordern wir die Reduzierung des gesamten Sozialversicherungs-Beitragssatzes durch Einsparungen ab 1997 um jährlich einen Prozentpunkt auf 37 %. Darüber hinaus schlägt der BDI zwei klare Beschäftigungsziele vor: Erstens die Schaffung von netto mindestens zwei Millionen neuen Arbeitsplätzen bis zum Ende des Jahres 2000, davon mindestens 350.000 in Ostdeutschland, und zweitens die Bereitstellung von genügend Ausbildungsplätzen für alle Schulabgänger.

Das Ziel der Rückführung der Staats- und Abgabenquote auf das Niveau vor der Wiedervereinigung bis zum Jahr 2000 ist eine Mindestbedingung, ohne die eine höhere Beschäftigungsdynamik nicht erreicht werden kann. Auch die Maastricht-Kriterien sind nur zu erfüllen, wenn Bund, Länder und Gemeinden Aufgaben privatisieren und damit von Ausgaben dauerhaft entlastet werden.

Die Senkung des Sozialversicherungs-Beitragssatzes auf 37 % im Jahre 2000 ist nicht nur wegen der ausgeuferten Lohnzusatzkosten dringend geboten, sie erscheint auch realistisch. Dieses Niveau hatten wir noch 1989. Eine schrittweise Reduzierung der Sozialversicherungsbeiträge erhöht die Nettolöhne und damit die Nachfrage, hemmt die Schwarzarbeit und fördert Beschäftigung.

Das Ziel, bis einschließlich des Jahres 2000 mindestens zwei Millionen Arbeitsplätze netto zu schaffen, ist sehr anspruchsvoll, aber auch realisierbar. Über ein höheres Wirtschaftswachstum und gleichzeitig eine Absenkung der Beschäftigungsschwelle des Wachstums ist dieses Ziel erreichbar. Immerhin wurden in den Jahren 1985 bis 1990 rd. 2 Mio. neue Arbeitsplätze allein in den alten Bundesländern geschaffen. Außerdem gibt es in Deutschland im Vergleich zu anderen Volkswirtschaften ein hohes Potential vor allem im Dienstleistungssektor.

Auch das Ziel, für alle Schulabgänger einen Ausbildungsplatz zu finden, erscheint ebenfalls äußerst anspruchsvoll, bildet doch die deutsche Industrie in den Fertigungsberufen heute schon über ihren eigenen Bedarf hinaus aus. Zudem wird sich die Zahl der Schulabgänger aufgrund der vorliegenden demographischen Daten von 600.000 in 1995 auf 700.000 im Jahre 2000 erhöhen. Vor allem im Osten Deutschlands wird die entstehende Angebotslücke nur unter größten Anstrengungen zu schließen sein. Es muß aber ein allgemeines Anliegen unserer Gesellschaft bleiben, auch dieses Ziel zu erreichen.

Der BDI hat daher konkrete Maßnahmen vorgeschlagen, die verwirklicht werden sollten, um diese Ziele zu erreichen.

Unternehmen müssen ihre internationale Konkurrenzfähigkeit weiter verbessern

Die Globalisierung der Wirtschaft wird immer mehr Branchen, immer mehr Unternehmen betreffen und treffen. Dies ist durchaus mit neuen Chancen verbunden. Damit diese sich realisieren können, müssen die begonnenen Anstrengungen, den Anschluß an die internationale Konkurrenzfähigkeit zu erhalten oder wiederzugewinnen, überall in der Industrie weitergeführt werden.

Unternehmen und Unternehmer sind in erster Linie für die Wettbewerbsfähigkeit ihrer Produkte und Leistungen sowie für ihre Zukunftsfähigkeit verantwortlich. Dieser Verantwortung müssen sie durch innovative neue Produkte, eine ständige Verbesserung der Organisationsstrukturen, Produktionsverfahren und Werkstoffe sowie durch die Gewinnung neuer Märkte gerecht werden. Die deutschen Unternehmen haben diese Herausforderungen in den letzten Jahren offensiv angenommen. Sie sind seit Jahren zu einem tiefgreifenden und schmerzhaften Strukturwandel gezwungen und müssen auf die geänderten Rahmenbedingungen schnell und nachdrücklich reagieren. Die westdeutschen Industrieunternehmen haben daher in den vergangenen Jahren entschiedene Rationalisierungsmaßnahmen eingeleitet, die inzwischen zu einer deutlichen Kostenentlastung geführt haben. Sie haben ihre Hausaufgaben gemacht. Verbesserungen der betrieblichen Strukturen (Lean-Production und Lean-Management) wurden vorgenommen, ebenso wurde die Qualität der Produkte verbessert und die Kundenorientierung verstärkt.

Es bleibt jedoch noch einiges zu tun. Angesichts unserer zu großen Abhängigkeit vom europäischen Markt müssen sich die Unternehmen noch schneller auf den Weg in die dynamisch wachsenden Regionen machen. Abhängig von Branche und Unternehmen müssen Investitionen in Forschung, Entwicklung und Qualität verstärkt werden und sich mindestens am Niveau der jeweiligen internationalen Konkurrenz orientieren.

Weiterhin sollte alles unternommen werden, die Anzahl der betrieblichen Ausbildungsplätze zu halten oder, wo irgend möglich, zu erhöhen. Das gilt insbesondere für den Osten Deutschlands.

Auch für die Verbände gibt es genug zu tun. Sie müssen sich intensiver um die Beschäftigungschancen im Dienstleistungssektor kümmern, sich schneller und offensiv den mit der Informationsgesellschaft verbundenen Existenzen, Berufsbildern und Arbeitsplätzen der Zukunft zuwenden.

Die Tarifpartner müssen möglichst bald Durchbrüche zu Kostenentlastung und mehr Beschäftigung erzielen

Wenn die Tarifpartner nicht beginnen, für Abschlüsse zu sorgen, die sich an der internationalen Konkurrenz orientieren, dann stellen sie ihre eigene Berechtigung in Frage. Grundsätzlich sollten Lohnzuwächse solange auch

unterhalb der Produktivitätsrate liegen, bis das von uns vorgeschlagene
Beschäftigungsziel erreicht ist. Der Flächentarifvertrag ist kein Selbstzweck.
Wollen wir ihn grundsätzlich erhalten, müssen wir ihn reformieren. Der
„Geleitzugmechanismus" muß einer flexibleren Tarifgestaltung weichen, die
die zunehmende Globalität der Wirtschaft berücksichtigt.

Die vom Präsidenten der Bundesvereinigung der Deutschen Arbeitgeber-
verbände empfohlene Möglichkeit, wieder mehr nach individueller Leistung
und nach dem Betriebsergebnis des einzelnen Betriebes oder nach einer
Kombination von beiden zu entlohnen, findet unsere volle Unterstützung.
Durch Rückbesinnung auf „Mindestbedingungen" in Tarifverträgen müssen
die Spielräume geschaffen werden, die Betriebsleitung und Betriebsräten die
Möglichkeit eröffnen, bei zukünftigen Zuwächsen Leistung und/oder
Ergebnis verstärkt zu berücksichtigen.

Der Gesetzgeber sollte das „Günstigkeitsprinzip" im Sinne des Erhalts von
Arbeitsplätzen neu definieren. „Günstiger" sollte dabei nicht nur ein höherer
Lohn, sondern auch der Erhalt der Arbeitsplätze sein.

Dem Betriebsrat muß grundsätzlich eine erweiterte Rolle zugebilligt werden. Diese heute schon im Osten unseren Landes weit verbreitete Praxis muß
rechtlich abgesichert werden. Nicht nur ist eine betriebliche Vereinbarung
immer öfter die einzige Möglichkeit, dem Konkursrichter zu entgehen, es
wird sich auch bei zukünftigen Tarifabkommen nicht umgehen lassen, mehr
Flexibilität „vor Ort" zu delegieren.

Die Unternehmensteuerreform muß kommen

Die Steuerlast der Unternehmen muß spürbar gesenkt werden. Die von der
Bundesregierung vorgesehene Abschaffung der Gewerbekapital- und der
Vermögensteuer ist ein erster Schritt in die richtige Richtung, reicht aber
noch nicht aus. Damit dieses Signal bei den Investoren die richtige Wirkung
entfaltet, muß es zu einer Netto-Entlastung der Unternehmen kommen.

Außerdem ist dringend eine Reform der Erbschaftsteuer notwendig. Dabei
muß insbesondere der schonende Übergang von Unternehmen auf die nächste Generation – unabhängig vom Verwandtschaftsgrad – gesichert werden.
Ein wichtiger Standortvorteil Deutschlands, der gewerbliche Mittelstand,
darf nicht beim anstehenden Generationswechsel durch Konzentration oder
Liquidation zerstört werden. Bis zum Jahr 2000 werden etwa 300.000 Unternehmen mit insgesamt mehr als vier Millionen Beschäftigten neue Eigentümer erhalten. Gerade der Mittelstand hat für die nächste und die weitere
Zukunft das höchste Potential zur Schaffung neuer Arbeitsplätze. Es sollten
nicht nur „Gründerwellen" organisiert werden, genauso wichtig ist es, „Pleite-
wellen" zu verhindern.

Innovationshemmnisse und Bürokratie müssen weggeräumt und reduziert werden

Insbesondere der industrielle Mittelstand wird weiterhin mit einer Flut neuer Auflagen belastet. Daher sind die Beschlüsse der Bundesregierung, Genehmigungsverfahren zukünftig zu vereinfachen und zu beschleunigen, zu begrüßen. Jetzt kommt es darauf an, dies schnell zu realisieren. Grundsätzlich sollten nicht nur die finanziellen Auswirkungen jeder Gesetzesinitiative auf die öffentlichen Haushalte, sondern auch die Auswirkungen auf den Arbeitsmarkt vor der Beschlußfassung vom jeweiligen Ministerium auf den Tisch gelegt werden.

Staatsaufgaben müssen aufgegeben oder abgegeben werden, um Staatsausgaben reduzieren zu können

Bund, Länder und Gemeinden sind aufgerufen, beschleunigt Staatsausgaben zu reduzieren, indem sie Staatsaufgaben abgeben oder aufgeben. Dies ist auch deshalb notwendig, weil die für Steuersenkungen nötigen Freiräume nur durch drastisches Sparen in allen öffentlichen Haushalten gefunden werden können. Die öffentliche Hand muß weiter und schneller privatisieren. Jetzt sind Länder und Gemeinden gefordert, sich von den Beteiligungen zu trennen, die mit den hoheitlichen Aufgaben einer staatlichen Verwaltung nichts zu tun haben. Dadurch werden neue privatwirtschaftliche Anstöße gegeben, die Staatsquote gesenkt, finanzielle Freiräume geschaffen. Insbesondere sind verstärkt Beteiligungen bei der Abwasser- und Müllentsorgung und anderen öffentlichen Versorgungseinrichtungen auf Privatisierung hin zu überprüfen. Wenn die Zustellung von Paketen erfolgreich privatisiert werden konnte, dann sollte das für die Abholung von Mülltonnen auch möglich sein. Dabei sind Private und Betriebe der öffentlichen Hand steuerlich gleich zu behandeln.

Grundlagen für neue Beschäftigungsfelder in Berufen mit geringeren Qualifikationen müssen geschaffen werden

Deutschland kann nicht als „Hochlohnland" auf einfache Arbeitsplätze zugunsten des kostengünstigeren Auslands verzichten, ohne gleichzeitig Alternativen für die Beschäftigung von weniger Qualifizierten zu bieten. Besonders im Dienstleistungssektor gibt es ein großes Potential, welches es schnell zu heben gilt. In den USA ist es bereits gelungen, eine große Beschäftigungsdynamik auch im Niedriglohnsektor zu erzeugen. Deutschland hingegen hat diesen Beschäftigungsbereich systematisch wegreguliert und -tarifiert. Hohe strukturelle Arbeitslosigkeit und eine blühende Schattenwirtschaft sind die Folge. Den gering qualifizierten Personen in einem Niedriglohnsektor neue Beschäftigungspotentiale zu erschließen ist allemal sinnvoller, als sie der

öffentlichen Fürsorge zu überantworten oder sie auf Dauer in einem sogenannten „Zweiten Arbeitsmarkt" zu verstecken.

Neue Existenzen und Berufe, insbesondere im Technologiesektor und bei anspruchsvollen Dienstleistungen, müssen „angeschoben" werden

Neuere Umfragen zeigen, daß nur noch 7% der Studienabgänger Selbständigkeit anstreben. Reine Appelle zur „Selbständigenkultur" und Beschwörungen
von „Gründerwellen" allein erzeugen keinen Stimmungswandel. Sie müssen
ergänzt werden durch Hinweise, daß der Verbleib im derzeitigen sozialen
Netz zukünftig weniger attraktiv sein wird.

Notwendig ist auch, Firmengründungen durch die Bereitstellung von Risikokapital zu unterstützen. Der BDI schlägt daher eine Steuerfreistellung von
Veräußerungsgewinnen aus Beteiligungen an jungen Unternehmen, eine
Steuerbefreiung thesaurierter Gewinne junger Technologieunternehmen für
die ersten fünf Jahre, die Einführung von sog. tax-credits für Engagements in
Risikokapitalanlagen sowie die Erweiterung der Beteiligungsmöglichkeiten
von institutionellen Anlegern vor.

Die wirtschaftlichen Vorteile der Europäischen Währungsunion müssen glaubhaft vermittelt werden

Die Weichen für den Start der Währungsunion und die Einführung einer gemeinsamen europäischen Währung sind gestellt. Es kommt jetzt darauf an,
konsequent auf das Zieldatum 1. Januar 1999 hinzuarbeiten, auf das sich die
Mitgliedstaaten der EU vertraglich verpflichtet haben. Jetzt bedarf es eindeu-
tiger Signale aus dem politischen Raum. Die Unternehmen brauchen baldmöglichst Klarheit.

Wir brauchen eine breite Diskussion über die wirtschaftlichen Vorteile der
Währungsunion. Nur wer als Unternehmer Vorteile und mögliche Risiken
abwägen kann, wird die richtigen unternehmerischen Entscheidungen treffen. Der BDI ist davon überzeugt, daß die Währungsunion langfristig Arbeitsplätze in Europa und damit auch in Deutschland sichern hilft. Es ist für die
deutsche Industrie wichtig, daß eine möglichst große Zahl von Partnern zum
frühestmöglichen Zeitpunkt an der Währungsunion teilnehmen kann. Sie
muß aber gut vorbereitet werden, und das Projekt darf auch nicht in der Über-
gangsphase den Eindruck vermitteln, es könne zu einer, wenn auch kurzfri-
stigen, Verschärfung der Arbeitsmarktlage führen.

Außerdem würde ein Scheitern der Währungsunion Europa zurückwer-
fen. Die Risiken, die mit einer Verschiebung des Zeitplans verbunden sind,
dürfen nicht unterschätzt werden. Nicht nur die Konvergenzanstrengungen
würden nachlassen, auch die Glaubwürdigkeit stünde auf dem Spiel.

Die aktuelle Überschreitung der fiskalischen Konvergenzkriterien auch in Deutschland ist kein Grund zur Resignation. Allerdings gebietet es die prekäre Lage, das Ruder unverzüglich herumzuwerfen. Es müssen alle Anstrengungen unternommen werden, die auch ohne Währungsunion dringend notwendige Konsolidierung der öffentlichen Finanzen entschlossen zu betreiben.

Deutschland muß High-tech-Land werden

Deutschland braucht eine Innovationsoffensive, um Wohlstand und Arbeitsplätze zu sichern. Die öffentlichen Hände in Deutschland müssen mehr Ressourcen für den Innovationsprozeß in Unternehmen übrig lassen und – wie die Hauptkonkurrenten – die F+E-treibenden Unternehmen steuerlich entlasten.

Die politischen Rahmenbedingungen müssen so angepaßt werden, daß sie den Einsatz neuer Technologien nicht behindern. Der Zusammenhang zwischen verspäteter Postreform und zögerlichem Eintritt in die Informationsgesellschaft liegt auf der Hand. Infrastrukturentscheidungen und öffentliche Beschaffung müssen mit der Einführung neuer Technologien Hand in Hand gehen.

Die Wissenschaft braucht mehr Autonomie, um auf die Bedürfnisse der Industrie einzugehen. Finanzielle Mechanismen müssen sie dazu ermutigen. Bessere – vor allem steuerliche – Rahmenbedingungen müssen mehr Venture-Capital mobilisieren, damit viel mehr Wissenschaftler die Chance erhalten, ihre Ergebnisse in technologieorientierte Unternehmensgründungen umzusetzen.

Wir stehen vor der Herausforderung, unter veränderten Voraussetzungen die in der Vergangenheit auf vielen Sektoren erarbeitete technologische Spitzenposition zu erhalten, zu sichern und womöglich auszubauen sowie in anderen Bereichen aufzuholen. Dies wird erhebliche Anstrengungen erfordern. Deutschland ist das einzige große hochindustrialisierte Land, in dem die Ausgaben des Staates für Forschung und Technologie seit Ende der 8oer Jahre real sinken. Dieser Trend muß schleunigst umgekehrt werden.

Bildung und Ausbildung müssen den Bedürfnissen besser angepaßt werden

Wir müssen gerade auch angesichts dramatischer Finanzprobleme die Kraft aufbringen, Prioritäten für Zukunftsinvestitionen in Bildung und Wissenschaft zu setzen. Unabdingbar ist es auch, die Hochschulen grundlegend zu reformieren. Unsere Hochschulen leisten zugegebenermaßen viel. Aber die Studienzeiten sind zu lang und oft ist nach der langen Studienzeit das Wissen schon wieder veraltet. Wir brauchen daher dringend eine Verkürzung der

Studienzeit und eine stärkere Praxisorientierung der Ausbildung. Es ist auch ein Standortvorteil, wenn man – wie in Frankreich, England oder Spanien – mit 25 Jahren statt mit 30 Jahren ins Berufsleben eintritt.

Die von der Wirtschaft seit langem geforderte Gleichwertigkeit von allgemeiner und beruflicher Bildung muß baldmöglichst realisiert und die Ausbildung im dualen System damit zu einer attraktiveren Alternative zu schulischen und akademischen Bildungsgängen werden.

Dazu gehört auch, daß die Personalpolitik der Unternehmen stärker darauf ausgerichtet wird, leistungsfähigen und weiterbildungsbereiten Absolventen des dualen Systems verstärkt attraktive Berufsperspektiven anzubieten. Darüber hinaus muß sie Aufstiegsmöglichkeiten und damit bessere Einkommenschancen eröffnen.

Über diese genannten Punkte hinaus sind noch weitergehende Signale notwendig. Investoren, deutsche oder ausländische, orientieren sich weniger an den heutigen, sondern mehr an den zu erwartenden Rahmenbedingungen.

Daher brauchen wir
- erstens eine weitere spürbare Senkung der Steuern für Selbständige und Unternehmen. Unternehmensteuern sind auch Steuern auf Arbeitsplätze. Allein der Ankündigungseffekt von Steuersenkungen würde Investitionen auslösen und damit Arbeitsplätze schaffen. Wichtige Standortkonkurrenten und Nachbarn haben ihre Hausaufgaben bereits gemacht. Dazu gehören Österreich, die USA, Großbritannien und Holland. Selbst das ehemals klassische Steuerland Schweden besteuert seine Unternehmen nur noch mit 28%. In Deutschland werden gewerbliche Einkommen hingegen höher besteuert als private.
- zweitens eine radikale Steuerreform für das Jahr 2000. Das komplizierte und ungerechte Steuerrecht muß reformiert werden. Niedrigere Steuern mit weniger Ausnahmen sind besser als hohe Steuern mit vielen Ausnahmen. Dazu gehört auch, daß sämtliche Subventionen, auch die an die Industrie, die Landwirtschaft und Private, zur Diskussion gestellt werden. Eine deutliche Reduzierung der Subventionen schafft Potential für Steuersenkungen.
- drittens eine grundlegende Reform aller Sozialversicherungssysteme. Das gesamte soziale Sicherungssystem muß auf den Prüfstand. Das Sozialbudget liegt heute bei weit über 1000 Mrd. DM, mehr als einem Drittel des Sozialprodukts. Die Grenzen der Finanzierbarkeit sind überschritten. Die Industrie stellt nicht die sozialen Fundamente der Marktwirtschaft in Frage. Aber: Der Sozialstaat darf die Fundamente der Volkswirtschaft nicht untergraben. Daher ist eine Neubewertung aller sozialen Leistungen und Einrichtungen vorzunehmen, wobei es keinen automatischen Bestandsschutz geben darf. Das allgemein gestiegene Wohlstandsniveau erlaubt es,

die Prinzipien der Subsidiarität, Eigenverantwortung und damit der Selbstbeteiligung stärker in den Vordergrund zu stellen.

Auch die Administration unserer Sozialsysteme bedarf dringend einer Durchforstung und Durchdringung mit marktwirtschaftlichen Elementen. Dieser Prozeß sollte so weit wie möglich im Einklang mit den Sozialpartnern laufen. Die Situation erfordert klare und zügige Entscheidungen. Mit einer Einigung auf den jeweils kleinsten gemeinsamen Nenner wird man nicht weiterkommen. Bereits erworbene Rechte müssen unbedingt Vertrauensschutz genießen und echte soziale Notfälle grundsätzlich weiter durch die Gemeinschaft aufgefangen werden.

- viertens keine Energie/CO_2-Steuer. Diese sollte endgültig zu den Akten gelegt werden. Die meisten bisher vorgelegten Modelle übersehen sowohl die Globalität des Klimaproblems als auch die Globalisierung der Wirtschaft. Diese Steuer kann weder einen Beitrag zum Klimaschutz leisten noch jemals eine verläßliche Einnahmequelle sein. Das Risiko, daß Arbeitsplätze verlorengehen, ist unverhältnismäßig hoch. Zudem gibt es überzeugendere steuerliche Initiativen zum Klimaschutz.

Der BDI unterstützt deshalb die Initiative, eine emissionsorientierte Kfz-Steuer mit besonderer Berücksichtigung des CO_2-Ausstosses einzuführen. Sinnvoll sind die Pläne, steuerliche Anreize für die CO_2- und Energieminderung im Bereich der Gebäudeheizung zu schaffen. Der bisherige Erfolg der Industrie bei Energiesparen und CO_2-Minderung läßt nur noch ein geringes Einsparpotential zu. Dennoch wird der BDI die eingegangene Selbstverpflichtung auf weitere Branchen ausdehnen und deren Erfüllung nachvollziehbar belegen.

Die Verwirklichung der Vorschläge des BDI wird unzweifelhaft das Klima für mehr Beschäftigung verbessern. Mindestens zwei Millionen zusätzliche Arbeitsplätze bis zum Ende des Jahres 2000 erscheinen anspruchsvoll und realistisch zugleich. Anspruchsvoll, wenn man sieht, wie wenig wir in den letzten fünf Jahren geschaffen haben. Realistisch, wenn man das, was wir vorschlagen, gemeinsam mit Politik und Gewerkschaften auch in die Tat umsetzt.

Schon im 13. Jahrhundert hat Franz von Assisi gesagt: „Tu erst das Notwendige, dann das Mögliche und plötzlich schaffst Du das Unmögliche". Das gilt auch an der Schwelle zum 21. Jahrhundert. Wir können mindestens zwei Millionen mehr Arbeitsplätze schaffen, wenn wir uns selbst klare Ziele setzen, entschlossen handeln und rechtzeitig die richtigen Signale senden.

Unternehmer und Medien

Jürgen Dormann

In seiner Schrift „Über die allmähliche Verfertigung der Gedanken beim Reden" hat sich Heinrich von Kleist damit beschäftigt, wie man im Gespräch, Angesicht zu Angesicht, Gedanken entwickelt und sie dabei zugleich auf ihre logische Verknüpfung und die Stichhaltigkeit der Argumente überprüfen kann. Neue Ideen, Formulierungen, Assoziationen entstehen während des Redeflusses. Der Diskurs ist damit Denkübung und kreative Quelle zugleich. In heutigem Jargon könnte man sagen: Brainstorming online, interaktiv und in Echtzeit. Die älteste Form verbaler Kommunikation ist durch nichts zu ersetzen und heute so wichtig wie zu Zeiten des Sokrates. Die „Baden-Badener Unternehmergespräche" pflegen die diskursive Tradition, und das macht sie für die Teilnehmer auch beim 100. Mal so spannend wie bei Beginn der Veranstaltungen vor über vierzig Jahren.

Doch der direkte Diskurs als Kommunikationsform hat starke Konkurrenz bekommen. So unersetzbar der umfassende Eindruck eines Gesprächs bleibt, so hoch ist der Aufwand dafür. Primärkommunikation kostet viel Zeit, wertvolle Lebenszeit, verglichen mit medialer, vermittelter Kommunikation. Das gilt zumindest für den Empfänger einer Mitteilung. Wenn 50 Millionen Menschen eine Nachrichtensendung im Fernsehen anschauen, wie hoch wäre der Aufwand, den Inhalt jedem einzelnen persönlich zu erzählen? Signalökonomie heißt der Begriff dafür, welchen Aufwand die Signalübermittlung pro Empfänger erfordert und wer – Sender oder Publikum – welchen Anteil daran trägt. Hier kommt also Ökonomie ins Spiel. Seit dem Buchdruck, den ersten Zeitungen und Zeitschriften, seit Film, Hörfunk, Fernsehen und jetzt Multimedia, also seit der Konservierung, Vervielfältigung und breiten Vermittlung von Aussagen und Bildern, geht es – neben politischem Einfluß – ums Wirtschaften. Und letzteres ist ureigenstes Terrain des Unternehmers. Womit wir nun beim eigentlichen Thema des Beitrags angelangt sind: Unternehmer und Medien.

Kommunikation als mächtiger Wirtschaftsfaktor

Die Medien konkurrieren untereinander, ihre Inhalte und Programe miteinander um die Lebenszeit und das Geld der potentiellen Konsumenten. Kommunikation ist mittlerweile ein mächtiger Wirtschaftsfaktor.

Der Weltmarkt für Informations- und Kommunikationswirtschaft bewegt sich gegenwärtig auf ein Volumen von 4 Billiarden DM zu. Die jährlichen Wachstumsraten werden auf 7 bis 15 Prozent geschätzt. In Deutschland, dem in Europa größten Markt für informationstechnische Produkte und Dienstleistungen, machen die zur Informations- und Kommunikationswirtschaft zählenden Bereiche über 380 Milliarden DM aus, das sind 11% des Bruttosozialprodukts. Schätzungen gehen davon aus, daß mittelfristig 50–60% des Bruttosozialproduktes auf kommunikative Produkte und Dienstleistungen entfallen werden. Was aber noch bezeichnender für diesen Wachstumsbereich ist: in den nächsten Jahren werden die Wirtschaftszweige Computer, Telekommunikation, Unterhaltungselektronik, Medienwirtschaft immer mehr zusammenwachsen, und weitere Wirtschaftsfelder, von denen wir jetzt noch keine Vorstellung haben, werden vielleicht hinzukommen.

Die Telekommunikation und die elektronischen Medien machen die Hälfte des Weltinformationsmarktes aus. In den USA rechnet man damit, daß 1997 rund 30 Millionen Haushalte mit Multimedia-PCs ausgerüstet sind. Für Deutschland hält man eine Verdoppelung des Marktvolumens für Telekommunikation in den nächsten zehn Jahren auf 170 Milliarden DM für wahrscheinlich.

Die Firmen der Medienbranche stehen in hartem Wettbewerb und müssen Anschluß halten an ein technologisch wie politisch sehr schnellebiges Umfeld. Die Liberalisierung insbesondere des Rundfunks und der Telekommunikation in den vergangenen Jahren hat viel frischen Wind gebracht und starke wirtschaftliche Impulse gegeben – auch anderen Branchen – mit entsprechenden Chancen und Herausforderungen für Unternehmerpersönlichkeiten. Dies ist der direkte, unmittelbare Bezug von „Unternehmer und Medien".

Die Karriere der Kommunikation

Wenn sich ein Kaufmann aus der chemischen Industrie dem Thema nähert, nimmt er zunächst eine andere, nämlich die Perspektive des Zuschauers, des Anwenders, des Medienobjektes ein – nicht die des Mediensubjektes. Mir geht es nicht um Medienpolitik in engerem Sinne, sondern um die Auswirkungen der Medienflut und des Ozeans an Kommunikationen auf unser Leben, unsere Arbeit, auf das Unternehmer-Sein.

Vor zwanzig Jahren war „Kommunikation" kein Gegenstand der Diskussion außerhalb geistes- und sozialwissenschaftlicher oder elektrotechnischer Fachkreise. Wenn überhaupt, überwog die technische Deutung: Kommunikation wurde meist benutzt im Sinne von: Verbindung, Verkehr. Wenn „die Kommunikation abgebrochen" war, dann wegen eines Leitungsschadens, und die „Kommunikationslinie" bezeichnete eine Omnibusstrecke.

Heute sprechen wir von der „Informationsgesellschaft", und Kommunikationsthemen begegnen uns allenthalben ganz oben auf der öffentlichen und beruflichen Agenda. Wie kam es zu dieser Karriere eines im Grunde doch recht abstrakten Begriffs?

Treibende Kraft war und ist der Fortschritt in der Informationstechnologie. Sende- und Empfangsgeräte, Speichermedien, Übertragungskapazitäten – Nachrichtensatelliten! – Digitalisierung, elektronische Hard- und Software haben sich in den vergangenen 20 Jahren schneller entwickelt als irgendein anderes Technikfeld. Selbst kühne Zukunftsprognosen wurden innerhalb weniger Jahre übertroffen; die Dynamik und Komplexität der Entwicklung überforderte regelmäßig die Vorstellungskraft.

Dreisprung der Innovationen

Die Innovationen auf dem Informations- und Kommunikationssektor entwickeln sich im Dreisprung: Digitalisierung, Miniaturisierung, Integration. Die Digitalisierung erlaubt es, große Mengen von Daten, Bildern oder anderen Informationen ohne Qualitätsverlust und mit großer Geschwindigkeit zu bearbeiten, zu vervielfältigen, zu übertragen und anzuzeigen. Diese Entwicklung ist mit dem digitalen Telephon sowie mit Einführung von digitalem Radio und Fernsehen und der digitalen Bildbearbeitung verbunden. Deutschland bietet als erstes Land der Welt ein fast flächendeckendes ISDN-Netz an; die Nutzung dieser Technologie liegt hierzulande fast viermal höher als in den USA.

Bei der Miniaturisierung sind weitere Leistungssteigerungen zu erwarten. Speicher- und Prozessorkapazitäten explodieren förmlich. In wenigen Jahren wird der Gigabytechip zur Verfügung stehen. Auf der Fläche eines Daumennagels wird man 100 Bücher à 500 Seiten speichern und in Nanosekunden auf jede Textstelle zugreifen können. Fachleute erwarten, daß ein PC am Beginn des 21. Jahrhunderts 15 mal mehr Verarbeitungsleistung und 20 mal mehr Speicherkapazität haben wird als heute.

Schließlich Integration: Multimedia-Anwendungen vereinen informations- und kommunikationstechnische, unterhaltungs- und optoelektronische Elemente. Im Multimedia-PC sind Fernsehen, Radio und Soundkarte, Fotobearbeitung und Dia-Show, Telefax, Telefon, Anrufbeantworter, das Internet mit seinen Online-Diensten und natürlich die klassische Computeranwendung integriert. Die Multimedia-Technologie ist damit in der Lage, sich immer stärker an individuellen Bedürfnisse auszurichten.

Gleichzeitig werden andere Medien nicht – wie häufig erwartet und befürchtet – verdrängt, sondern bestehen neben den Neuen Medien fort. Das gute alte Buch erfreut sich ebenso wie Zeitungen und Zeitschriften eines lebhaften Zuspruchs. Nach wie vor lesen vier von fünf Menschen über 14 Jahren täglich Zeitung. Künftig werden sie sich allerdings ihre Zeitung online abrufen, nach eigenem Interesse zusammenstellen und selbst ausdrucken können. Im Ergebnis müßte logischerweise die Kommunikationstätigkeit der Menschen insgesamt zunehmen, oder es wird viel schneller und flüchtiger konsumiert. Ich denke: Beides trifft zu.

Die Kommunikationslawine

Die erweiterte und beschleunigte Kommunikation wirkt sich auf alle anderen Funktionen der Gesellschaft aus: auf die Art, wie wir wirtschaften, forschen, lehren, lernen, Politik betreiben – oder olympische Spiele erleben.

Die Gesellschaft beschäftigt sich auch deshalb intensiver mit Fragen der Kommunikation, weil sie offenbar zunehmend Verständigungsprobleme hat. Früher waren Weltbild und Wahrnehmung in sich abgeschlossener und homogener, heute sind sie offener und komplexer. Das führt zu der paradoxen Situation, daß wir gerade wegen nahezu unbegrenzter Verständigungsmöglichkeiten zunehmend Verständigungsschwierigkeiten haben.

Gleichzeitig wachsen die Manipulationsmöglichkeiten derer, die Zugang zu weitverbreiteten Medien haben beziehungsweise diesen Zugang steuern.

Hinzu kommt die Beschleunigung gesellschaftlicher Prozesse durch Kommunikation. Ein gutes Beispiel dafür bietet die starke Zunahme wissenschaftlicher Veröffentlichungen. Die Zahl der wissenschaftlichen Aufsätze kann nur geschätzt werden. 15 bis 20 Millionen mögen es pro Jahr sein. Es ist wie in einem Schneeball-System: Jeder Wissenszweig und jede Publikation fördert die Auseinandersetzung mit einem Thema und zieht weitere Fragestellungen, neue Perspektiven, Verknüpfungen und Beiträge nach sich und so fort.

Dadurch wächst das Wissen insgesamt explosionsartig. Die Kehrseite ist, daß niemand mehr einen vollständigen Überblick hat. Der Universalgelehrte gehört der Vergangenheit an. Nicht einmal in einem einzigen Fach gelingt es, alle Entwicklungen im Auge zu behalten. Die Folge: eine Zersplitterung, eine Segmentierung von Wissen, die einhergeht mit der Spezialisierung der einzelnen Menschen. Selbst Fachleute sprechen auf ihrem Gebiet keine gemeinsame Sprache mehr. Was für die Wissenschaft gilt, läßt sich auch auf vielen anderen Gebieten beobachten. Das Nachrichten- oder Unterhaltungsangebot, Moderichtungen und Trends, politische Kampagnen oder auch Stimmungen und Aktionen auf den Wirtschafts- und Finanzmärkten: überall ist die Situation gekennzeichnet durch Pluralität der Zielgruppen, Auflösung geographischer Grenzen, Schnellebigkeit, Unübersichtlichkeit, Beliebigkeit, Volatilität. Es kommt zur Informationsüberflutung. Der zeitaufwendige Diskurs verliert an Bedeutung zugunsten der Bildsprache, des Reizstakkato – von der Infor-

mationsüberflutung zur Reizüberflutung. Neue Berufe und Unternehmensformen entstehen, um dem einzelnen bei der Auswahl der Informationen zu
helfen oder eine Fülle von Informationen zu bearbeiten und zu analysieren.
Damit erhält das System eine neue Dimension: Die „Bits über Bits", die
Information über Informationen, die Verdichtung der Signalströme und
deren maschinelle Auswertung beschert uns eine noch höhere Geschwindigkeit und Komplexität der Kommunikationen. So genügt heute ein Gerücht,
um im Computerhandel der Finanzmärkte weltweit ein unberechenbares und
nicht mehr von Menschenhand steuerbares Marktgeschehen auszulösen, indem Rechner miteinander Handel treiben.

Moleküle oder Bits?

Welche Auswirkungen hat die beschleunigte Kommunikation auf Unternehmen, ihre Mitarbeiter und Führungskräfte? Warum und wie sollen Unternehmen heute kommunizieren? Wo liegen Chancen, wo Risiken verborgen?
Unser Geschäft in der chemischen Industrie sind Moleküle, nicht Bits. Angesichts der dynamischen Veränderungen in der Informationsgesellschaft hängt
aber unser Erfolg, wie der aller Unternehmen, zunehmend von der Beherrschung von Kommunikation und der Ausstattung mit leistungsfähiger Informationstechnologie ab. Moleküle werden zunehmend durch Bits gesteuert.
    Die klassische Form der Unternehmenskommunikation ist die Werbung
für die eigenen Produkte und Dienstleistungen. Sie schafft Markt- und Preis-
transparenz, ist somit konstituierend für Marktwirtschaft. Die Produktwer-
bung baut Marken auf. Deren Merkmal besteht darin, daß sie einen symboli-
schen Wert über den Nutzen des eigentlichen Produktes hinaus besitzen.
Angesichts der Informationsüberflutung wird es immer schwieriger, mit der
Werbung Aufmerksamkeit zu erzielen. Dabei sollte nicht jedes Mittel erlaubt
sein. Verbraucher und Medien ziehen Grenzen dort, wo unerträgliche Darstellung nur noch eine Schockwirkung haben soll nach der Devise: Haupt-
sache Aufmerksamkeit.
    Marken geben dem Verbraucher ein Gefühl von Sicherheit oder eine Iden-
tifikationsmöglichkeit und dienen auf diese Weise auch dazu, mit der Beliebigkeit und Komplexität der Informationsgesellschaft besser zurecht zu kommen. Darin liegt wohl das Geheimnis des ungebrochenen, ja zunehmenden
Erfolgs vieler „klassischer" Marken – solange sie geschickt weiterentwickelt
werden. Trends wechseln in schnellerem Rhythmus als noch vor zehn Jahren.
Insofern ist unternehmerisches Risiko auf diesem Gebiet gestiegen, ebenso
wie die Investitionen, die zur Positionierung und Pflege einer Marke notwendig sind.

Wertschöpfung durch Wertschätzung

Ein weiteres Feld der Unternehmenskommunikation ist Public Relations. Es geht darum, ein Umfeld zu fördern, in dem sich das eigene Geschäft am besten entfalten kann. Dies ist legitim, solange es in einen vom Unternehmen formulierten verbindlichen ethischen Rahmen gestellt ist. Wertschöpfung durch Wertschätzung, der Aufbau eines positiven Unternehmensbildes dient dem Unternehmen, weil es Mitarbeiter bindet, gute neue Mitarbeiter anzieht, den Kontakt zu Kunden, Lieferanten, Banken, Behörden und Politik erleichtert. Dabei ist Kurzatmigkeit kein Rezept, nur langfristige, stetige und ehrliche Bemühungen führen zum Erfolg. Vertrauen ist gerade in der Informationsgesellschaft ein sensibles und flüchtiges Gut, das sehr schnell verloren, aber nur mühsam wiedergewonnen werden kann.

Auch die Einflußnahme von Unternehmen auf die Politik gehört zu Public Relations und ist Bestandteil des demokratischen Prozesses. In den vergangenen Jahren sind viele Non Governmental Organizations, kurz NGOs, entstanden, im wesentlichen wohl deshalb, weil Menschen der offiziellen, etablierten Politik die Lösung von aktuellen Herausforderungen, insbesondere im Umweltschutz, nicht mehr zutrauen. Die NGOs ihrerseits beschäftigen sich besonders auch mit großen, multinationalen Unternehmen. Großunternehmen werden aufgrund der unterstellten Machtkonzentration skeptisch gesehen. Die Größe an sich scheint vielen unheimlich. Das Diktat der Wettbewerbsfähigkeit im weltweiten Maßstab, die Betrachtung aller Lebensbereiche unter ökonomischen Gesichtspunkten, dies weckt Mißtrauen. Darum erwarten Bürger von den NGOs einen Gegenpart zu den Multis, die über nationale Grenzen hinausgehen und insofern von nationalen Politikern und Behörden nicht kontrollierbar scheinen.

Damit sind Unternehmen mit außerparlamentarischen politischen Kräften konfrontiert, die in allen wesentlichen internationalen Politikfeldern bereits stark vertreten sind, und es entsteht ein zusätzlicher Legitimationsdruck. Unternehmen sind heute im Grunde abhängiger von politischen Trends als früher, gleichzeitig wird ihnen eine Einflußmöglichkeit unterstellt, die ein einzelnes Unternehmen in der Regel nicht hat. Der Kontakt und die Diskussionen mit den NGOs kann für Unternehmen ein wichtiges Frühwarnsystem sein. Die Auseinandersetzung mit den Themen der NGOs, insbesondere des Umweltschutzes und der Menschenrechte, ist heute ein unternehmerisches Muß. Der Dialog fördert die Auseinandersetzung mit ethischen Fragen, mit Fragen der unternehmerischen Verantwortung und den Grenzen unternehmerischen Handelns. Darauf sollte jedes Unternehmen aus eigener Initiative glaubwürdige und konsequente Antworten finden.

Die Wirklichkeit der Massenmedien

Die Bühne der NGOs sind die Massenmedien, die von ihnen gezielt und wirkungsvoll mobilisiert werden. Unternehmerisches Handeln geschieht heute
unter ständiger Observation durch die Publizistik. Ihr Interesse gilt nicht
einem planmäßigen, „normalen", bestimmungsgemäßen Fortgang der Dinge,
sondern einem außergewöhnlichen Ereignis, der Nachricht, der Sensation.
Somit ist unternehmerischer Alltag mit seiner kontinuierlichen und hart-
näckigen Arbeit an der Sache, mit dem sorgfältigen Abwägen bei Entschei-
dungsprozessen und langfristig angelegten Strategien kaum Gegenstand der
Medienberichterstattung. Schlaglichtartig herausgestellt wird vielmehr die
extreme Situation, der Unfall, der Skandal, einige Ergebniszahlen, die oft jahre-
langes Arbeiten auf eine wenige Sekunden dauernde Sequenz komprimieren
und damit häufig genug ein schnelles Urteil über Erfolg oder Mißerfolg fällen
und gleich verkünden.

Es ist ein Mißverständnis, Massenmedien seien nur Vermittler von Wirklichkeit. Sie erzeugen vielmehr durch ihre Auswahl und Art der Berichterstattung, der Schlagzeilen und Bilder eine eigene, eine mediale Wirklichkeit.
Auch darauf haben wir uns als Unternehmer einzustellen. Eine langfristig an-
gelegte, kontinuierliche Information von Presse und Rundfunk, die persönliche
Kontaktpflege, der Besuch bei Redaktionen, sich Zeit nehmen für Hintergrund-
gespräche und Interviews mit Journalisten gehört dazu. Dies trägt dazu bei,
mediale und unternehmerische Wirklichkeiten, so gut es geht, in Einklang zu
bringen. Dies wird im übrigen künftig nicht einfacher, sondern schwieriger.
Digitalisierung erlaubt Manipulation in bisher nicht gekannter Vollendung.
Kein Text, kein Bild, kein Ton- oder Videomitschnitt ist vor elektronischer
Retusche sicher. So entsteht eine „neue Irrealität". Die Verantwortlichen in
den Redaktionen und das Medienpublikum können im Grunde ihren Augen
und Ohren nicht mehr trauen: Was ist noch wirklich?

Die alltägliche Sensation

Das Geschehen in der Wirtschaft erscheint an sich überaus spannend. Forschung und Entwicklung, Themen des Umweltschutzes und der Sicherheit,
Produktionsprozesse, Arbeitsabläufe, die Lösung logistischer Fragestellungen,
all dies ist ausgesprochen interessant und von hoher Relevanz für unsere
Gesellschaft. Die alltägliche Sensation besteht darin, daß unser Wirtschafts-
system erfolgreich funktioniert. Es hat mit Menschen und ihrer Arbeit zu
tun, mit unternehmerischen Entscheidungen und dem dafür notwendigen
Wagemut, mit neuen Ideen und herausragenden Leistungen. Nichts ist so
spannend wie die Wirklichkeit, das gilt für das Wirtschaftsleben ganz gewiß.

Aber um dies authentisch überzubringen, müssen sich Unternehmen öffnen und die Medienvertreter als Vermittler am unternehmerischen Alltag teilhaben lassen. Manager müssen lernen, allgemeinverständlich, authentisch, offen und spontan vor die Öffentlichkeit treten zu können. Sie können sich weder Mißverständnisse noch Zeitverzug erlauben, dann beides macht aus einer kritischen Situationen im Handumdrehen eine Krisensituation.

Nur wenn sich eine möglichst breite Öffentlichkeit ein realistisches Bild vom Wirtschaftsleben machen kann, wird die Debatte über Standortqualität, das Eingehen und Beherrschen von Risiken, die Einstellung zu neuen Technologien bis hin zur Diskussion über Unternehmensethik rational und ausgewogen geführt werden können. Die Informationsgesellschaft, die jetzt über so viele Medien und Übertragungsmöglichkeiten verfügt, sollte sie für besseres gegenseitiges Verständnis und zur Förderung eines common sense nutzen.

Der Prozeß der Entgrenzung

Das erfordert von uns Unternehmern ein Öffnen der Werkstore, ein Aufheben vieler traditionell bestehender Grenzen zwischen einem Unternehmen und der Öffentlichkeit. Dieser Prozeß der Entgrenzung ist in vollem Gange. Er bezieht sich auf den Umgang mit den Medien, darüber hinaus bei Produktionsbetrieben auf den Umgang mit Nachbarn und dem direkten Umfeld. Bei Störfallbetrieben, die ein Risikopotential auch für die Nachbarschaft besitzen, müssen die Menschen im Umfeld mit in die Sicherheitskonzepte des Unternehmens eingebunden sein. Ciba-Geigy hat vor einigen Jahren für das Werk in Basel den Begriff der stadtgängigen Chemie geprägt. Gemeint ist ein „Werk mit gläsernen Mauern". Die Bürger der Stadt werden regelmäßig und ausführlich über die Produktion des Standortes, die Anzahl und das Risikopotential der Anlagen informiert. Von amerikanischen Standorten kennen wir viele Beispiele, wie die Verantwortlichen in den Unternehmen mit den Vertretern der öffentlichen Sicherheitskräfte und der Kommunen eng zusammenarbeiten und gemeinsam die Gefahrenabwehr planen und einüben. Am Standort Frankfurt hat Hoechst einen Nachbarschaftskreis ins Leben gerufen, in dem Mitglieder von Bürgerinitiativen, Kirchengemeinden, Vereinen und Kommunalpolitik mit den Vertretern des Unternehmens Fragen zum Verhältnis zwischen Hoechst und seinem Umfeld regelmäßig besprechen. Entgrenzung bedeutet hier Teilhabe an den Aktivitäten im Unternehmen und Einbeziehung des Umfeldes in geplante Maßnahmen. Hier stellt sich die Frage nach der Verantwortung. Wer mit am Tisch sitzt, Meinungen und Interessen vertritt und Einfluß ausübt, muß auch Verantwortung übernehmen. Dabei stoßen wir allerdings an nichtaufhebbare Grenzen. Niemand kann einem Unternehmer die Verantwortung für seine Entscheidungen abnehmen. Andernfalls hört er auf, Unternehmer zu sein. Die Übernahme von Verantwortung markiert die eigentliche Grenze zwischen Innen und Außen des Unternehmens.

Ein neues Verständnis von Loyalität

Viele Nachbarn des Standortes sind Mitarbeiter des Unternehmens und umgekehrt. Die Entgrenzung im Unternehmen sollte dazu führen, daß es keine Spaltung im Bewußtsein und im Verhalten des einzelnen gibt als Mitglied der Gesellschaft oder als Mitglied des Unternehmens. Der Mitarbeiter sollte die öffentliche Kritik vorwegnehmen und konstruktiv ins Unternehmen hineintragen können. Wenn er kongruent als Bürger und Mitarbeiter auftritt – innerhalb wie außerhalb des Unternehmens –, wird er das Unternehmen im positiven Sinne verändern und das Umfeld positiv beeinflussen. Denn die Mitarbeiter sind die kenntnisreichsten und glaubwürdigsten Botschafter des Unternehmens. Voraussetzung ist natürlich, daß sie Zugang zu Informationen haben. Die Bringschuld des Unternehmens besteht insofern darin, dem Mitarbeiter frühzeitig relevante Informationen zur Verfügung zu stellen; die Holschuld des Mitarbeiters besteht darin, diese Informationen abzurufen, sich mit ihnen zu beschäftigen, gegebenenfalls nachzufragen. Was sich so einfach und selbstverständlich anhört, ist eine große Herausforderung an die Führung im Unternehmen und ihr Rollenverständnis. Führen durch Vorbild heißt in diesem Zusammenhang: Informationen weitergeben, nicht Herrschaftswissen ansammeln, eigene soziale und kommunikative Kompetenz erwerben und weitergeben, insgesamt seine Führungsrolle deutlich als eine kommunikative Aufgabe zu sehen: der Manager als Medium.

Entgrenzung erfordert gleichzeitig eine neue Form der Loyalität gegenüber dem Unternehmen. In einem offenen Unternehmen kann Loyalität nicht darin bestehen, sich passiv und kritiklos gegenüber dem Unternehmen zu verhalten. Loyalität in einem offenen Unternehmen heißt mitzudenken, Fragen zu stellen, Veränderung anzustoßen, das Unternehmen nicht gedankenlos anzugreifen oder gegen Angriffe zu verteidigen, sondern mögliche Angriffspunkte zu erkennen und gemeinsam im Unternehmen zu bereinigen. Das Loyalitätsverständnis der Führung gegenüber dem Mitarbeiter kann in einem offenen Unternehmen nicht der patriarchische Schutz in der Sicherheit der Wagenburg sein, sondern Loyalität besteht darin, den Mitarbeiter zu stärken und mit den Fähigkeiten und Informationen auszustatten, die er für eigenständiges Arbeiten braucht.

Sich in die Karten schauen lassen

Die wohlverstandene Offenheit und Transparenz des Unternehmens setzt sich fort im Verhältnis zu den Kapitalgebern. Ein ausgesprochen volatiler internationaler Finanzmarkt, der mit Hilfe ausgeprägter Informationstechnologie viel schneller als je zuvor in der Lage ist, finanzielle Transaktionen zu vollziehen, erfordert von börsennotierten Unternehmen eine offene, aktive und kontinuierliche Information über alle relevanten Vorgänge im Unternehmen. Vor allem das Timing der Veröffentlichung muß stimmen, um niemanden zu verunsichern, Insidergeschäfte verhindern zu helfen und nicht vom Treiber des Informationsprozesses zum Getriebenen nachrichtenhungriger Akteure zu werden. Auch hier gilt also: Durchlässigkeit der Unternehmensgrenzen. Das Management sollte seine Entscheidungen und Vorhaben nachvollziehbar in den Rahmen einer strategischen Ausrichtung stellen. Eine gelungene Kommunikation ist nicht nur gut für den Investor, auch das Unternehmen profitiert durch Senkung der Eigenkapitalkosten und die langfristige Sicherung der Eigenkapitalbeschaffung, auch in turbulenten Zeiten auf den Finanzmärkten. Der Preis dafür ist nicht hoch: Der Unternehmer muß sich mehr in die Karten schauen lassen – auf denen dann allerdings auch stimmige, strategische Überlegungen ablesbar sein sollten.

Von der Telearbeit zum virtuellen Unternehmen?

Was erwarten die Bürger von der Informationsgesellschaft? Nach einer Umfrage des Allensbach-Instituts erhoffen sich ganz allgemein 42 Prozent der Deutschen, daß „jeder jederzeit mit jedem Menschen in der Welt in Kontakt treten" können. Die Vorteile des Multimedia-Zeitalter sehen sie vorrangig darin, daß neue Arbeitsplätze geschaffen werden und das private Leben erleichtert und bereichert wird. Politiker erwarten von den neuen Informationstechnologien eine Trendwende bei der Beschäftigungsentwicklung, insbesondere in den europäischen Industriestaaten. Experten sind der Ansicht, daß die Zahl der Arbeitsplätze im Bereich der Telearbeit von heute 30000 auf rund 800000 im Jahre 2000 steigen würde. Das mittelfristige Potential könnte bei vier Millionen liegen. Marktforscher in den USA gehen davon aus, daß derzeit 8,4 Millionen Menschen am Computer zu Hause oder in lokalen Büros arbeiten. Bis 1998 soll diese Zahl auf über 13 Millionen ansteigen. Das geschätzte Potential liegt bei etwa 20 bis 40 Prozent aller amerikanischer Angestellten.

Telearbeit führt zu Flexibilisierung der Arbeitswelt und zu einer beachtlichen Kostenreduzierung für Unternehmen. Skeptiker dagegen befürchten eine Spaltung der Gesellschaft in informationsarme und informationsreiche Mitglieder. Können die zum beruflichen Überleben in der Informationsge-

sellschaft notwendigen Wissensressourcen wirklich für jedermann zu einem
bezahlbaren Preis zur Verfügung gestellt werden? Und geht nicht mit dem
völligen Eintauchen in die Multimediawelt, in die virtuelle Realität des Cyberspace, auch der Kontakt zur realen Wirklichkeit verloren? Verschwinden
damit nicht auch Formen der Gemeinschaft und Solidarität? Auch Unternehmen sind eine Form der Gemeinschaft, und zwar eine für die Menschen sehr
wichtige und das persönliche Leben in starkem Maß bestimmende. Werden
virtuelle Unternehmensformen diese Gemeinschaften aufbrechen?

Die Chancen des Cyberspace

Wie bei jedem technisch-gesellschaftlichen Entwicklungsprozeß gibt es
Chancen und Risiken. Und wie immer geht es um ein vernünftiges Abwägen
und das Bemühen, die Chancen zu nutzen und die Risiken zu begrenzen.

Sicher ist: Der Cyberspace wird Arbeitsplätze, Arbeitsanforderungen,
Märkte, Kundenanforderungen und Kunden-/Lieferantenbeziehungen verändern. Die Entwicklung ermöglicht die Beschleunigung von Geschäftspro-
zessen, sie erhöht Komplexität, fördert dezentrale und „demokratische" Strukturen, ist grenzenlos – mit einem Wort: Sie ist chaotisch. Sie erweist sich
zugleich als großartige Quelle für Kreativität und Innovation. Wenn Unternehmen künftig ein Wort mitreden wollen, müssen sie den von der Kommunikationstechnologie getriebenen Veränderungsprozeß in ihre Organisation
hineinziehen.

Dazu bedarf es geeigneter Organisationsstrukturen: dezentral, offen,
wenig Hierarchie, international. Vorstellbar sind internationale Netzwerke
von eigenverantwortlichen Arbeits- und Projektgruppen, die entlang der
Wertschöpfungskette ihre Fähigkeiten optimal einsetzen können, mit direkten Schnittstellen zu Kunden und Lieferanten. Eine Illusion? Solche
Unternehmensformen gibt es bereits, und sie werden sich mit fortschreiten-
dem Ausbau der Datenautobahnen durchsetzen. Mitarbeiter und Führungskräfte werden neue Arbeitstechniken und neue Formen der Zusammenarbeit
einüben. Abgesehen von fundierter Aus- und Weiterbildung und intensiver
Beschäftigung mit neuer Technologie geht es um Verhaltensänderung. Die
Netze haben mit Emanzipation zu tun, mit Eigenverantwortung, Kommuni-
kationsfähigkeit, Flexibilität. Künftig wird das Wann und Wo der Arbeit eine
untergeordnete Rolle spielen, es kommt auf das Ergebnis, die Teamleistung
an. Das Unternehmen wird die notwendigen Informationen für die Mitarbeiter ins Netz stellen; der Mitarbeiter wird sie dort abrufen oder sich notwendiges Expertenwissen im Netz selbst erschließen.

Aus der „Bürotechnik" ist ein Feld der Unternehmensstrategie geworden.
Der Vorsprung auf der Datenautobahn wird zum Wettbewerbsvorsprung; die

Verfügbarkeit und das Beherrschen maßgeschneiderter Kommunikations-technologie differenziert Geschäftsprozesse und Geschäftsmöglichkeiten. In der Verantwortung der Unternehmen – aber auch anderer Interessengruppen – liegt es, die Chancen der Cyberspace vernünftig zu nutzen.

Spiegel der Menschen und ihrer Bedürfnisse

Die fortgeschrittenste Elektronik beschäftigt sich mit der Frage, wie die Stimme, der Gesichtsausdruck, die Augenstellung eines Menschen zu verstehen sind. Das ist zugleich die wohl älteste Verständnisfrage der Kommunikation. Hier schließt sich also der Kreis – auf einem technologisch neuen Niveau. Wenn die Entwicklungen erfolgreich sein werden – und daran besteht kein Zweifel –, werden wir künftig mit Maschinen kommunizieren beinahe so wie heute mit einem Gegenüber. Die Kommunikation wird in eine weitere Dimension wachsen. Die Konsequenzen sind kaum abzusehen.

Aber werden sich auch die Inhalte ändern? Wo doch Kommunikation nicht mehr sein kann als ein Spiegel der Menschen selbst und ihrer Bedürfnisse? Unternehmer werden immer die Bedürfnisse ihrer Kunden, Mitarbeiter und Investoren in den Mittelpunkt ihrer Handlungen und Überlegungen stellen. Die Erfahrung, die jeder sammeln muß, will er als Unternehmer erfolgreiche Entscheidungen treffen, erwächst darum aus dem Umgang mit möglichst vielen, unterschiedlich geprägten Individuen. Trotz aller Medien und Informationstechnologie: Das wichtigste bleibt das persönliche Gespräch zwischen Menschen.

Marketing als Chefsache

Helmut Maucher

Als ich vor einigen Wochen, wie dies oft vorkommt, den Absolventen eines internen Marketing-Kurses unseres Unternehmens Fragen zur allgemeinen Politik von Nestlé beantwortete, fragte mich einer der jungen Mitarbeiter: Welches sind Ihrer Meinung nach die Grundsätze, nach denen sich ein Marketing-Manager zu richten hat? Ich nahm dies zum Anlass, im Anschluss an diese Fragestunden meine Überlegungen zusammenzufassen und sie den Führungskräften unseres Hauses zugänglich zu machen. Sie seien auch dem Leser dieses Textes nicht vorenthalten.

1. Richtiges Marketing-Denken ist wichtiger als Marketing-Techniken.
2. Man muss sich wirklich für den Konsumenten interessieren und ihn nicht bloss durch Marktforschung kennenlernen. Noch sollte man nur über die Werbung den Kontakt mit dem Verbraucher aufrechterhalten.
3. Schliesslich darf man als Marketing-Manager nicht vergessen, dass die Produkte auch verkauft werden müssen.

Dazu ein paar ergänzende Bemerkungen. Der Erfolg des Unternehmens, das ich nun seit 16 Jahren leite, hängt selbstverständlich von unserer Fähigkeit ab, im hart umkämpften Nahrungsmittelmarkt unsere Produkte abzusetzen. Eine Binsenwahrheit, gewiss, und erst eine etwas ausführlichere Analyse des Umfeldes macht klar, dass es sich um eine sehr viel komplexere und subtilere Aufgabe handelt, als dies auf den ersten Blick anzunehmen ist. Das haben auch einige Mitbewerber entdeckt, die im Food-Bereich Fuss zu fassen versuchten und nach einiger Zeit ernüchtert feststellen mussten, dass der Erfolg auch hier nicht garantiert ist.

Das Umfeld

Wenn wir einen Blick auf das Umfeld werfen, dann drängen sich zunächst einmal zwei Feststellungen auf. Die Lebensmittelindustrie stellt einen sehr gewichtigen Wirtschaftsfaktor dar. Weltweit wird der Gesamtumsatz für Lebensmittel und Getränke auf 1,5 Billionen Dollar geschätzt, in der OECD allein sind es 800 Milliarden Dollar. Das ist mehr als Automobile, Elektronik oder Luft- und Raumfahrt. Diese eindrucksvolle Leistung wird von buchstäblich Tausenden von Unternehmen erbracht, und selbst die grössten unter ihnen verfügen insgesamt nur über kleine Anteile daran. Für Deutschland beispielsweise schätzen wir den Nestlé-Anteil auf rund 4 Prozent, weltweit auf etwa 1,6 Prozent – und mit einem Umsatz von 60 Milliarden Schweizer Franken, über 220 000 Mitarbeitern, beinahe 500 Fabriken in über 70 Ländern und universell verfügbaren Produkten sind wir zweifelsohne das führende Unternehmen im Food-Sektor. Eine extrem vielfältige und vielschichtige Branche mit lokalen, regionalen, nationalen, internationalen und ganz wenigen globalen Anbietern kämpft um die Gunst von etwa vier Milliarden Konsumenten, deren Kaufkraft ihnen zumindest gelegentlich den Erwerb industriell hergestellter Nahrungsmittelprodukte erlaubt. Gleichzeitig hat dieser Industriezweig eine einmalige Chance: Es sind nämlich in den letzten paar Jahren rund zwei Milliarden neue Konsumenten dazugekommen – in den Ländern nämlich, die entweder wegen ihres politischen Systems ausländischen Anbietern kein Tätigkeitsgebiet zugestanden, oder die wegen der mangelnden Kaufkraft nur sehr geringe Absatzmöglichkeiten boten.

Die globale Dimension

Diese Konsumenten decken die ganze erdenkliche Bandbreite ab: vom regelmässigen Käufer von Produkten, bei denen Geschmacksqualität, Genusswert und ernährungsphysiologische Elemente, ebenso wie Convenience eine zentrale Rolle spielen, bis zur afrikanischen Familie, die einmal pro Woche mit einem Maggi-Würfel ihr Maniok-Gericht würzt. Es ist richtig, auch heute noch verkauft der globalste Anbieter rund drei Viertel seiner Produktion an bloss 25 Prozent der Weltbevölkerung. Diese Proportionen werden sich aber während der kommenden Jahre sehr stark verschieben, ein Resultat der wachsenden Bevölkerung und steigender Kaufkraft in den Schwellen- und Entwicklungsländern. Unser Unternehmen ist in der glücklichen Lage, dass schon gegen Ende des letzten Jahrhunderts eine weitsichtige Führung sich auf eine internationale Ausweitung ihrer Tätigkeit – und zwar nicht nur in Europa – ausgerichtet hat. So haben wir Werbung für unsere Produkte in einer thailändischen Zeitung von 1895 gefunden; die ersten Fabriken in Australien und in den USA wurden um die Jahrhundertwende eröffnet und in Brasilien geht die Aufnahme der Produktion auf das Jahr 1921 zurück. In Japan fassten wir industriell schon in den Dreissiger Jahren Fuss und im Verlaufe der letzten 15 Jahre erweiterten wir unsere Produktionsbasis von 54 auf 74 Länder. Während wir die letzten weissen Flecken auf der Landkarte ausfüllten – die politischen Wandlungen in Mittel- und Osteuropa sowie in China bildeten natürlich eine der Voraussetzungen dafür – bauten wir auch unsere Position in den Ländern mit einer traditionellen Nestlé-Präsenz aus, vor allem indem wir schon seit Jahrzehnten den Import durch einen immer grösseren Anteil von im Lande produzierten Nahrungsmitteln substituieren.

Damit nicht genug. Während der letzten 10 Jahre haben wir uns durch Akquisitionen auch neue Tätigkeitsgebiete erschlossen, zum Beispiel Nahrung für Haustiere, Schokoladeriegel, Mineralwasser und Speiseeis. Die meisten von ihnen finden auch in Schwellenländern und bei den urbanisierten Schichten der Entwicklungsländer gute Aufnahme und sie gestatten es uns, die traditionelle Nestlé-Palette – Milchprodukte, Kindernährmittel, löslicher Kaffee, kulinarische Produkte und Schokolade – anzureichern.

Auch wenn die angesprochenen Umsatzmengen optisch noch nicht sehr bedeutsam erscheinen, weise ich doch darauf hin, dass hier eine Wachstumsdynamik im Entstehen ist, deren Bedeutung nicht hoch genug eingeschätzt werden kann. Wenn man sich beispielsweise die verkauften Mengen vor Augen führt, stellt man fest, dass der Anteil der Schwellen- und Entwicklungsländer jetzt schon deutlich mehr ausmacht als 25 Prozent. Preisgestaltung und auch Währungsschwäche haben dazu beigetragen, dass bei der Darstellung in Geldwerten die Relation verzerrt wird. Dazu kommt, dass gewichtige Akquisitionen, die naturgemäss in den Ländern des Westens durchgeführt wurden, das starke Wachstum in den anderen Teilen der Welt etwas überschattet haben. Aber wir wissen sehr wohl, dass der Anstieg des Weltbruttosozialproduktes während der nächsten Jahre zu über 50 Prozent von Asien bestritten werden wird – Europa wird nur 11 Prozent dazu beitragen. Auch für Nestlé wird sich diese Dynamik auswirken und es ist kein Zufall, dass ein überwiegender Teil unserer Sachinvestitionen in diese Länder fliesst. Anfang 1997 werden in der Volksrepublik China 11 Nestlé-Fabriken stehen. Wenn man bedenkt, dass die erste davon 1990 ihren Betrieb aufnahm (und inzwischen schon eine Kapazitätsverdoppelung erfuhr), wird klar, wie bedeutsam dieser Wachstumsschub ist.

Wir sind bei weitem nicht die einzigen, welche dies erkannt haben. Unsere grossen Mitbewerber drängen ebenfalls in diese Märkte, ebenso wie Konkurrenten aus Taiwan und Thailand. Gleichzeitig sehen wir uns auch lokalen und regionalen Anbietern gegenüber, die zu Recht ihren Bekanntheitsgrad und ihre Kenntnis des Marktes ausspielen. Regionale Verankerung, Nischenpolitik und starke traditionelle Marken sorgen dafür, dass in der Nahrungsmittelindustrie kleine und mittlere Unternehmen weiterhin eine gute Chance haben. Dazu kommt, dass viele Ernährungsgewohnheiten aufgrund ihres kulturellen, teils auch religiösen Hintergrundes stark verankert bleiben. Es gibt keinen Grund anzunehmen, dass dieses Segment verschwinden wird. Wohl aber wird es ergänzt durch Produkte, die eher einen internationalen Charakter haben und die bei jüngeren Konsumenten und bei urbanisierten Käuferschichten rasch Anklang finden.

Der Handel

Ein weiteres wichtiges Element im Umfeld bildet der Handel. Die Konzentration in der Verteilung hat zu einem neuen Machtgefälle geführt. Es ist richtig, der Wettbewerb spielt weiter und es sind die Verbraucher, die während der letzten Jahren von den sinkenden Distributionskosten profitiert haben. Die Tatsache, dass nur mehr wenige Unternehmen am Markt tätig sind, sagt noch nichts aus über das Funktionieren des Wettbewerbes. Das ist bei uns nicht anders: In einem Oligopol geht man oft ungleich härter gegen einen Mitbewerber vor als in einem Markt, der nicht von einigen wenigen Anbietern beherrscht wird. Ich habe oft gesagt, dass ich es vorziehe, gegen drei oder vier kleinere Mitbewerber zu kämpfen als gegen einen einzigen grossen. Ein Problem, das interessanterweise den Kartellbehörden noch nicht aufgefallen zu sein scheint, ist aber die Tatsache, dass neue Bewerber im Handel in der Praxis heute keinen Zugang zum Markt mehr finden können und dass infolge der Mengenrabatte die Grosshändler und die Einzelhandelsgeschäfte, die nicht zum Kreise der Top-Unternehmen zählen, klar benachteiligt werden.

Die grossen Einzelhandelsketten, auch sie dem Druck der Konkurrenz und des sehr preisbewussten Konsumenten ausgesetzt, haben sich in den letzten Jahren durch Aufkäufe, Fusionen und Zusammenarbeit im Einkauf zu marktmächtigen Organisationen gewandelt und auch ihr Tätigkeitsfeld stark erweitert. Wir treffen heute schon in vielen Schwellenländern auf Supermarkt-Ketten, die den Geschäften in unseren Ländern in nichts nachstehen. Sortimentstraffungen und ein erbitterter Kampf um jeden Laufmeter in den Regalen der Verteiler haben die Verhandlungen mit den Herstellern nicht eben erleichtert. Dank verbesserter Verkaufskontrollen und einer hochtechnisierten Lagerhaltung und -bewirtschaftung weiss der Handel jeden Abend, welche Produkte Anklang finden, und die Nummern vier oder fünf der Hit-Parade haben einen schweren Stand.

Dazu kommt die Versuchung, mit Handelsmarken in einigen Segmenten die Hersteller zu verdrängen, ihnen jedenfalls weitgehende Preiskonzessionen abzuringen. Wir sind weit davon entfernt, den manchmal spürbaren Pessimismus hinsichtlich der Zukunft des Markenartikels zu teilen. Hingegen ist jetzt noch deutlicher geworden, dass sich der Hersteller nur mit Erfolg schlagen kann, wenn er neben der Werbung auch durch Innovation, die auch dem Konsumenten einleuchten muss, und durch eine vernünftige Preisgestaltung und eine langfristige Markenpolitik den Wert der Marke sorgfältig pflegt. Dies bedeutet, dass der Markenartikler seine Herstellungskosten unter Kontrolle halten muss und beim Einkauf von Rohmaterial, beim ständigen Feilen an den Herstellungsabläufen und bei der Wahrnehmung der „economies of scale" alle Sparmöglichkeiten berücksichtigt.

Die Konzentration im Handel hat durchaus auch positive Seiten: Dank der besseren Durchlaufkontrollen und einer technisch ausgereiften Kühlkette können wir heute mit Frischprodukten aufwarten, die den immer anspruchsvolleren Konsumenten mit klaren Vorteilen überzeugen: Frische, besserer Geschmack, einfache Zubereitung, und dies alles bei Lagerzeiten von dreissig bis vierzig Tagen. Und schliesslich bringt auch die bessere Kenntnis der Durchlaufströme dem Markenartikler eine zeitgerechte Information … und die Möglichkeit, rascher auf die Nachfrage zu reagieren.

Die Ansprüche der Konsumenten

Ich habe bereits auf die wachsenden Ansprüche der Konsumenten hingewiesen, ebenso auf die Bandbreite seiner Wünsche und Möglichkeiten. Wir haben, vor einigen Jahren schon, Abschied genommen von den schön typisierten Verbrauchern der Kategorien A B C und D, deren Verhalten gründlich erfasst und katalogisiert war. Der gleiche Verbraucher will zum Frühstück ein probiotisches Joghurt, geht mittags zu McDonalds und lässt sich abends mit einem asiatischen Gericht verwöhnen, das seine Frau in kürzester Zeit zubereitet hat. Seine heranwachsenden Kinder, zwischen Schule, Tennis und Disco, nehmen rasch einen kleinen Snack zu sich und Mahlzeiten im Kreise der Familie werden allmählich zur Ausnahme. Der Sohn des Hauses treibt Triathlon und weiss von seinem Trainer, wieviel Protein und Kohlehydrate er während der Aufbauphase vor dem nächsten Wettkampf braucht.

Aus Zeitschriften, Fernsehen und Radio branden die neuesten Erkenntnisse über gesunde Ernährung über den Verbraucher herein, während gleichzeitig, in den USA beispielsweise, die Kochkunst in breiten Kreisen verloren gegangen ist. Wohlbefinden, Fitness, Idealgewicht sind erstrebt, und die Nahrungsmittel, die dazu führen sollen, dürfen so wenig wie möglich kosten, sollen aber gut schmecken, möglichst naturbelassen frisch sein und gleichzeitig aber jede erdenkliche Sicherheitsgarantie aufweisen. Selbstverständlich dürfen sie weder an Aufbewahrung noch an Zubereitung besondere Anforderungen stellen und die Verpackung muss nach Gebrauch möglichst spurlos verschwinden. Viele dieser Ansprüche kann die Lebensmittelindustrie befriedigen, und die Anstrengungen in Forschung und Entwicklung – bei Nestlé sind dies über 600 Millionen Franken im Jahr – gehen in diese Richtungen.

Dann kommen die selbsternannten Konsumentenschützer, die einmal gegen den Zucker, dann gegen Salz, dann gegen gentechnisch veränderte Rohstoffe in Lebensmitteln Sturm laufen und überhaupt einer „natürlichen" Ernährung nachtrauern, die für die städtische Bevölkerung wohl nie existierte und in einer Megalopolis wie Tokyo oder Sao Paulo schlicht undenkbar ist. In Drittwelt-Organisationen, die interessanterweise fast alle in den Kapitalen der westlichen Welt angesiedelt sind, weiss man darüber hinaus ganz genau, welche Konsumgüter in Nairobi oder auf den Fidji-Inseln verkauft werden dürfen. Was nicht in das von Rousseau geprägte Bild des „edlen Wilden" und seiner Lebensumstände passt, wird dann rasch als sozial nicht verantwortbarer Konsumdruck nach westlichem Vorbild verteufelt. Die gleichen Gruppen rufen nach immer neuen Beschränkungen in der Werbung und insistieren gleichzeitig, dass auch das letzte Nanogramm irgendeines Bestandteiles – und sei er noch so harmlos – auf dem Etikett aufgeführt werden solle.

Weiter wird der arme Verbraucher alle paar Wochen mit neuen Katastrophenmeldungen verunsichert. „Gift in der Nahrung", „Chemie im Kochtopf" lauten die Mantras, die von Grün bis Rosa nachgebetet werden. Dabei lässt sich mit wissenschaftlicher Genauigkeit nachweisen, dass Nahrungsmittel für einen guten Teil der Menschheit noch nie so gesund, so reichlich vorhanden und so abwechslungsreich waren: Kaufkraft, ein international eingespielter Handel, Lagerungsmöglichkeiten und Wissen spielen eine Rolle, ebenso wie Ueberwachung durch die Behörden und die Fortschritte, welche die Industrie in der Zubereitung und Haltbarmachung von Nahrungsmitteln erzielt hat. Wer eine Fertigsuppe mit dem entsprechenden Produkt vergleicht, wie es sich vor zwanzig Jahren auf dem Markt befand, kann sich dieser Einsicht nicht entziehen. Ein Blick in die Statistik zeigt auch, dass Lebensmittelvergiftungen im letzten Jahrhundert – vor allem wegen der fehlenden Kühlungsmöglichkeiten – eine durchaus signifikante Todesursache für gesunde Menschen im besten Alter waren. Das gibt es heute praktisch nicht mehr, und wir haben uns an ein derart hohes Sicherheitsniveau gewöhnt, dass einige der Schutzreflexe schon am Verschwinden sind und dass man heute einen Umgang mit Lebensmitteln beobachtet, welcher manchmal der Fahrlässigkeit gefährlich nahe kommt.

Faszination Marketing

In einem solchen Umfeld Marketing zu betreiben ist eine echte Herausforderung. Konzentration im Handel, die zunehmend globale Konkurrenz und aufgeklärte, teilweise auch verunsicherte Verbraucher mit divergierenden Ansprüchen setzen den Rahmen. Demgegenüber bieten sich neue Chancen mit Milliarden von neuen Konsumenten, die nun allmählich nach den Produkten der Nahrungsmittelindustrie zu greifen beginnen, neue Chancen auch mit der ständig vertieften und verbreiterten Kenntnis von Nahrungsmittel und Physiologie, mit neuen Technologien, die Produktion und Verarbeitung landwirtschaftlicher Rohstoffe ganz grundlegend beeinflussen werden. Die Nahrungsmittelindustrie geniesst im allgemeinen einen sehr guten Ruf und hat, nicht zuletzt wegen des harten Wettbewerbs, ihre Innovationstätigkeit intensiviert. Es ist ein Markt, in welchem sich die Dinge im Fluss befinden und in welchem es Möglichkeiten gibt, in einzelnen Segmenten rasch Erfolge zu erzielen. Kein Wunder also, dass es gelingt, immer wieder junge talentierte Leute anzuziehen, die im Nahrungsmittel-Marketing einen guten Einstieg in ihre Berufskarriere finden.

Bei Nestlé stossen sie auf ein Klima, das ihnen rasch Verantwortung, genügend Freiraum, Möglichkeiten für eine internationale Karriere und auch ein erfolgsgeprägtes Umfeld bietet. Die Firma wächst, dringt in neue Länder und Produktkategorien vor und stellt aufgrund ihrer langfristigen Markenstrategie auch die Mittel zur Verfügung, um ihre Stellung in allen Ländern und Märkten auszubauen. Zu dieser Strategie gehören auch die Akquisitionen, dank derer Nestlé im Verlauf seiner gesamten Geschichte, besonders aber in den letzten 15 Jahren, seine Tätigkeit weltweit stark ausgebaut und neue Gebiete erschlossen hat. Diesen Akquisitionen kommt eine strategische Dimension zu: Sie sind ein wichtiges Instrument der Wachstumspolitik, indem sie es gestatten, in kürzester Zeit Positionen in einzelnen Ländern und Produktegruppen zu verstärken. Darüber hinaus schaffen sie Synergien, versetzen einzelne Gesellschaften der Gruppe in die Lage, auf ihrem Markt mit mehr Gewicht und ausgewogeneren Strukturen aufzutreten – angesichts der Konzentration im Handel ein schlagendes Argument –, und verbreitern die Basis, um rascher in neue Grössenordnungen vorzustossen. Mit der Beschleunigung des gesamtwirtschaftlichen Prozesses ist oft die Schnelligkeit wichtiger als Grösse; heute neue Marken auf internationaler Basis aufzubauen nimmt Jahre in Anspruch; Jahre, die einem die Konkurrenz kaum mehr zugesteht. Die Verbreiterung des Geschäftes erlaubt es auch, die bestehende Forschungs- und Entwicklungsinfrastruktur besser zu nutzen. Ich habe die Bedeutung der Innovation für die Hersteller von Markenartikeln bereits unterstrichen und es ist offensichtlich, dass nur eine etablierte und ausgewiesene Struktur die nötige Schubkraft für die Innovation, aber auch die nötige Autorität und das wissenschaftliche Gewicht gegenüber einem oft besorgten und gleichzeitig sehr kritischen Publikum bietet.

Kontinuität und Kreativität

Die Grössenordnung solcher Investitionen setzt eine langfristige Unternehmenspolitik voraus. Dazu gehört auch die sorgfältige Ausbildung und Entwicklung der jungen Kräfte im Marketing. Wir achten darauf, dass sie zunächst ein paar Monate im Verkauf tätig sind. Das gibt ihnen die nötige Kenntnis des Handels – und auch die Kredibilität gegenüber den Verkäufern, mit denen sie später zusammenarbeiten und die sie motivieren müssen. Obwohl dieser Teil der Ausbildung bei manchen jungen Leuten nicht mit überbordendem Enthusiasmus angegangen wird, hat sich das System sehr bewährt. Zum einen scheiden damit schon alle die Kandidaten aus, die sich über das Marketing Illusionen hingeben und die auf eine Anstellung bei einem grossen Unternehmen hinzielen, um zuerst ihre privaten Lebensumstände und ihre Hobbies zu optimieren. Davon gibt es mehr als genug. Was wir aber brauchen, sind Mitarbeiter, die sich für ihre Aufgabe und ihre Produkte begeistern können, die einen Beitrag für das Unternehmen leisten wollen und die auch für eine gewisse Zeit eine undankbarere Aufgabe anpacken können. Leute, die im Marketing nur die Glamour-Seite sehen, werden von uns bald auf den Pfad der Tugend, das heisst auf den grundlegenden geschäftlichen Zweck des Marketings zurückgeführt.

Die jungen Marketing-Spezialisten wirken zunächst einmal unter der Leitung von bewährten Kräften, und die enge Wechselwirkung zwischen den strategischen Produkt-Einheiten am Zentrum und unseren operationellen Gesellschaften vermeidet ein allzu sprunghaftes Umgehen mit unseren Marken, vor allem jenen, denen wir strategische Bedeutung zumessen. Weder am Erscheinungsbild noch im Geltungsbereich kann hier ein Markt Änderungen vornehmen, ohne sie mit dem Zentrum abzusprechen. Diese Einschränkung fördert die für ein erfolgreiches Marketing unabdingbare Kontinuität und trägt auch der Tatsache Rechnung, dass auch international immer mehr grenzüberschreitende Einflüsse merkbar werden. Eine gewisse Einheitlichkeit trägt also zum Gewicht der Marke bei. Ein grösserer Freiraum ist natürlich bei Produkten gegeben, die nur in einem Land oder in einer gewissen Region der Welt vertreten sind. Dort spielt die dezentralisierte Entscheidungsstruktur eine noch grössere Rolle, gestattet sie es doch der lokalen Unternehmensführung, sich in Produktgestaltung, Preispolitik, Werbung und Auftreten dem Umfeld anzupassen. Wir möchten hingegen verhindern, dass sich jeder Marketing-Mitarbeiter mit einer neuen Marke ein Denkmal setzt, und achten darauf, dass es hier nicht zu einer Aufsplitterung der eingesetzten Mittel kommt. Im Rahmen dieser Einschränkungen bleibt immer noch ein weiter Spielraum für Kreativität, die alle Aspekte eines Produktes, von der Konzeption bis zur Verteilung, einbezieht.

Die strategische Dimension

In einem Unternehmen wie dem unseren kommt der Marketing-Politik eine strategische Dimension zu, und unser Erfolg hängt weitgehend davon ab, wie rasch und wie innovativ wir auf die Erwartungen des Verbrauchers eingehen. Wir treten immer stärker als unternehmerische Einheit auf, und es ist augenscheinlich, dass Marketing-Entscheidungen einen gewichtigen Einfluss auf alle anderen Unternehmensbereiche ausüben.

Milliardenschwere Investitionen für Akquisitionen, für Werbung, für Produkte-Entwicklung, für Mitarbeiter und Produktionskapazitäten lassen sich nicht losgelöst von der geschäftlichen Realität betrachten. Schliesslich haben auch unsere Aktionäre einen Anspruch auf eine angemessene Verzinsung ihres Kapitals, und eine langfristige Entwicklung des Unternehmens bindet Mittel in der Gesellschaft. Ein vernünftiges Austarieren dieser verschiedenen Interessen in einer Perspektive, die nicht auf den nächsten Jahresabschluss beschränkt ist, dies ist natürlich eine der zentralen Aufgaben der obersten Führung. Auch die Koordination in einem Unternehmen mit 220 000 Mitarbeitern, Fabriken in 70 Ländern und beinahe 20 Forschungszentren rund um die Welt gehört dazu. Gerade weil Marketing-Entscheidungen Konsequenzen für Forschung und Entwicklung, Produktion und Personal haben, gerade weil der Erfolg nur dank einer übergreifenden Koordination zwischen all diesen Bereichen sichergestellt werden kann, muss sich eine Unternehmensleitung sehr intensiv und ständig mit dem Marketing befassen.

Auf meinen zahlreichen Besuchen bei unseren operationellen Gesellschaften widme ich daher diesen Aspekten mein besonderes Augenmerk. Unsere Mitarbeiter, die Produkte, die Kommunikation, die Werbung, die Verpackungen, den Vertrieb schliesslich und unsere wichtigsten Kunden am Ort – das sind die Sachen, die ich sehen will. Aus all diesen Einzelheiten entsteht ein viel griffigeres Bild als aus langen Berichten. Bei diesen Gesprächen ergibt sich dann auch die Gelegenheit, auf Kontinuität und Kohärenz hinzuwirken. Daraus entspringt nämlich das Vertrauen der Verbraucher und unserer Kunden.

Es ist klar, dass für unsere Leute, die dem Wettbewerb unmittelbar ausgesetzt sind, die Versuchung stärker ist, kurzfristigem Denken zu erliegen. Ein Kompromiss in der Qualität, ein zu rasches Nachgeben gegenüber dem Handel in Preisfragen, Eingehen auf Modetrends bei Produkten und Verpackungen, Segmentierung bis zum Geht-nicht-mehr ohne Rücksicht auf das Kostengefüge bei Produktion und Vertrieb, alle diese Entscheidungen laufen langfristig der Autorität der Marke zuwider. Das gleiche trifft auf die Schlagworte wie „soziales" oder „Umwelt"-Marketing zu, von denen man sich einen zusätzlichen „push" für das Produkt erhofft. Viele dieser Ideen enthalten manchmal einen durchaus sympathischen Kern, doch zeigt das Verhalten der überwiegenden Mehrheit von Konsumenten, dass sie ihre Kaufentscheidung letztlich aufgrund ihrer eigenen Interessen und Ansprüche fällen.

Schliesslich ist der Tatsache Rechnung zu tragen, dass unsere Marketing-Aktivitäten die sichtbarste Schnittstelle zwischen Publikum und Unternehmen sind. Wenn Marketing und angestrebtes Unternehmensbild auseinanderklaffen, dann sind Probleme vorprogrammiert. Es gibt Dinge, die ein Unternehmen wie Nestlé nicht tun kann, obwohl sie vielleicht kurzfristig sogar Erfolg versprechen. Unsere Mitarbeiter wissen sehr wohl, dass bei aller Anpassung an lokale Gewohnheiten und Gebräuche die allgemeinen Richtlinien in Kraft bleiben, und trotz der geographischen Breite unserer Aktivitäten sind Verstösse und Pannen eigentlich recht selten. Und wenn sie geschehen, dann liegt es an der Unternehmensleitung, die Dinge rasch wieder ins Lot zu bringen.

Mentalität eher als Methoden

Die Erfahrung zeigt mit aller Deutlichkeit, dass unser Erfolg sehr stark vom Marketing abhängt. Wenn wir also bei unseren jungen Mitarbeitern auf Produktekenntnis drängen, sie durchaus auch mit der Zubereitung, den Anwendungsmöglichkeiten, den Lebensumständen und den Gewohnheiten der Verbraucher vertraut machen, hat dies schon seinen Sinn. Natürlich sind Marktforschung, Verbraucher-Panels, Checklists und Analysen wichtig und ich will den Wert vieler moderner Marketing-Methoden nicht bestreiten.

Aber wir müssen sicherstellen, dass die Gewichte richtig gesetzt werden, dass wir mit Produkten an den Markt gelangen, die tatsächlich bei Konsumenten ankommen, weil sie besser schmecken, leichter anzuwenden sind und tatsächlich einem Bedarf entsprechen… und ein Preisschild haben, das der Konsument akzeptiert und das uns einen Gewinn lässt. Das geht nicht, wenn sich unsere Kenntnis des Konsumenten nur auf die Resultate der Marktforschung beschränkt. Wir müssen wissen, welche Erwartungen bestehen: Was sucht der Verbraucher vor allem, rasche Zubereitung, ohne langwierige Vorbereitungsarbeiten, oder eine Möglichkeit, die eigenen kulinarischen Fähigkeiten und Vorlieben auf Basis eines industriellen Produktes auszuspielen? Dient das Produkt wirklich der Hausfrau oder hat sie den Eindruck, der Anbieter klopfe ihr kumpelhaft auf die Schulter und lasse sie wissen, er mache das eh viel besser. Wir müssen erfahren, wie das Produkt angewendet wird, ob die Rezepte und Anleitungen zur Zubereitung verstanden werden, ob die Hausfrau sich nach Gewicht (und wenn ja, wie präzise sind die Waagen?) oder nach Mengenmassen ausrichtet, um die Quantitäten zu bestimmen. Um die Packungsmengen richtig zu gestalten, müssen wir natürlich die Haushaltgrössen kennen, aber auch wo, wie oft und in welchen Quantitäten eingekauft wird, wie die Küchen unserer Verbraucher aussehen und wie sie ausgerüstet sind, wieviel Raum in Kühl- und Vorratssschrank vorhanden ist. Wieviel Zeit steht zur Verfügung, um unser Produkt zuzubereiten, und wer wird es aller Voraussicht nach tun? Die Hausfrau, oder ihr Mann, oder die Kinder? Ist convenience, Zeitersparnis für die immer häufiger berufstätige Mutter, der entscheidende Faktor, oder die Tatsache, dass die Zubereitung derart einfach ist, dass jedes Haushaltsmitglied sie selbst bewältigen kann? Welche Art von Produkten schliesslich bietet ihm eine echte

Hilfestellung und wie müssen sie formuliert sein, um das angestrebte Ziel zu erreichen?

Dann kommt die Zusammenarbeit mit Forschung und Entwicklung. Vielleicht liegen dort schon neue Erkenntnisse über Produkte und Prozesse vor, die beim Konsumenten Anklang finden könnten, weil sie von Preis, Qualität, Dienstleistung her einen deutlichen Vorteil bieten. Es gilt, das Zusammenwirken der einzelnen Rohstoffe, der möglicherweise bei der Herstellung verwendeten Prozessmittel und der Verpackung zu überprüfen, Verträglichkeit, Haltbarkeit und Lagerungsbedingungen auszutesten.

Dazu kommt die Uebersicht über den bestehenden Markt. Was ist in diesem Segment bereits vorhanden und wo haben wir die Möglichkeit, neue Trends und Entwicklungen bereits im Frühstadium zu erkennen? Was bietet die Konkurrenz auf diesem Gebiet an und wo zeigt sich die Bresche, um sie zu überrunden oder gar aus dem Markt zu drängen? Ist es der Preis – kommen wir dank einer sorgfältig strukturierten und reorganisierten Produktionsbasis auf einen Gestehungspreis, der uns erlaubt, den Mitbewerber zu unterbieten, ohne das Produkt in den Augen des Verbrauchers abzuwerten und damit in den commodity-Bereich abzurutschen? Wie gross ist die Preisflexibilität und wie weit ist der Kunde gewillt zu gehen? Kann und muss ich andere Rohstoffe auswählen, meine Bezugsquellen wechseln? Was kann ich substituieren, ohne der Qualität Schaden zuzufügen, und wo ist schon aus Gründen der Gesetzgebung ein Ausweichen auf andere Rohstoffe gar nicht möglich? Spielt Prestige eine Rolle, Exotik, der Reiz der Neuheit, Überlegungen zu Gesundheit und Verträglichkeit? Man darf nicht vergessen, dass wir in einem harten Kampf um die Regale in den Läden stehen, und dass diese Regale nicht uneingeschränkt ausdehnbar sind. Die elfte Variation auf dem gleichen Thema wird es schwer haben, überhaupt nur diese Hürde zu nehmen! Aber vielleicht liegt die Lösung in der Wahl eines anderen Vertriebskanals, möglicherweise ist die Tankstelle oder der Kiosk besser geeignet als der Supermarkt, um das Produkt unter die Leute zu bringen. Bietet sich die Möglichkeit eines Direktverkaufes, über einen Klub oder eine ähnliche Vertriebsstruktur, und wieviel wird sie kosten?

Wie muss ich die Packung gestalten, wie kann ich Verständlichkeit, optische Attraktivität, Markenidentifikation, Lesbarkeit mit den gesetzlichen Auflagen über Inhaltsangaben, Verfalldatum, Ratschlägen zur Anwendung, Information über Kalorien, Proteine und Karbohydrate und Strichcode vereinbaren? Wo lassen sich Gewicht und Material einsparen – auch im Interesse der Umwelt, ohne dass der Schutz des Produktes leidet? Kann auch ein älterer Verbraucher die Verpackung öffnen, ohne gleich den Werkzeugkasten zu Hilfe nehmen zu müssen? Und welche Kanäle muss ich schliesslich benutzen, um den Verbraucher über das Produkt zu informieren und ihn zu animieren, es zu kaufen? Keine leichte Aufgabe, angesichts der Signale, die zu Hunderten

den Bürger bestürmen, angesichts der Reizüberflutung und des immer geringeren Beachtungsgrades der Fernsehwerbung.

Fragen über Fragen, und ihre Beantwortung hängt von einer möglichst
genauen Kenntnis des Verbrauchers, seiner Bedürfnisse und seiner Reaktionen ab. Nur wenn wir den Konsumenten kennen, wird er das einmal als gut
empfundene Produkt wieder und wieder kaufen – und es fehlt ihm gewiss
nicht an Alternativen, wenn er sich aus diesem oder jenen Grund davon
abwenden sollte. Es ist keineswegs auch so, dass sich ein einmal gewonnener
Verbraucher auf ewig an eine Marke oder ein Produkt gebunden fühlt. Veränderte Lebensumstände, eine Rezessionsphase und verdüsterte wirtschaftliche Aussichten führen oft dazu, dass anderen oder billigeren Produkten der
Vorzug gegeben wird. Der Handel – die letzten paar Jahre haben dies in
Europa deutlich gezeigt – reagiert auf solche Situationen sehr rasch und alle
Handelsketten haben sich darauf eingestellt, indem sie Billigmarken oder
eigene Produkte mit klar niedrigeren Preisen in die Regale brachten.
Aggressive Discount-Politik, verbunden mit einer Straffung des Sortiments,
erhöhen natürlich auch den Druck auf den Hersteller.

Marktwirtschaft für den Verbraucher

Marketing ist ein zentraler Bestandteil eines freien Wirtschaftssystems, das
sich dank der Eigeninteressen aller Teilnehmer als Antriebskraft und
Austarierung dieser Interessen durch den Marktmechanismus zum Nutzen
der grösstmöglichen Anzahl auswirkt. Natürlich wäre es angenehmer, einen
willigen Handel und keine Mitbewerber zu haben, doch sei noch einmal wie-
derholt, dass die Marktwirtschaft keine Veranstaltung zugunsten der
Unternehmer ist. Gerade im Konsumgüterbereich entscheidet gutes
Marketing über Erfolg und damit Fortbestehen der Anbieter. Aus diesem
Grunde scheint es mir geboten, dass sich auch die obersten Führungen sehr
gründlich damit befassen. Angesichts der globalen Dimension unserer heutigen Geschäftstätigkeit und des damit verbundenen härteren Wettbewerbs-
klimas müssen wir noch mehr darauf achten, dass wir die richtigen Leute in
die Marketing-Abteilungen bekommen und ihnen Gelegenheit geben, die
nötigen Erfahrungen in einem möglichst breiten Rahmen zu sammeln. Ich
teile den Pessimismus gewisser Beobachter nicht, die den europäischen
Volkswirtschaften nur geringe Chancen beispielsweise gegenüber den aufstrebenden Industrien Südostasiens einräumen. Mit steigendem Wohlstand
werden auch dort die Verbraucher (und die Arbeitnehmer) anspruchsvoller;
neue Möglichkeiten eröffnen sich für jene Unternehmen, die gewillt sind, auf
den Konsumenten einzugehen und ihm jene Produkte und Dienstleistungen
anzubieten, die er wünscht. Aufgrund der Erfahrung in unserem Unterneh-

men kann ich behaupten, dass dabei Qualität und Stil mit europäischen Vorzeichen zumindest ebenso erfolgreich sein können wie Produkte anderer Herkunft. Bedingung dafür, wie auch für den Erfolg in unseren Breitengraden, ist aber eine Marketingpolitik, die sich am Endziel des Unternehmens orientiert, langfristig angelegt ist und von Mitarbeitern getragen wird, die sich mit dem Unternehmen und seinen Produkten identifizieren.

Die Globalisierung des Marktes –
Risiko und Chance für das Unternehmen

Heinrich von Pierer

Für Siemens ist das globale Geschäft nichts grundsätzlich Neues. Schon wenige Jahre nach der Unternehmensgründung 1847 gab es florierende Landesgesellschaften in England und Rußland, Anfang der dreißiger Jahre waren die geschäftlichen Aktivitäten in China die umfangreichsten außerhalb Europas. Heute ist Siemens in rund 190 Ländern vertreten, in über 40 Ländern neben Vertrieb und Service auch mit eigenen Fertigungen.

- Der Umsatz liegt bei über 90 Mrd. DM. Pro Arbeitstag entspricht das einem durchschnittlichen Auftragseingang von 400 Mio. DM.
- 60% des Siemens Geschäftsvolumens werden im Ausland erzielt, 60% der Mitarbeiter und rund zwei Drittel der Wertschöpfung sind aber in Deutschland angesiedelt. Daß dies eine schwierige Konstellation ist, ergibt sich schon aus den besonders hohen deutschen Arbeitskosten.
  380 000 Mitarbeiter, davon 200 000 in Deutschland, bedeuten aber auch hohe gesellschaftliche Verantwortung. Wenn man die inländische Mitarbeiterzahl mit dem üblichen Familienfaktor multipliziert sowie die 120 000 Firmenpensionäre und die direkt mit dem Unternehmen verbundenen Zulieferer einbezieht, stellt Siemens die Einkommensbasis von deutlich mehr als einer $3/4$ Mio. Menschen in Deutschland dar.
- Das Interessengeflecht, in dem sich Siemens und andere Unternehmen dieser Größe bewegen, ist aber weitaus komplizierter. Fast 600 000 Aktionäre erwarten vor allem ein gutes Ergebnis und orientieren sich bei ihrer Bewertung der Leistung des Managements und der Arbeit des Unternehmens an den Wettbewerbern. Siemens lag im Geschäftsjahr 1995/96 mit einem Nettogewinn von 2,5 Mrd. DM im Vergleich zu internationalen Konkurrenten im Mittelfeld. Weitere Verbesserungen des Ergebnisses sind daher ein notwendiges Ziel, das mit aller Konsequenz verfolgt wird.
- Betrachtet man die Interessen der Arbeitnehmer, die Interessenlage aus dem Blickwinkel des Standort Deutschland und die Interessen der Aktionäre, dann wird der Spannungsbogen offenkundig, der die aktuelle Diskussion um eine Steigerung des Shareholder Value umschließt. Es wäre nichts damit erreicht, Gegensätze hervorzuheben. Im Gegenteil: Nur tüchtige und motivierte Mitarbeiter werden den Wert des Unternehmens steigern können, und nur ein erfolgreiches Unternehmen bietet auf Dauer

auch sichere Arbeitsplätze. Jede längerfristige Betrachtung macht im übrigen deutlich, daß es durchaus einen engen Zusammenhang zwischen Shareholder Value und Mitarbeiter-Motivation gibt.

Daß der Standort Deutschland durch die rasch zunehmende Globalisierung des Wettbewerbs vor einer Fülle von Herausforderungen steht und daß auch die deutschen Unternehmen vor allem in ihrem Heimatland unter hohem Druck stehen, ist offenkundig. Vier Hauptursachen sind dafür ausschlaggebend:

1. Die weltweite Deregulierung und Liberalisierung bedeutsamer Märkte, insbesondere der Infrastrukturmärkte,
2. die neuen Standortkonkurrenten aus Südostasien und aus Mittel- und Osteuropa,
3. hausgemachte Standortschwächen in Deutschland
4. und der rasante Wandel der Technik.

Alles zusammen treibt die Globalisierung der Märkte voran und löst damit einen raschen und umfassenden Wandel des Umfelds für international operierende Unternehmen aus: Gleiche Wettbewerber, nahezu gleiche Produkte und gleiche Preise überall auf der Welt prägen den Wettbewerb. Bei Siemens gilt das inzwischen für weit über 90% des Geschäfts.

Deregulierung und Liberalisierung

Vor allem auf den Infrastrukturgebieten gibt es radikale Veränderungen der Märkte und Marktstrukturen. In Deutschland z.B. haben die Telekom, die Deutsche Bahn und auch die Energieversorgungsunternehmen ihr Beschaffungsverhalten vollständig geändert. Monopole fallen, es weht ein scharfer Wettbewerbswind. Das heißt unter anderem Preisverfall. Aus Kundensicht ist das etwas sehr Angenehmes: nämlich Budgetentlastung und frei werdende Kaufkraft, also eine Steigerung von Realeinkommen. Und es ist ein häufig und von dem einen oder anderen sicher ganz bewußt gemachter Fehler, nur auf die Entwicklung von Nominaleinkommen oder Tariflöhnen zu blicken, und dann geringe Steigerungsraten oder Stagnation zu beklagen. Wenn die Leistungsfähigkeit, Zuverlässigkeit und Qualität von Produkten steigt – Auto oder PC als Beispiele – und zugleich ihre Preise stagnieren oder sinken, dann sind das wesentliche Bestimmungsfaktoren, die bei der Beurteilung von Einkommenspositionen und -entwicklungen nicht unter den Tisch fallen dürfen.

Für die Herstellerindustrie erzeugt Preisverfall von bis zu einem Drittel binnen weniger Jahre oder bei PCs sogar von 20% jährlich aber enormen Handlungsdruck. Ein Beispiel aus der Bahntechnik: Anfang der 90er Jahre lag der Preis einer E-Lok für den Fernverkehr in Deutschland noch bei 9 Mio. DM, heute ist dieser Preis um über ein Drittel abgesackt. Oder der Preis pro Sitzplatz für einen ICE lag bei der Markteinführung 1991 über 100 000 DM, für die jetzt anstehende Generation wird er bei ca. 70 000 DM liegen und für spätere Generationen noch weiter sinken; das alles im übrigen bei gesteigerter Leistungsfähigkeit des Systems.

Konkurrenz aus Südostasien und aus Mittel- und Osteuropa

In der Region Asien-Pazifik, aber allmählich auch in Mittel- und Osteuropa entstehen neue, große und sehr attraktive Märkte. Von dort kommt aber auch scharfe Konkurrenz. Besonders eindrucksvoll ist ein Vergleich der Arbeitskosten. Dazu ein konkretes Beispiel aus der Halbleiterfertigung bei Siemens: In München liegen die Arbeitskosten pro Stunde für einen Facharbeiter bei bis zu 60 DM, im österreichischen Villach ist es bereits ein Fünftel weniger, nämlich 48 DM, in Frankreich 51 DM, in Singapur rund 11 DM und in Malaysia zwischen 2 und 3 DM. Und dazu kommt: Die effektive Jahresarbeitszeit liegt in München bei rund 1300 Stunden, in Österreich und Frankreich bei knapp 1500, in Singapur bei 2000 und in Malaysia bei 2400 Stunden.

Bei Ingenieurstunden sieht es nicht grundsätzlich anders aus: Ein Systemexperte, also meistens ein Fachhochschul-Ingenieur, in der Mikroelektronik kostet in Deutschland pro Stunde rund 85 DM, in Österreich 70 DM, in Singapur 23 DM und in Malaysia 16 DM. Was daran deutlich wird: Es gibt nicht nur ein Kostengefälle Richtung Südostasien oder Osteuropa und nicht nur ein Kostengefälle bei gewerblichen Tätigkeiten. Es gibt auch ein kräftiges Gefälle zu unseren westeuropäischen Nachbarn und übrigens auch zu den USA und zwar von der Fertigung bis zu Software-Entwicklung und Engineering. Deutschland steht einsam an der Kostenspitze.

Hausgemachte Standortnachteile

Zu den hausgemachten Standortnachteilen in Deutschland muß man nicht das wiederholen, was an vielen Stellen zu diesem Thema tagtäglich gesagt und publiziert wird. Zunächst nur eine kurze Bemerkung zu dem Ende 1996 auf den Weg gebrachten Programm für Wachstum und Beschäftigung der Bundesregierung, einem wichtigen Signal für die weitere wirtschaftliche Entwicklung. Wenn man einmal den Vergleich zu einem Land wie Schweden zieht, das unter einer sozialdemokratischen Regierung nun zu kräftigen Korrekturen am überbordenden System staatlicher Leistungen aufbricht, dann zeigt sich: Übertragen auf die Größe und Verhältnisse Deutschlands würden die Maßnahmen der schwedischen Regierung bei uns ein Einsparvolumen von 300 Mrd. DM verlangen. Das Programm der Bundesregierung hat ein

Volumen von 50 Mrd. DM. Es stellt also ganz sicher nicht den Untergang des
Sozialstaats dar, zu dem es mancher hochstilisiert.

Dann gibt es andere Themen, die in der Standortdiskussion eine Rolle
spielen: Energiekonsens, Unternehmenssteuern, Lebensarbeitszeit und
Ausbildungszeiten und -inhalte. Das letztgenannte Thema mag überraschen.
Denn gemeinhin wird der gute Ausbildungsstand der Bürger in Deutschland
gelobt. Aber hier ist Vorsicht geboten. Denn nicht nur die Studienzeiten liegen im argen, auch in anderer Hinsicht besteht Handlungsbedarf. Da dieses
Thema nicht nur aktuelle, sondern grundsätzliche Bedeutung hat, weil es die
Grundlagen der Zukunft des Wirtschaftsstandorts Deutschland elementar
berührt, hierzu einige Bemerkungen:

Bei klassischen Fertigungsberufen ist ein deutlich abnehmender Bedarf zu
beobachten, zumindest in der Industrie. Ganz anders sieht es bei Berufen in
den Bereichen Software und Engineering aus. Dort steigt der Bedarf kräftig:
Bei Siemens war vor 25 Jahren erst jeder zehnte Mitarbeiter ausgebildeter Inge-
nieur, heute ist es bereits jeder vierte, und längerfristig wird es jeder dritte sein.

Konjunkturell bedingt gibt es zwar immer wieder Bedarfsschwankungen –
zuletzt bis 1995 einen tiefen Einbruch der Einstellungszahlen. Inzwischen zeigen die Neueinstellungen von Ingenieuren bei Siemens aber bereits wieder
klar nach oben: 2300 im vergangenen Jahr und nochmals deutlich mehr im
laufenden Jahr. Um so bedauerlicher ist der drastische Rückgang der Anfän-
gerzahlen in den Ingenieurstudiengängen. Es liegt durchaus im Bereich des
Möglichen, daß in wenigen Jahren ein Mangel an qualifizierten Ingenieuren
zu verzeichnen sein wird.

Jenseits aller konjunkturellen Auf- und Abbewegungen ist der Trend eindeutig: Der Ingenieurbedarf bleibt nicht nur hoch, er nimmt weiter zu. Und
diese Aussage gilt nicht nur für die Weltwirtschaft insgesamt, sondern auch
trotz der beschriebenen Kostennachteile für den Standort Deutschland, vor-
ausgesetzt, die deutschen ingenieurwissenschaftlichen Fakultäten sichern ihren
Absolventen mit eigener Innovationsfreude einen Qualifikationsvorsprung.

Mit der Globalisierung der Märkte und des Geschäfts, mit dem Wandel der
Technik und mit dem Reengineering der Prozesse gewinnen Schlüsselqualifikationen, angefangen bei Sprachkenntnissen und wirtschaftlichem Denken
bis zu sozialer und interkultureller Kompetenz, Kommunikations- und Team-
fähigkeit, immer stärker an Bedeutung. Nicht die Vermittlung von Fach-
kompetenz, aber die Vermittlung dieser fachübergreifenden Fähigkeiten
kommt in der akademischen Ausbildung hierzulande zu kurz. Im Bereich der
Elektrotechnik haben Verbände (VDE und ZVEI), Industrie und Professoren
einen Anforderungskatalog für Lehrinhalte und -veranstaltungen entwickelt,
der Ziele nennt und Reformschritte beschreibt. Entscheidend ist die Umsetzung. Vorreiter dabei ist die TU München, die vom Wintersemester 1996/97
an etliche Anregungen aufgreift und umsetzt.

Allgemein bleibt die Anpassungsgeschwindigkeit der deutschen Hochschulen an den Wandel ihres Umfelds jedoch hinter den Erfordernissen zurück. Ein Beispiel: Würden Datennetze, Hard- und Software als „Teachware" konsequent genutzt, könnte der Anachronismus von Vorlesungen vor Hundertschaften, von überfüllten Seminaren und ständig überlasteten Bibliotheken rasch überwunden werden. Eine Erklärung, aber keinesfalls eine Entschuldigung für geringe Reformfähigkeit ist die Kompetenzverteilung zwischen Bund und Ländern in der Hochschulpolitik. Wenn dadurch allerdings Wettbewerbsnachteile und eine Schwächung des deutschen Hochschulsystems drohen, ist Gegensteuern geboten.

Ein sicheres Indiz für Handlungsbedarf ist die schwindende Anziehungskraft der deutschen Hochschulen auf Gaststudenten aus den aufstrebenden Ländern Asien-Pazifiks. Ein Beispiel: Galt Deutschland noch vor Jahren als bevorzugtes Ziel indonesischer Auslandsstudenten, so studieren heute gerade noch 2000 Indonesier an deutschen Hochschulen. In den USA oder Australien sind es dagegen fünfmal so viele. Wer aus Südostasien zum Studium in ein westliches Industrieland geht, rückt in aller Regel später in seiner Heimat in führende Positionen auf. Vor allem aber ist er in seiner Heimat natürlicher „Botschafter" seines einstigen Gastlandes und Wegbereiter für Unternehmen. Deshalb befaßt sich auch ein eigens geschaffener Arbeitskreis des Asien-Pazifik-Ausschuß der Deutschen Wirtschaft mit diesem Thema. Er entwickelt konkrete Vorschläge, die Attraktivität des Studienstandorts Deutschland für Gaststudenten zu verbessern.

Die Früchte attraktiver Bildungspolitik werden erst nach Jahren geerntet. Umgekehrt verbreiten sich Versäumnisse schleichend aber nachhaltig. Um so wichtiger sind zielgerechte Ausbildungsgänge und zeitgemäße, leistungsfähige Einrichtungen.

Eine hausgemachte Standortschwäche und ein durchaus in dieser Form nur in Deutschland anzutreffendes Phänomen ist die in unserem Land verbreitete Technikmüdigkeit und oft auch Technikfeindlichkeit. Ein Land, in dem Spitzenlöhne und ein hohes Maß an Wohlstand beansprucht werden, benötigt ein konstruktives Verhältnis zur Technik. Spitzentechnik ist über ihren Beitrag zu Einkommen, Wohlstand und sozialer Sicherheit hinaus aber natürlich auch Voraussetzung zur Bewältigung der Herausforderungen unserer Zeit: globales Bevölkerungswachstum, Klimaprobleme etc.

Ein praktischer Fall, in dem sich in Deutschland der Umgang mit Spitzentechnik beweisen muß, ist der neue Forschungsreaktor in Garching. Dieser Reaktor hat nichts mit Energieerzeugung zu tun. Er ist kein Kernkraftwerk, auch kein kleines! Und vieles, was hierzu an Verdrehungen von Tatsachen und an schlimmen Vergleichen bis hin zu solchen mit dem Kernkraftwerk Tschernobyl von sogenannten Meinungsmachern in der Öffentlichkeit geäußert wird, ist in hohem Maße unredlich, unwürdig und unverantwortlich.

Worum geht es in Garching? Der Forschungsreaktor dient einzig als Neu-
tronenquelle für wissenschaftliche Zwecke. Neutronen erschließen Erkenntnisse in der Materialforschung, die anders nicht gewonnen werden könnten,
z.B. für die Medizintechnik oder die Mikroelektronik. Diese Forschungsein-
richtung wird Deutschland einen Spitzenplatz in der internationalen
Neutronenforschung sichern. Auch im Wettbewerb mit den amerikanischen
Konkurrenten. Und das soll so sein.

Veränderungen der Technik

Treibende Kraft für immer mehr Aktivitäten ist die Elektronik und vor allem
die Mikroelektronik. Sie wird immer leistungsfähiger, immer kleiner und
immer kostengünstiger. Und sie hat einen grundlegenden Wandel der industriellen Wertschöpfung ausgelöst:

- Vor 15 Jahren veranschlagte man noch für die Fertigung einer Anschluß-
  einheit in der Telekommunikation knapp 30 Stunden – damals elektrome-
  chanisch, heute 20 Minuten und weniger – elektronisch.
- Das Mitte der 80er Jahre gestartete Raumfahrtprojekt Space Shuttle der
  NASA umfaßte einen Software-Aufwand von mehr als 45 Mio. sogenannter
  Objektcode-Instruktionen. Im selben Umfang liegt heute auch die
  Software des EWSD-Systems für Breitband-ISDN-Anwendungen in der
  Telekommunikation.
- Und bei der Forschung und Entwicklung für digitale Mobilfunknetze liegt
  der Software-Anteil sogar weit über 90%.

Das führt natürlich zum Verlust von Arbeitsplätzen in klassischen Fertigungen. Es bedeutet aber nicht im selben Umfang einen Verlust von Arbeitsplätzen überhaupt.

Denn Abbau und Aufbau von Arbeitsplätzen finden nicht unbedingt sym-
metrisch innerhalb ein und desselben Unternehmens statt. Geringere Ferti-
gungstiefe in einem Großunternehmen bedeutet z.B., daß mehr Leistungen
von außen bezogen werden. Das schafft bei Partnern zusätzliche Arbeitsplätze,
besonders im Mittelstand. Diese Zusammenhänge werden oft übersehen, und
es bleibt nur der Eindruck: Großunternehmen bauen Arbeitsplätze ab – kleine
schaffen Beschäftigung. Und dann werden falsche Schlußfolgerungen gezogen
wie die, Förderaktivitäten von vornherein nur auf den Mittelstand hin zu
konzipieren.

Es entstehen aber auch in einem Unternehmen wie Siemens neue Arbeitsplätze, besonders in Software und Engineering. Bei Siemens machen diese
Bereiche bereits über die Hälfte der Wertschöpfung aus. Allerdings kann man
für Software und Engineering kaum die Leute einsetzen, deren Arbeit in den
Fertigungen ausläuft.

Und man muß auch vor falschen Schlüssen aus dieser Entwicklung warnen. Der Anteil industrieller Fertigung an der Wertschöpfung geht zwar zurück. Aber die industrielle Basis behält eine Schlüsselbedeutung. Ein Abwandern von Fertigungen im großen Stil würde den Standort Deutschland empfindlich treffen. Denn wer die industrielle Basis verliert, der verliert über kurz oder lang auch Forschung und Entwicklung, Engineering und Software. Umgekehrt gilt dieser Zusammenhang übrigens auch: Wer Forschung und Entwicklung keine Chancen gibt, wird auch spätere Fertigungen kaum gewinnen – das ist das Beispiel der Gentechnik: eine nicht von allen erkannte und inzwischen nun sicher wieder gutzumachende Chance für den Standort Deutschland.

Wie läßt sich der hohe Wettbewerbsdruck bewältigen und abmildern? Sicher nicht dadurch, daß jeder auf andere zeigt. Deshalb ist es näherliegend, über die Dinge nachzudenken, die im eigenen Verantwortungsbereich, also den Unternehmen, zu tun sind, als über das, was andere, insbesondere die Standortpolitik, beitragen müssen.

Siemens hat ein Programm zur Erneuerung des Unternehmens gestartet, das unter dem Titel top-Siemens steht: top als Abkürzung für time optimized process, top aber auch als Ausdruck des Anspruches, Weltspitze zu sein, bzw. dort wieder zu werden, wo es momentan einen Rückstand gibt.

Das top-Programm ist kein herkömmliches Restrukturierungsprogramm. Es ist vielmehr umfassender angelegt. Es geht um vier Ziele:
1. Produktivität steigern,
2. Innovationen beschleunigen,
3. Wachstum erhöhen
4. und cultural change auslösen.

Der erste Punkt, die Steigerung der Produktivität im Unternehmen, ist schnell erklärt. Professor Prahalad, einer der bekanntesten US-Management-Forscher, pflegt zu sagen, wer das nicht tue, sei ohnehin bald tot. Und damit hat er zweifellos recht.

Seit dem Start des top-Programms wurde die Produktivität im Unternehmen um mehr als 20 Milliarden D-Mark oder ein Viertel gesteigert. Stellenabbau ist dabei in keinem Fall das primäre Ziel, aber häufig ein unvermeidlicher Beitrag, ohne den Erfolge nicht erreichbar sind.

Der eigentliche Zweck des top-Programms besteht aber nicht im Arbeitsplatzabbau und der Produktivitätssteigerung, sondern geht weit darüber hinaus. Das kommt besonders deutlich zum Ausdruck in den weiteren Punkten, der Beschleunigung von Innovationen und Wachstum. Mit diesen Schwerpunkten auf der Zukunftsperspektive des Unternehmens ist es gelungen, die Unterstützung des Betriebsrats für das Programm zu gewinnen, der die Maßnahmen voll mitträgt. Dies ist nicht selbstverständlich und ein Erfolg, der eine Bestätigung für das grundsätzlich konstruktive Klima zwischen Unternehmensführung und Mitarbeitervertretung bei Siemens ist.

Im Unternehmen sind im vergangenen Geschäftsjahr 7,3 Mrd. DM für Forschung und Entwicklung aufgewendet worden, das sind 35 Mio. DM pro Arbeitstag. Nur 2% des Siemens-Forschungsetats stammen aus öffentlichen Kassen, davon etwa gleiche Teile aus dem Bundeshaushalt und von der Europäischen Union.

- Ein Drittel des Geschäfts im Unternehmen liegt auf Gebieten, die überhaupt erst in den vergangenen zehn Jahren aufgebaut worden sind – die Automobiltechnik etwa oder Logistiksysteme, aber auch die Mikroelektronik oder die Telematik, der Hochgeschwindigkeitsverkehr, die Photovoltaik oder der Mobilfunk.

Und 70 Prozent des Umsatzes resultieren aus Produkten, mit denen das Unternehmen erst innerhalb der vergangenen fünf Jahre auf den Markt gekommen ist. Insgesamt umfaßt das Siemens-Produktspektrum mehr als 50 000 Produkte, vom Mikrochip bis zum Kraftwerk, von Elektromotoren über Telefonanlagen bis zur Medizintechnik und vom Kühlschrank über Energiesparlampen bis zur Optoelektronik zur Beleuchtung von Armaturenbrettern in Kraftfahrzeugen. Verbindendes Element ist der elektrische Strom. Vom gesamten Spektrum der Elektrotechnik decken wir rund 80% ab.

Zum Schwerpunkt Innovationen im top-Siemens-Programm mit dem Ziel, effizienter und vor allem schneller mit Innovationen am Markt zu sein, gehören eigene Methoden zur mittelfristigen Technologieplanung. Diese Technologieplanung besteht aus zwei Teilen.

- Einer Produktplanung über mehrere Generationen, den sog. Road Maps und
- der Definition und Pflege von Kerntechnologien.

Bei den Road Maps müssen sämtliche Geschäftsbereiche aufzeigen, mit welchen Produkten sie in fünf Jahren und in zehn Jahren bestehen wollen. Dann muß die Frage beantwortet werden, ob im Unternehmen die notwendigen Kerntechnologien vorhanden sind, um die definierten Produkte auch erfolgreich entwickeln zu können.

Wenn die erforderlichen Kerntechnologien verfügbar sind – wir haben im Gesamtunternehmen mehr als 20 identifiziert –, dann können Entwicklungsarbeiten gestartet werden. Wenn nicht, stellt sich die Frage nach Zukauf oder Kooperation, unter Umständen auch nach rechtzeitigem Ausstieg.

Herausragende Bedeutung haben natürlich Basisinnovationen wie die Mikroelektronik. Denn solche Basisinnovationen kommen im gesamten Unternehmen zum Einsatz. Und sie haben weit über das eigene Unternehmen hinaus strategische Bedeutung für den Standort Deutschland.

Der Gesamtumsatz mit Mikrochips liegt in Deutschland bei – gar nicht allzu hoch klingenden – 12 Mrd. DM. Aber Mikrochips sind entscheidend für die Wettbewerbsfähigkeit weiter Teile der Industrie, z.B. für den Maschinenbau, die Elektrotechnik, die Datentechnik, die Telekommunikation und den Kraftfahrzeugbau. Die Mikroelektronik hat also eine beachtliche Hebelwirkung: Das Chipvolumen von 12 Mrd. DM beeinflußt die Wettbewerbsfähigkeit von Industriezweigen mit einem Umsatz von rd. 800 Mrd. DM, knapp ein Drittel des deutschen Bruttosozialprodukts.

Technisch hatte sich Siemens in der Mikroelektronik schon seit langem behauptet. Heute ist aber auch wirtschaftlich wieder der Anschluß an die Weltspitze geschafft. Und die notwendigen Weichenstellungen für die Zukunft sind getroffen. Die ersten Muster des 256-Megabit-Chips hat Siemens im Rahmen einer globalen Forschungsallianz gemeinsam mit zwei Partnern aus den USA und Japan schon vorgestellt und die Arbeit am Gigabit-Chip gestartet.

In der Mikroelektronik wächst der Fortschritt in auf Anhieb nur schwer nachvollziehbare Dimensionen hinein. Man kann sich die Einsatzmöglichkeiten immer neuer Chip-Generationen kaum vorstellen.

- Auf einem 1-Gigabit-Chip beispielsweise lassen sich 64000 Schreibmaschinenseiten speichern oder eine 25-bändige Brockhaus-Enzyklopädie. Dieser Chip wird bald nach der Jahrhundertwende auf den Markt kommen.
- Etwa im Jahr 2010 könnte der 64-Gigabit Chip verfügbar sein. Ein daumennagelgroßer Chip mit der Speicherkapazität für einen Spielfilm in voller Länge: bis zu vier Stunden bewegte Bilder, Sprache und Musik.
- Diese enorme Speicherkapazität relativiert aber ein anderer Vergleich, nämlich ein Vergleich mit der Speicherkapazität des menschlichen Gehirns: Unser Gehirn hat eine Speicherkapazität von ca. 10^{14} bit. Zur Produktion einer solchen Speicherkapazität benötigt das Siemens-Chip-Werk in Regensburg 4 Monate. Es wären insgesamt 25 Mio. 4-Megabit-Chips erforderlich. Wie weit die Technik hinter der Natur zurückliegt, wird auch daran deutlich, daß man zur Produktion und Stromversorgung von 20 Mio. Chips ein eigenes kleines Kraftwerk betreiben müßte und auch ein immenses Abwärmeproblem zu lösen hätte. Das alles ist im Kopf bekanntlich eleganter gelöst.

Innovationen erschließen Zukunft und damit sind sie der Schlüssel für Wachstum. Und das ist der dritte Punkt des top-Programms.

- Einerseits neue Wachstumsfelder wie Multimedia oder auch Aktivitäten im sogenannten Dienstleistungssektor.
- Andererseits aber auch Wachstum auf geographisch neuen Märkten, vor allem eine stärkere Präsenz in Asien-Pazifik.

Die Potentiale – gerade in Südostasien – sind enorm – z.B. China:
- Dort kommen auf 100 Einwohner heute erst 4 Telefonanschlüsse. In Deutschland sind es fast 50 pro 100 Einwohner. Für die kommenden Jahre sind in China jährlich 10 bis 15 Mio. zusätzlicher Anschlüsse geplant. Nur zum Vergleich: Mit einer großen und erfolgreichen Kraftanstrengung ist es der Telekom gelungen, in den neuen Bundesländern seit 1990 insgesamt knapp 5 Mio. Anschlüsse zu installieren.
- Oder U-Bahnen: Schanghai und Kanton haben deutsche Unternehmen mit dem Bau von U-Bahnen beauftragt. Und allein in China verfolgen noch weitere 30 Millionenstädte ähnliche Pläne.

Bei Kraftwerken sind die Ausbaupläne in China ebenso ehrgeizig: 12 bis 15000 MW jährlich, und im Zusammenhang damit eine Steigerung der Kohleförderung von einer auf 1,5 Mrd. to und weiter Richtung 2 Mrd. to. In Deutschland sind es gerade mal noch 50 Mio. to. Und manche Debatte um weitere marginale Verringerungen des CO_2-Ausstoßes oder um eine Energiesteuer in Deutschland erscheint vor diesem Hintergrund wie eine Dorfgeschichte im Schatten einer Megametropole. Es geht nicht darum, die globale CO_2-Problematik zu verniedlichen – im Gegenteil. Aber mit der Provinzialität mancher politischen Debatte in Deutschland werden sicher keine wegweisenden Beiträge zu ihrer Lösung geleistet.

Zurück nach Südostasien: Warum sind nachhaltige Anstrengungen zur Positionsverbesserung der deutschen und übrigens auch der übrigen europäischen Wirtschaft in Asien-Pazifik erforderlich? Noch Ende der 80er Jahre galt für den Weltelektromarkt die Faustformel: Auf jede Region der Triade – also auf Fernost, Nordamerika und Westeuropa – entfällt ein Drittel des Marktes.

Inzwischen wächst die Triade nicht nur besonders stark an ihren Rändern, nämlich in Südostasien einschließlich Indien und China, in Südamerika und in Mittel- und Osteuropa. Sondern es gibt auch eine nachhaltige Verschiebung der Anteile. Derzeit entfallen noch 24% des Weltelektromarktes auf Europa, aber bereits 38% auf Asien-Pazifik. Und im nächsten Jahrzehnt werden sich dort schon 50% unseres Marktes abspielen.

Wer sich in Asien-Pazifik nicht erfolgreich etabliert, dem fehlt schon bald die Hälfte des Weltmarkts und damit die Fähigkeit, technologisch und wirtschaftlich Schritt zu halten. Dazu darf es nicht kommen. Denn das wäre nicht nur für das jeweilige Unternehmen katastrophal. Sondern dann wäre es auch ausgeschlossen, daß Deutschland seine Wohlstandsposition in Zukunft behauptet.

Auf unseren Feldern wird für China ein Wachstum des Elektromarktes um jährlich 14 Prozent prognostiziert, für Deutschland von etwa 5%. Tritt das so ein, dann wird der chinesische Markt schon im Jahr 2000 deutlich größer sein als der deutsche.

Die Liste von Ländern, in denen der Nachholbedarf und auch die Dynamik ähnlich hoch sind wie in China, ist lang: z.B. Indien, Indonesien, Vietnam und Malaysia.

Insgesamt – auch das muß man sich klar machen – leben in Asien-Pazifik bereits heute 2,8 Mrd. Menschen, rund die Hälfte der Weltbevölkerung. Und bis zum Ende des Jahrhunderts wird die Bevölkerung in dieser Region weiter zunehmen auf 3 Mrd. Menschen, darunter eine Mittelschicht von einigen hundert Mio. Menschen mit durchaus bereits beachtlicher Kaufkraft.

Erfolg in dieser Region ist nur dann von Dauer, wenn man über eine reine Exportstrategie hinaus Investitionen vor Ort in Angriff nimmt. Die Gründe dafür sind zahlreich:

- Einmal die Kosten: Rein deutsche Wertschöpfung wäre auf vielen Gebieten nicht konkurrenzfähig, selbst nicht auf unserem europäischen Heimatmarkt. Denn dem Wettbewerb mit Weltmarktkonkurrenten muß man sich natürlich auch auf dem eigenen home market stellen. Anzustreben ist deshalb ein Kostenmix aus hiesiger und dortiger Wertschöpfung.
- Dann wegen der Forderungen nach „local content". Sie werden immer deutlicher erhoben, insbesondere von staatlichen Auftraggebern.
- Und zum dritten wegen der Forderung nach Technologietransfer: Man will in den aufstrebenden Ländern Asien-Pazifiks nicht nur Lieferungen und Leistungen, sondern gerade Know How ins Land holen.

Das Reizwort in allen Diskussionen über das Engagement der deutschen Wirtschaft in Asien-Pazifik heißt „Arbeitsplatzverlagerung". Tatsächlich liegen die Dinge allerdings anders: Ein Engagement in dieser Region sichert in viel stärkerem Maße Arbeitsplätze in Deutschland, als daß es Verlagerungen auslöste. Denn die Alternative dazu heißt nicht, die Märkte Asien-Pazifiks von Deutschland aus zu bearbeiten, sondern dort außen vor zu bleiben und überdies zusätzlich Konkurrenten von dort auf dem europäischen Markt im Nacken zu haben.

Was hat Siemens in Asien-Pazifik bereits erreicht?

- Das Unternehmen ist dort an 160 Standorten aktiv und beschäftigt insgesamt über 40 000 Menschen in der Region.
- In China verfügt Siemens über 35 Joint Ventures mit 10 000 Mitarbeitern. Insgesamt liegt der Umsatz dort bei rund einer Mrd. US-Dollar.
- Bis zum Jahr 2000 sind jährliche Investitionen in Asien-Pazifik von je einer Mrd. DM geplant. Dann werden dort 50 000 bis 60 000 Mitarbeiter beschäftigt sein.

Man sollte sich im Zusammenhang mit einem Engagement in China und anderen Ländern der Region auch keiner Diskussion über das Thema „Menschenrechte" entziehen. Denn es gibt gute Argumente für den Wert wirtschaftlicher Zusammenarbeit – auch als Beitrag für engere Beziehungen und

Fortschritte bei der politischen Entwicklung. Wandel durch Handel ist mehr als eine Formel. Es ist eine belegte Erfahrung, daß dies ein Weg zu mehr Freiheit und mehr Offenheit ist. Man sollte das nicht unterschätzen, z.B.:

- die rund 100 000 Joint Ventures westlicher Unternehmen in China, davon rund 1200 der deutschen Wirtschaft. Allein in diesen deutschen Joint Ventures arbeiten rund 100 000 Chinesen. Sie kommen dort mit westlichem Denken, Mitarbeiter- und Führungsverständnis in Berührung.
- die Kooperationen von Universitäten und Instituten. In Deutschland sind 10 000 Studenten und Wissenschaftler aus China zu befristeten Aufenthalten. Sie lernen unser Staats-, Freiheits- und Demokratieverständnis kennen und kehren mit diesem Wissen in ihr Land zurück.

Der vierte Punkt des top-Programms, Wandel der Unternehmenskultur, hat besondere Bedeutung. Er ist sozusagen die Basis für die drei anderen Punkte, also für Produktivität, Innovationen und Wachstum.

Auf den Punkt gebracht geht es darum, die Vorteile des Großunternehmens – seine Finanzkraft, seine technische Leistungsfähigkeit, seine Fähigkeit zur Generierung von Querschnittswissen und anderen Synergien – zu verbinden mit den Vorteilen kleiner Unternehmen – also Flexibilität, Schnelligkeit, geringe Overheads, unmittelbare Kommunikation.

Ein politischer Führer an der Spitze eines erfolgreichen Landes in Südostasien hat einmal mit Blick auf Europa und auf die westlichen Länder insgesamt von den „Newly Decaying Countries" gesprochen – also von den Ländern, die langsam verrotten. Das klingt hart und für europäische Ohren auch arrogant.

Diese Aussage muß sich und darf sich nicht bewahrheiten. Dafür sorgen müssen die Europäer allerdings selbst. Denn die Herausforderungen des Weltmarkts bleiben und werden vermutlich sogar weiter zunehmen. In einem bin ich ganz sicher: Siemens hat dies erkannt. Das Unternehmen wird nicht zurückfallen, sondern sich in der Spitzengruppe der Unternehmen der Elektrotechnik und Elektronik im globalen Wettbewerb erfolgreich schlagen.

Der Standort Deutschland – ein Standort, der verrottet? Auch hier gibt es keinen Grund zum Fatalismus. Aber es gibt Warnungen, und man muß Konsequenzen ziehen. Entschlossener, als das bisher der Fall war.

Es gibt nichts zu verschieben oder hinauszuzögern. Handeln ist gefragt. Ein amerikanisches Sprichwort bringt es auf den Punkt:

„Zukunft – das ist die Zeit, in der Du bereust, daß Du das, was Du heute tun kannst, nicht getan hast."

Eine Zukunft dieser Art darf nicht eintreten.

Deutschland im internationalen Standortwettbewerb

Joachim Funk

Internationale Wettbewerbsfähigkeit von Unternehmen und Standorten

Bis in die achtziger Jahre hinein galt ein günstiges Preis-Leistungsangebot als Voraussetzung für ein Bestehen im internationalen Wettbewerb, der sehr oft auch durch einen aggressiven Verdrängungswettbewerb geprägt war. Den sich auch dadurch verändernden Bedingungen am Markt begegnete man einzelwirtschaftlich am besten mit einer herausragenden technologischen Positionierung.

In der gegenwärtigen Standortdiskussion geht es ebenfalls um die internationale Wettbewerbsfähigkeit – allerdings mit einem anderen Schwerpunkt. Heute ist die Frage nach der internationalen Wettbewerbsfähigkeit an die gesamtwirtschaftliche Ebene adressiert und meint den *Wettbewerb der Produktionsstandorte um mobile Produktionsfaktoren.*

Wenn dieser Aspekt heute dominiert, so hat dies verschiedene Gründe. Zum einen hat sich die *Konkurrenz* um das international mobile Investitionskapital verschärft. Die Transformationsländer *Mittel- und Osteuropas* haben erkannt, daß sie den mühevollen Weg zu Marktwirtschaft und Integration in die internationale Arbeitsteilung nur verkürzen können, wenn sie sich ausländischen Investoren öffnen. Ausländisches Investitionskapital trägt nicht nur zur Reduzierung der Lücke zwischen inländischer Ersparnis und Investitionserfordernissen bei. Mindestens ebenso wichtig ist der damit verbundene Transfer von wirtschaftlichem und technologischem Know-how. Darüber hinaus richten die Schwellenländer *Lateinamerikas* ihre Wirtschaftspolitik immer stärker nach marktwirtschaftlichen Prinzipien aus, wodurch ihre Attraktivität für ausländische Investoren steigt. Aber auch viele *Industrieländer* sind seit Jahren dabei, z.B. über Deregulierungen und Steuersenkungen, ihre Position zu verbessern. Diese Bemühungen zielen nicht nur auf die im Land ansässigen Unternehmen ab, sondern vor allem auf mehr Attraktivität für Investoren von außen.

Bereits zum Ende der siebziger Jahre entstand der Begriff „Eurosklerose". Hinter ihm stand die Auffassung, die unbeweglichen und verkrusteten Strukturen in den europäischen Ländern seien den neuen wettbewerblichen Entwicklungen nicht gewachsen. Schon damals zeigte sich ansatzweise, daß sich die Attraktivität eines Landes als Investitions- und Produktionsstandort im *Wettbewerb mit anderen Ländern* bestimmt.

Die Notwendigkeit zur Schaffung einer angemessenen Standortqualität resultiert noch aus einem weiteren Grund: In einigen Branchen – die Wissenschaft spricht hier von mobilen Schumpeterindustrien – ergibt sich zunehmend die Möglichkeit, die verschiedenen *Produktionsstufen räumlich zu entkoppeln*. Auf diese Weise können die jeweiligen Vorteile – und dabei insbesondere die Kostenvorteile – verschiedener Standorte genutzt werden.

Alle diese Faktoren führen zu einer veränderten Wettbewerbssituation. Im *Standortwettbewerb* sind die *Volkswirtschaften* daher mehr denn je gezwungen, um mobile Produktionsfaktoren für Beschäftigung und Einkommen zu werben. Dabei geht es in erster Linie um Kapital. Einzelne Volkswirtschaften sind gleichsam in der Rolle von Gastwirten, die sich in Konkurrenz mit anderen um zahlende Gäste bemühen müssen, so ein vom Kieler Institut für Weltwirtschaft geprägter Vergleich.

Neben dem natürlich weiter bestehenden unternehmerischen Wettbewerb von Produkten und Dienstleistungen steht daher heute mindestens gleichrangig der Wettbewerb der Produktionsstandorte untereinander. Für die Unternehmen, die an Standorten mit Wettbewerbsnachteilen produzieren, bedeutet das, daß es derzeit und in Zukunft immer weniger um die Absicherung und Gewinnung von Marktanteilen über direkten Export gehen kann, sondern um *gezielte Direktinvestitionen* in den jeweiligen Märkten. Die kapazitive Auslegung dieser Direktinvestitionen in den betreffenden Gastmärkten wird auch davon bestimmt, ob unter Ausnutzung der komparativen Wettbewerbsbedingungen Drittmärkte von diesen Auslandsstandorten bedient werden können.

In Deutschland stellt sich daher für viele international tätige Unternehmen die Aufgabe, die regionale Leistungsverwertung und Leistungserstellung in ein besseres, den weltweiten Wettbewerbsbedingungen entsprechendes Verhältnis zu bringen. Trotz dieser vorgegebenen Entwicklung, d.h. der Internationalisierung der Fertigungsstandorte, werden diese Unternehmen deutsche Unternehmen bleiben. Die Bedingungen am Standort Deutschland werden auch in Zukunft für ein Bestehen am Weltmarkt von wesentlicher Bedeutung sein, weil sie die Voraussetzung bzw. erst die Grundlage schaffen, um sich im Ausland erfolgreich betätigen zu können.

Gewiß ist aber auch, daß sich die bisherige Struktur zwischen In- und Auslandsinvestitionen deutlich zugunsten des Auslandes verschieben wird. Die Geschwindigkeit dieses Umstrukturierungsprozesses wird sich substantiell verstärken, wenn die Wettbewerbsbedingungen an diesem Standort in Zukunft nicht grundlegend verbessert werden.

Über die Richtung, in die wir gehen müssen, wird es keinen Dissens geben. Wir können Neues nicht gewinnen, solange wir an Altem festhalten oder uns

nicht ausreichend von ihm lösen. Von dieser Einsicht sind wir aber in der
ökonomischen Wirklichkeit noch weit entfernt.

- Die *Deregulierung in der Telekommunikation* hat lehrbuchhaft vorgeführt,
  wie der Wettbewerb neue Märkte, Produkte und Dienstleistungen, zusätzliche Arbeitsplätze und Einkommen entstehen läßt. Dieses Beispiel hat
  noch zu wenig Schule gemacht, wie auch die heftigen Debatten um nur
  marginale Änderungen der Ladenöffnungszeiten zeigt.
- Dringend mehr *Flexibilität ist am Arbeitsmarkt notwendig.* Die Wider-
  stände gegen eine flexiblere Gestaltung der Flächentarifverträge sind nach
  wie vor hoch. Betriebsvereinbarungen zwischen Unternehmensleitungen
  und Belegschaften zur Standortsicherung müssen durch die stärkere Anwendung von Öffnungsklauseln in den Tarifverträgen auf eine solide
  rechtliche Grundlage gestellt werden.
- Wir können uns bis heute nicht zu wirklich einschneidenden *Steuerent-
  lastungen* durchringen, weil uns offenbar die Kraft fehlt, notwendige Kür-
  zungen der Subventionen politisch durchzusetzen. Dies irritiert um so
  mehr, da beispielsweise 1993 rund 40% aller Subventionen auf die Er-
  haltung unrentabler Produktionen entfielen. In Westdeutschland wurden
  1993 sogar 64% der Subventionen strukturkonservierend verwandt. Dies
  führt zu einer Verkrustung alter Strukturen.

Solchen oder ähnlichen Hinweisen stehen in der Standortdiskussion die
Exporterfolge der deutschen Wirtschaft gegenüber. Von Jahr zu Jahr zunehmende Handels- und Leistungsbilanzüberschüsse kennzeichneten lange Zeit
die Außenposition der Bundesrepublik. Erst seit 1990 weist der Leistungsbilanzsaldo ein negatives Vorzeichen auf. Der Überschuß in der Handelsbilanz nahm zeitweise zwar deutlich ab, ein Defizit stellte sich freilich nie ein.
Zudem ist die Tendenz seit 1992 wieder deutlich nach oben gerichtet.

Dadurch könnte der Eindruck entstehen, daß es um die Standortqualität
und Wettbewerbsfähigkeit Deutschlands so schlecht nicht bestellt sein kann.

Diese Sichtweise greift zu kurz. Denn ein positiver Leistungsbilanzsaldo
geht mit einem Nettoexport von Kapital einher. Der Nettokapitalexport kann
den Abfluß heimischer Ersparnisse einschließen, die nur deshalb nicht im
Inland investiert werden, weil es sich unter den gegebenen Standortbedingungen nicht rechnet.

Das Leistungsbilanzdefizit seit 1990, mit dem ein Nettozufluß ausländischen Kapitals verbunden ist, darf allerdings ebensowenig als Zeichen günstiger, womöglich besserer Rahmenbedingungen für Investitionen in
Deutschland gewertet werden. Denn entscheidend ist die Verwendung des
zufließenden Kapitals. Der größte Teil des Nettokapitalimports wurde seit
1990 vom Staat absorbiert. Zeitweilig war der öffentliche Nettokapitalimport
sogar höher als der gesamtwirtschaftliche, weil der private Sektor zur glei-

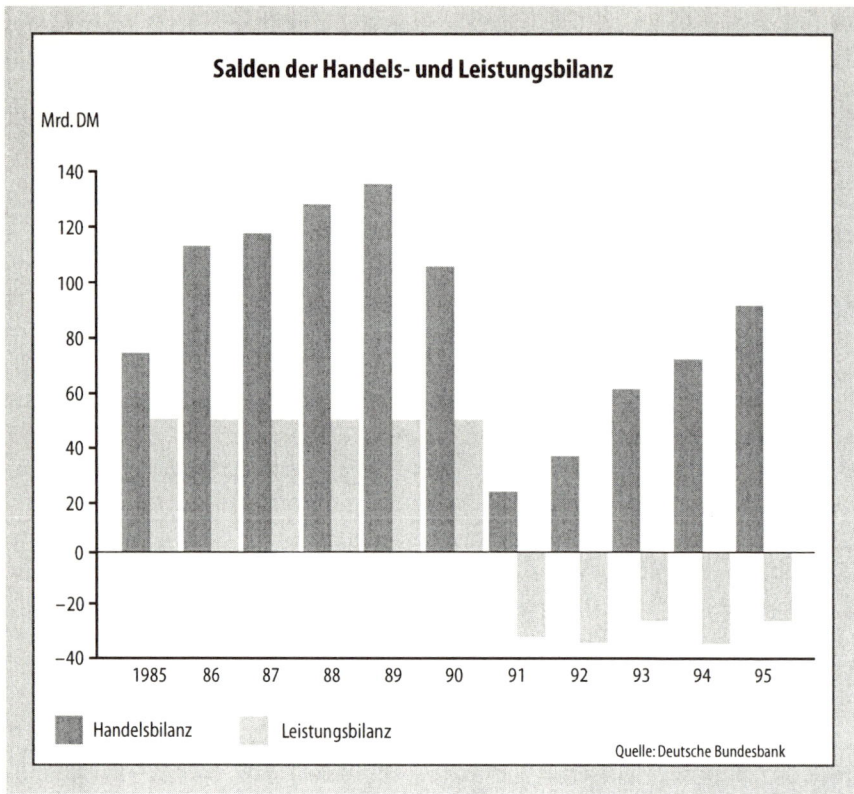

Salden der Handels- und Leistungsbilanz

Mrd. DM

■ Handelsbilanz   ▢ Leistungsbilanz

Quelle: Deutsche Bundesbank

chen Zeit per Saldo Kapital exportierte. Die im Ausland aufgenommenen Mittel dienten dabei kaum zur Finanzierung zusätzlicher öffentlicher Investitionen, denn die haben sich im Zuge der Vereinigung nur wenig erhöht.

Im Vordergrund stand vielmehr die konsumtive Verwendung, d.h. die Finanzierung von Transfers in die neuen Länder. Die Bereitschaft ausländischer Investoren zur Mittelanlage in Deutschland war zudem nur durch einen kräftigen Zinsanstieg zu erkaufen. Die Kapitalmarktzinsen stiegen von 6,5% Ende der achtziger Jahre auf über 8,5% im Durchschnitt der Jahre 1990 bis 1992. Dieser Zinsanstieg hat die Rezession 1992/93 nach dem Abflauen des Wiedervereinigungsbooms maßgeblich verschärft: Von ihrem Höhepunkt Anfang 1991 sanken die zinsreagiblen Ausrüstungsinvestitionen bis Mitte 1993 um 20%. Dies übertraf deutlich den Rückgang in der Rezession Anfang der achtziger Jahre, als die Ausrüstungsinvestitionen nur um vergleichweise moderate 15% fielen.

Einen ersten Hinweis auf die aktuelle Position Deutschlands im internationalen Standortwettbewerb liefert das Investitionsverhalten nicht-europäischer Unternehmen. Wenn sie sich in der Europäischen Union ansiedeln, so tun sie dies, wie im einzelnen weiter unten auszuführen sein wird, kaum in

Deutschland, sondern in unseren Nachbarländern. US-amerikanische Unternehmen investierten 1995 weltweit 90,6 Mrd. USD, davon 53,5 Mrd. USD in Europa. Gerade einmal 3,4 Mrd. USD, d.h. nur 6,3 Prozent der europäischen Direktinvestitionen amerikanischer Unternehmen, fanden in Deutschland statt. Damit rangiert Deutschland weit abgeschlagen hinter den Niederlanden (12,3 Mrd.), Schweden (9,6 Mrd.) und Großbritannien (8,7 Mrd.) USD. Selbst Belgien war attraktiver (3,6 Mrd. USD).

Zur Begründung der darin offensichtlich zum Ausdruck kommenden bedingten Attraktivität des Wirtschaftsstandortes will ich im folgenden einzelne Standortfaktoren und Rahmenbedingungen kritisch beleuchten: Faktoren, von denen angenommen werden kann, daß Investoren sie bei ihrer Standortwahl berücksichtigen. Es geht um eine – gewiß nicht vollständige – Abschätzung der Gegebenheiten am Standort Deutschland. Unternehmerische Handlungsalternativen als Antwort auf diese gegebenen Rahmenbedingungen behandele ich anschließend.

Bedeutende Standortfaktoren

Als wichtiger Standortfaktor gilt das *Produktivitätsniveau* eines Landes. Gemessen an der Bruttowertschöpfung je Beschäftigtenstunde ist das deutsche Produktivitätsniveau eines der höchsten der Welt – ein entscheidender Standortvorteil? Nicht unbedingt: Denn es gilt zu berücksichtigen, daß internationale Produktivitätsvergleiche durch die jeweiligen Wechselkursrelationen beeinflußt werden. Werden die Produktionsleistungen dagegen über Kaufkraftparitäten bewertet, um Wechselkursverzerrungen auszuschließen, so ändert sich das Bild deutlich: Die USA, Italien und auch Großbritannien rücken deutlich nach vorne und weisen teilweise ein höheres Produktivitätsniveau als Deutschland auf.

Es ist den deutschen Unternehmen in den vergangenen Jahren zwar gelungen, ihre Produktivität weiter zu verbessern. Ein Teil der erreichten Fortschritte ist allerdings darauf zurückzuführen, daß verstärkt Arbeitskräfte mit unterdurchschnittlicher Produktivität freigesetzt wurden. Eine Analyse auf Nationalwährungsbasis zeigt zudem, daß wichtige Konkurrenzländer bereits seit geraumer Zeit deutlich höhere *Produktivitätsfortschritte* als Deutschland erzielen.

Dies gilt insbesondere für einige europäische Konkurrenten wie Spanien und Großbritannien. Es ist daher absehbar, daß sich die Position Deutschlands im Niveauvergleich weiter verschlechtern wird.

Die Schlußfolgerung aus den Produktivitätsvergleichen ist folgende: Das Produktivitätsniveau ist bei uns hoch und ohne Frage als einer der positiven Standortfaktoren zu sehen. Allerdings haben wir im internationalen Vergleich substantiell an Boden verloren. Zudem ist zu berücksichtigen, daß ein

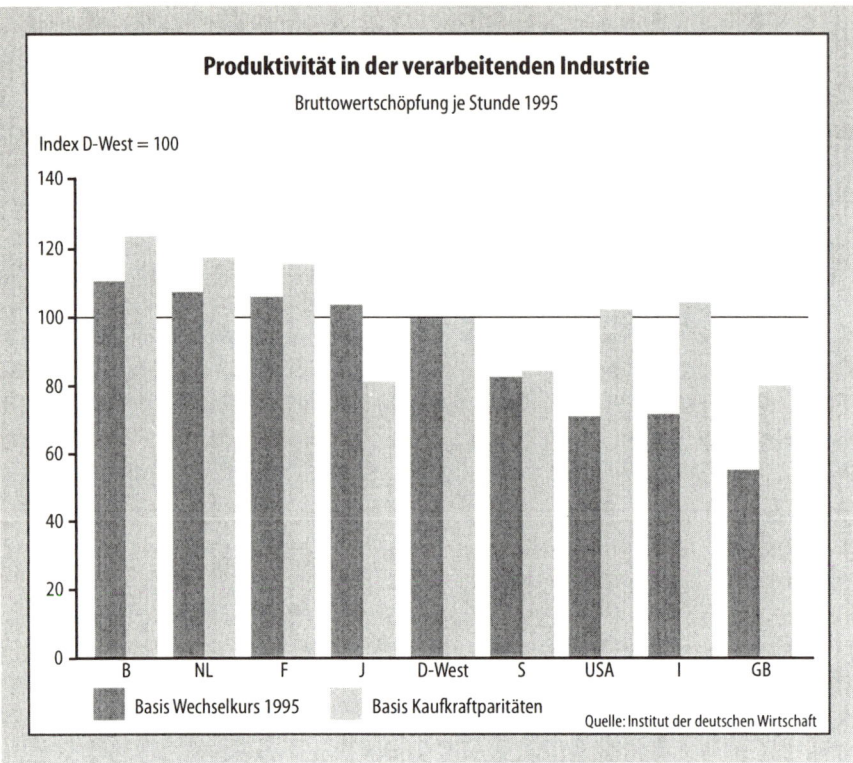

Produktivität in der verarbeitenden Industrie

Bruttowertschöpfung je Stunde 1995

Index D-West = 100

Basis Wechselkurs 1995   Basis Kaufkraftparitäten

Quelle: Institut der deutschen Wirtschaft

hohes Produktivitätsniveau nur solange gehalten werden kann, wie es vom Weltmarkt über den Preis akzeptiert wird. Hier sind Fragezeichen gesetzt.

Zu unseren positiven Standortfaktoren wird in aller Regel das hohe *Qualifizierungsniveau* der Beschäftigten und damit das Ausbildungssystem gezählt. Das duale Berufsausbildungssystem, das weltweit einen guten Ruf genießt, ist aber mittlerweile nicht mehr unumstritten. Die Beteiligung verschiedener gesellschaftlicher Gruppen und Institutionen an der Regulierung und Überwachung der beruflichen Bildung verleiht dem System zwar Stabilität. Es ist aber zu fragen, ob die notwendige Flexibilität vorhanden ist, um den sich immer rascher ändernden Anpassungserfordernissen durch die Gestaltung der Lerninhalte und durch die Schaffung neuer Ausbildungsgänge zu entsprechen. In der universitären Ausbildung gelingt der Brückenschlag zur Praxis zudem nur selten. Ein Indiz für Handlungsbedarf in diesem Bereich ist die schwindende Attraktivität der deutschen Hochschulen auf Gaststudenten aus Ländern der asiatisch-pazifischen Wachstumsregionen. Dies ist deswegen mißlich, weil Auslandsstudenten in ihren Heimatländern häufig in führende Positionen gelangen und damit Wegbereiter für Unternehmen ihres Gastlandes werden können. Auch Hochschulen stehen im

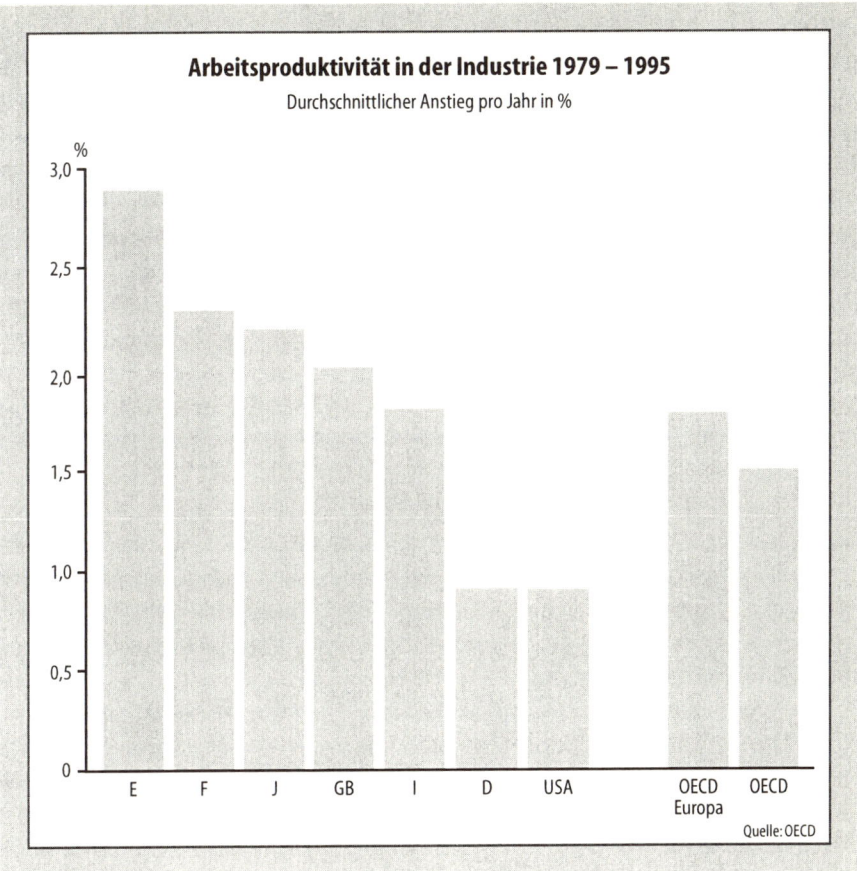

internationalen Standortwettbewerb, ein Aspekt, der nicht unterschätzt werden sollte.

Einen weiteren Pluspunkt stellt die vorhandene *Infrastruktur* dar, die aber z.B. im Verkehr an Grenzen stößt. In der Kommunikation machen wir uns daran, diese Grenzen auszuweiten. Nur: Andere sind uns da schon voraus.

Deutschland kann auf ein im internationalen Vergleich respektables *F&E-Potential* setzen. Auch das Ergebnis der Forschungs- und Entwicklungsaufwendungen ist gemessen an den Patentaktivitäten gut. Mit Japan liegen wir im Aufwand (gemessen am Anteil der F&E-Ausgaben am Bruttosozialprodukt) relativ gleichauf, wenden aber absolut gesehen wesentlich weniger Mittel auf. Dies gilt natürlich in noch wesentlich stärkerem Maße auch im Blick auf die USA.

Der *soziale Konsens*, d.h. die auf Kooperation und nicht auf Konfrontation angelegten Beziehungen zwischen den Interessengruppen, wurde in der Bilanz der Standortfaktoren lange Zeit zu Recht auf der Habenseite verbucht.

All dies läßt sich nicht wegdiskutieren, wenngleich in anderen Ländern die Streikbereitschaft und -häufigkeit oder der Absentismus erheblich nachließen und sich so bisherige Standortvorteile verminderten. Zudem zeigt sich immer stärker die Kehrseite der Konsensgesellschaft, in der dringend gebotene Veränderungen nicht als notwendig verstanden und daher auch nicht mit dem notwendigen Tempo umgesetzt werden können. Ausländische Beobachter raten uns deshalb, die Fähigkeit zu qualitativem Konflikt wieder zu entdecken, die früher die Ordnungspolitik unter Ludwig Erhard prägte.

Aus Sicht vieler Investoren ist der *Preis des weitgehend immobilen Produktionsfaktors Arbeit* ein wesentlicher Standortfaktor. Internationale *Arbeitskostenvergleiche* weisen Westdeutschland seit langem an der Spitze aus. Auch in Ostdeutschland sorgt der Aufholprozeß bei den Löhnen dafür, daß der Produktionsfaktor Arbeit dort mittlerweile teurer als in vielen unserer europäischen Nachbarländer ist.

Eine Aufspaltung der Arbeitskosten in *Direktentgelt* und *Zusatzkosten* zeigt zudem, daß in Deutschland der höchste Betrag auf den ausgezahlten Lohn zugeschlagen wird. Dies sind vor allem die Arbeitgeberbeiträge zur Sozialversicherung, die Lohnfortzahlung im Krankheitsfall, Zahlungen für Urlaub und Urlaubsgeld, vermögenswirksame Leistungen und andere betriebliche Sozialleistungen.

Die Lohnzusatzkosten sind bislang weit schneller angestiegen als die Löhne. Im letzten Vierteljahrhundert nahmen die Belastungen durch Sozialversicherungsbeiträge doppelt so stark zu wie das Direktentgelt für geleistete Arbeit. An den gesamten Arbeitskosten haben die Personalzusatzkosten mittlerweile einen Anteil von knapp 45 Prozent. Dabei beruhigt es nicht, daß andere Länder, so etwa Frankreich und Italien, aber auch Österreich und Schweden, zum Teil noch höhere Quoten aufweisen.

Beunruhigend ist vielmehr, daß die Beschäftigten die Personalzusatzkosten nicht als Bestandteil ihres Arbeitsentgelts empfinden. Dieser Mangel an Transparenz ist bedenklich, denn jede Erhöhung der Lohnnebenkosten schränkt den Spielraum für Erhöhungen des Direktentgelts ein – ein zwingender Zusammenhang, der durchweg nicht gesehen wird.

Eine Senkung der Lohnzusatzkosten ist auch unter Beschäftigungsaspekten angeraten. So deuten ökonometrische Untersuchungen darauf hin, daß die Arbeitslosigkeit durch eine Reduzierung der Abgabenlast deutlich zurückgeführt werden kann. Die Mitte September im Bundestag verabschiedeten Gesetze zur Reduzierung der Lohnnebenkosten zeigen, daß sich endlich zumindest ein Problembewußtsein entwickelt.

Hohe Arbeitskosten sind für sich genommen kein ausreichender Beleg für eine Standortschwäche. Sie können auch Zeichen einer Standortstärke sein und zwar dann, wenn sie durch eine entsprechend hohe Arbeitsproduktivität gedeckt sind. Daß das deutsche Produktivitätsniveau diesen Kompensations-

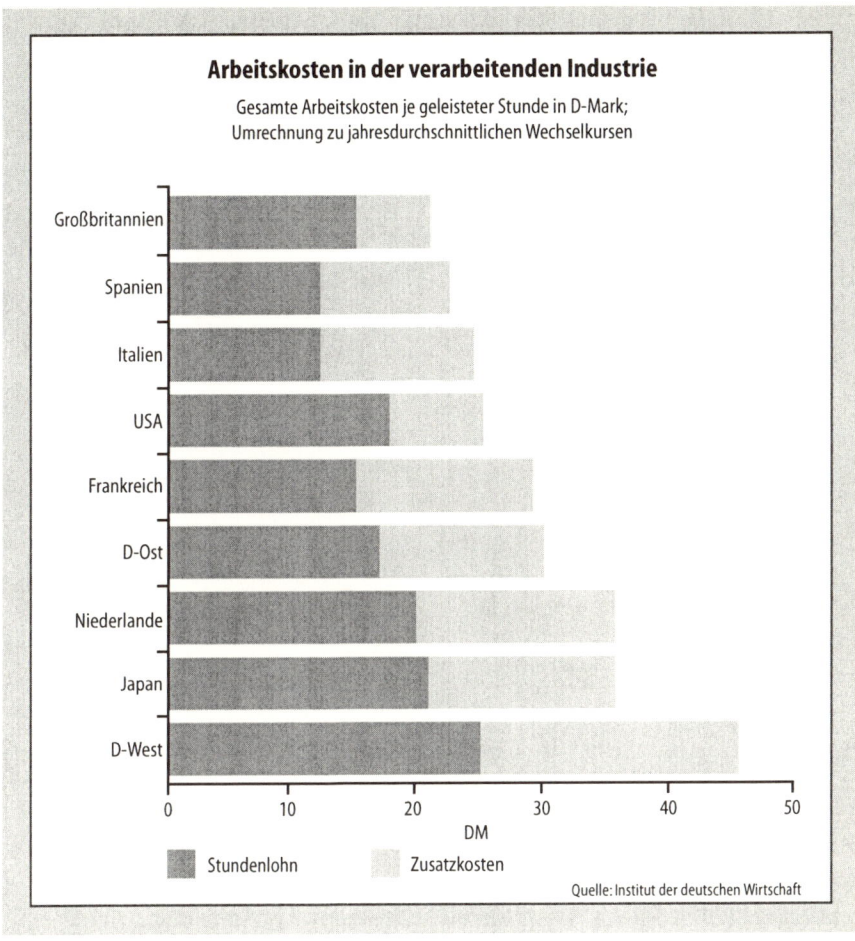

effekt immer weniger zu leisten vermag, wurde bereits zuvor verdeutlicht. Ihren Niederschlag finden Produktivität und Arbeitskosten in den *Lohnstückkosten*.

In allen hier betrachteten Ländern nahmen die Arbeitskosten im Zeitraum 1989 bis 1995 stärker als die Produktivität zu. Die Lohnstückkosten sind mithin zum Teil deutlich gestiegen. Westdeutschland belegt mit einem Zuwachs von 17,8 Prozent einen Platz im unteren Mittelfeld. Für internationale Vergleiche ist aber die Umrechnung in eine gemeinsame Währung erforderlich. Denn neben der inländischen Lohnkosten- und Produktivitätsentwicklung beeinflussen die Wechselkursänderungen die Lohnkostenposition. Dies zeigt sich ausgeprägt im Fall Deutschland. Die verhältnismäßig moderaten Lohnstückkostensteigerungen bei uns wurden durch die Aufwertung der D-Mark wesentlich verstärkt.

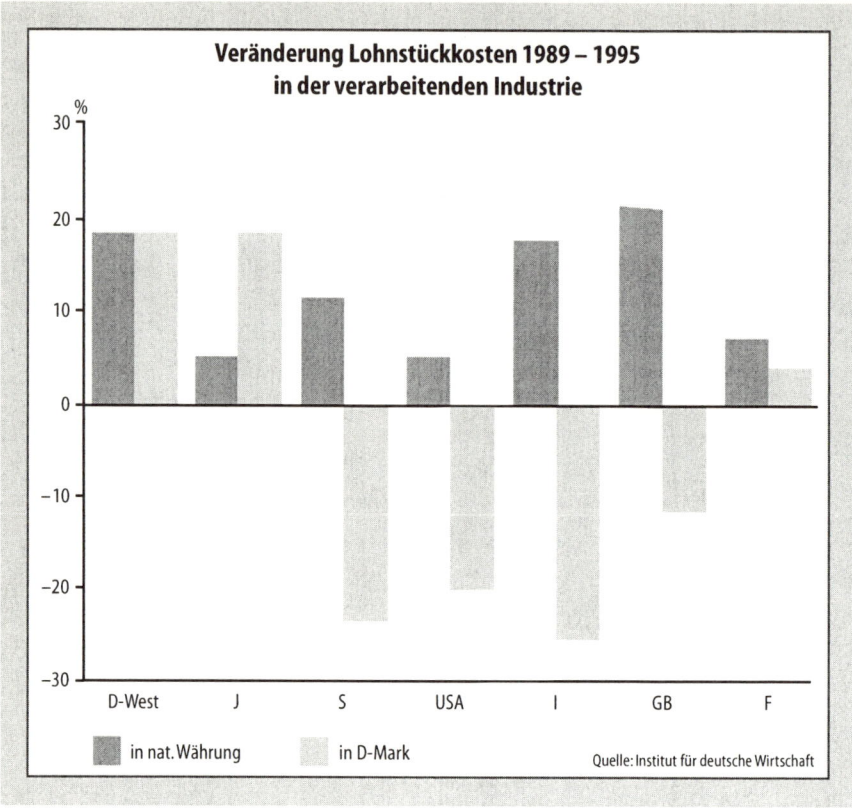

Der Kostennachteil gegenüber wichtigen Konkurrenzländern beträgt bis zu 20 Prozent. Zwar sind in eine einheitliche Währung umgerechnete Lohnstückkosten kein reiner Arbeitskostenindikator. Dies ändert aber nichts an der Tatsache, daß die wechselkursbereinigten Lohnstückkosten im internationalen Wettbewerb „verdient" werden müssen.

Neben dem Preis des Produktionsfaktors Arbeit spielt auch dessen *zeitliche Verfügbarkeit* im internationalen Standortvergleich eine Rolle. Die effektive Jahresarbeitszeit am Standort Deutschland hat von 1980 bis 1995 um 184 Stunden auf 1534 Stunden abgenommen. Dies wiegt um so schwerer, wenn der Arbeitseinsatz nicht mit der erforderlichen Flexibilität an die jeweilige Nachfrage- und Beschäftigungslage in den Unternehmen angepaßt werden kann. Häufig ergeben sich Probleme bei der Überbrückung von zeitlich befristeten Spitzenbelastungen in den Fertigungen, die dann durch entsprechende Mehrarbeit mit hohen Überstundenzuschlägen bewältigt werden müssen.

Wenn die fehlende Arbeitszeitflexibilität einer Erhöhung der *Maschinenlaufzeiten* entgegensteht, steigen die Kapitalkosten je Produkteinheit.

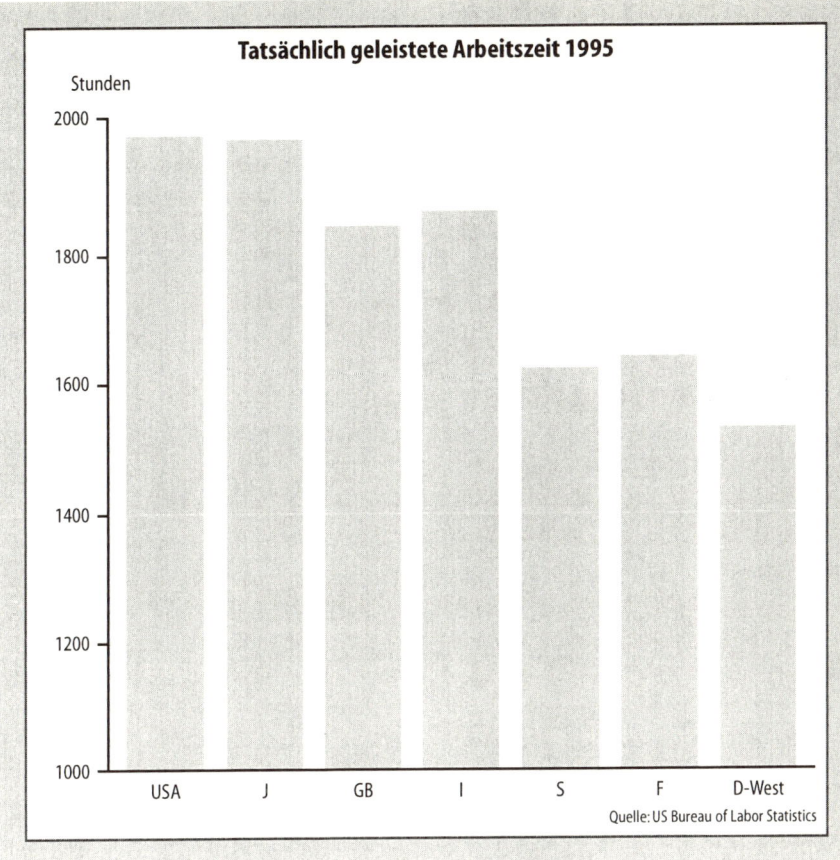

Tatsächlich geleistete Arbeitszeit 1995

Stunden

Quelle: US Bureau of Labor Statistics

Eine Erhöhung der Produktionskapazität kann durch eine Ausweitung der Maschinenlaufzeiten – bedingt durch unbefriedigende Arbeitszeitregelung – kaum bewerkstelligt werden. Vielmehr bedarf es dazu der Ausweitung des betrieblichen Maschinen- und Anlagenparks.

Dies schlägt sich in einer höheren Kapitalintensität in der deutschen Industrie im Vergleich zum Ausland nieder. Die wenigen Untersuchungen, die zu diesem Thema angestellt worden sind, stützen den Zusammenhang. So produzierte die deutsche Automobilindustrie 1992 mit einer um 15 Prozent höheren Kapitalintensität als die US-amerikanische Konkurrenz.

In der Rezession hat dies fatale Folgen: Es kommt zu einem drastischen Anstieg der Leerkosten, mit der Konsequenz, daß die Investitionstätigkeit übermäßig stark eingeschränkt wird, stärker jedenfalls als wenn die Anpassung an die geringere Nachfrage durch eine zeitliche Anpassung der Maschinenlaufzeiten vollzogen werden könnte.

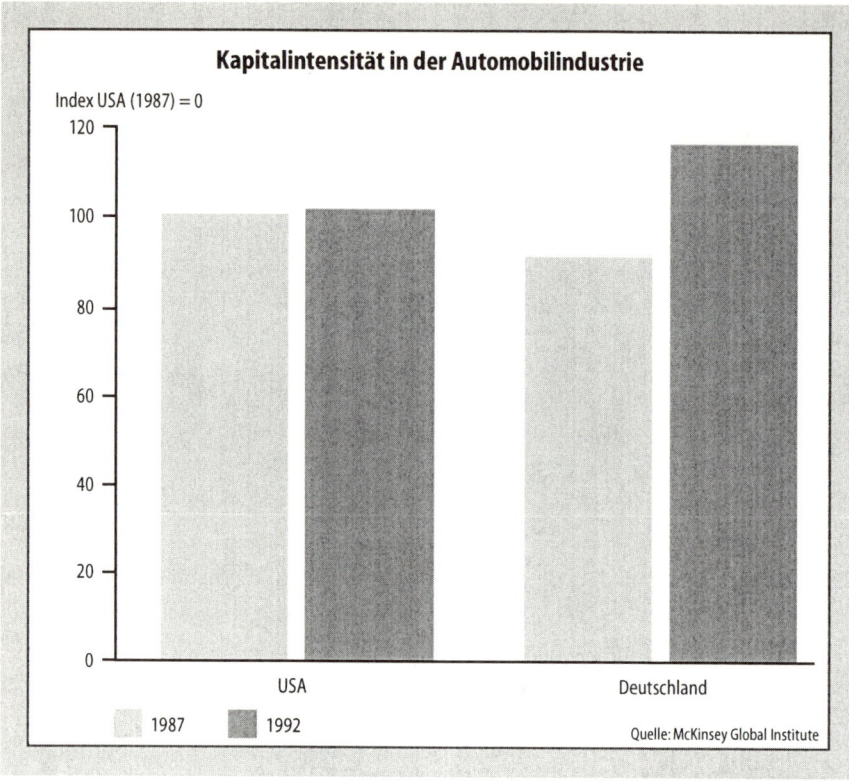

Kapitalintensität in der Automobilindustrie

Index USA (1987) = 0

USA   Deutschland

1987   1992

Quelle: McKinsey Global Institute

Die Vermutung ist berechtigt, daß die in Deutschland im Vergleich zu den USA über die Konjunkturzyklen hinweg stärkeren Schwankungen der Investitionen in einzelnen Branchen, aber auch in der gesamten Industrie, unter anderem auf deutlich kürzere Arbeits- und damit Maschinenlaufzeiten zurückzuführen ist.

Eine Entkoppelung individueller Arbeits- von den betrieblich erforderlichen Maschinenlaufzeiten ist deshalb nicht nur zur Verringerung der Anlageintensität erforderlich, sondern auch für die Verstetigung des gesamtwirtschaftlichen Investitionsverhaltens wünschenswert.

In Bezug auf die Flexibilisierung der Arbeitszeiten ist in jüngster Zeit einiges geschehen. Produktion und Arbeitsplätze am Standort Deutschland konnten dadurch gesichert werden. Diese Flexibilisierungsanstrengungen müssen ausgeweitet werden, da sie durch die Verlängerung und auch durch die an die jeweilige Beschäftigungslage angepaßten Maschinenlaufzeiten zu einer verbesserten Kostensituation der Unternehmen beitragen.

Umständliche staatliche *Genehmigungsverfahren* führen im internationalen Vergleich zu einem weiteren Standortnachteil. Die Genehmigungsdauer für Industrieanlagen ist im Durchschnitt vier Monate länger als im übrigen Europa.

Verfahren mit einer Dauer von 20 Monaten und mehr sind keine Seltenheit. Will ein Unternehmen zum Beispiel ein neues Produktionsverfahren einführen, so müssen nach geltendem Recht sämtliche Unterlagen vollständig sein, bevor die Genehmigungsprüfung beginnt. Dies führt zu unnötigen Verzögerungen, da durch häufige Nachforderungen wertvolle Zeit verstreicht, ohne daß mit einer Teilprüfung von Genehmigungsvoraussetzungen begonnen werden kann.

Häufig geht auf diesem Wege zeitlicher Vorsprung gegenüber der ausländischen Konkurrenz verloren. Es ist anzuerkennen, daß die Politik dieses Problem erkannt hat. Auf der Grundlage von Empfehlungen einer Experten-Kommission hat die Bundesregierung Anfang 1996 mehrere Gesetzesentwürfe verabschiedet, die darauf zielen, die Dauer von Planungs- und Genehmigungsverfahren zu verkürzen.

Im Zusammenhang mit den im internationalen Vergleich langen Genehmigungszeiten muß auch die Belastung mit *Umweltschutzausgaben* genannt

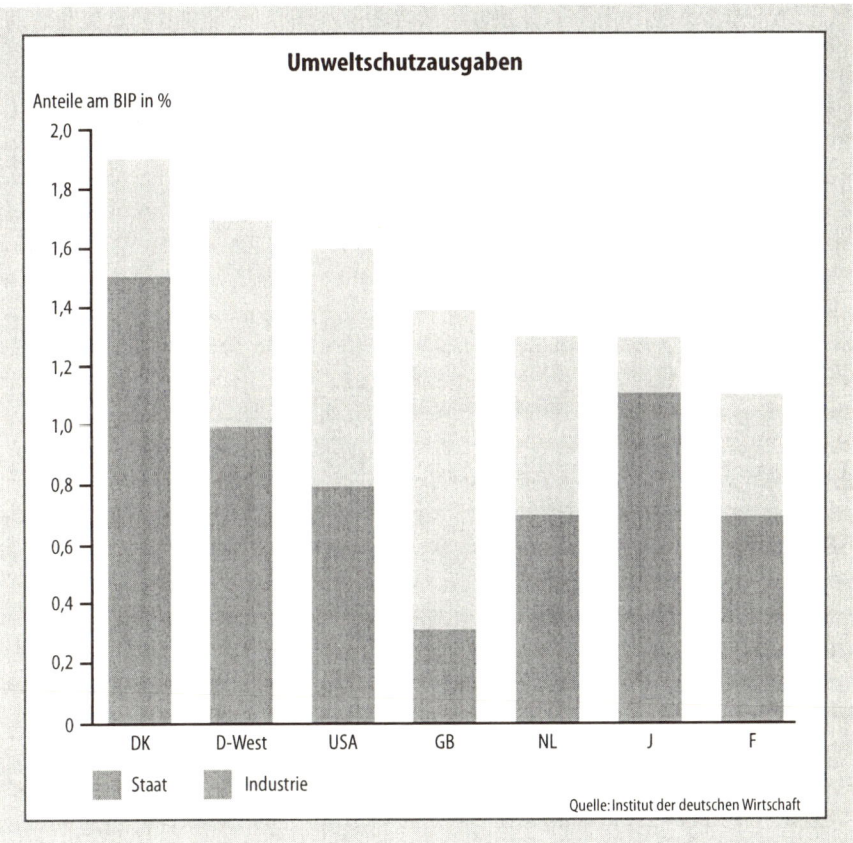

werden. Sie liegen in Deutschland bei 1,7% des Bruttoinlandsprodukts. Dabei ist im Gegensatz zu vielen anderen Ländern eine kontinuierliche Steigerung der Unternehmensbelastung bei gleichzeitigem „Rückzug" des Staates zu beobachten. Gleichwohl macht es ökonomisch und auch ökologisch Sinn, die Umweltkosten den Unternehmen anzulasten, wenn sie Verursacher der Belastung der Umwelt sind. Im weltweiten Wettbewerb ergeben sich freilich dann preisliche Nachteile, wenn in anderen Ländern weniger strenge Umweltvorschriften gelten – obwohl sie aus ökologischer Sicht dort ebenso notwendig wären. Derzeit schlägt durch, daß der von der deutschen Industrie zu tragende Aufwand deutlich über dem Niveau wichtiger Wettbewerberländer liegt. Diese Vorlaufkosten können wir uns nur zeitlich befristet leisten und auch nur dann, wenn die anderen Industrienationen schnell nachziehen.

Durch strenge Umweltschutzvorschriften entstehen nun nicht nur Anreize zur Reduzierung der Umweltbelastung, sondern auch zur Innovation in Umwelttechnik. Allerdings gilt nicht nur für die Umweltschutztechnologie, daß auch Spitzentechnik vom Kunden häufig nur zu Niedrigpreisen akzeptiert wird. Somit wirken sich die preistreibenden deutschen Standortbedingungen wettbewerbsnachteilig aus.

Für die Standortattraktivität ist es zudem nicht förderlich, wenn die Unternehmen immer mehr Aufgaben übernehmen müssen, die von der Sache her genuine Staatsaufgaben sind. Die *Kosten staatlicher Bürokratieüberwälzung* auf die Wirtschaft belaufen sich nach vorsichtigen Schätzungen auf 10,5 Mrd. DM. Erst jüngst wurde den Unternehmen mit dem Jahressteuergesetz 1995 die Auszahlung des Kindergeldes übertragen: Eine staatliche Aufgabe, die seither unentgeltlich von den Unternehmen zu übernehmen ist. So sehr die Bemühungen zur Kostendisziplin im Bereich der öffentlichen Verwaltungen zu begrüßen sind, sie bleiben Scheinlösungen, wenn die Lasten statt dessen von den Unternehmen getragen werden müssen.

Die Höhe der *Unternehmenssteuern* ist im Bündel der Standortfaktoren eine weitere wichtige Facette. Empirische Untersuchungen, wie etwa die regelmäßig vom Münchener IFO-Institut durchgeführten Befragungen zur Standortqualität, bestätigen den hohen Stellenwert der Unternehmensbesteuerung.

Eine besondere Bedeutung hat dabei die standortbedingte Belastung von Investitionen mit *ertragsunabhängigen Steuern*. In Deutschland ist die Belastung des im Unternehmen investierten Vermögens im internationalen Vergleich hoch. Eine Entlastung ist aus der Abschaffung der Vermögensteuer und der Gewerbekapitalsteuer zu erwarten, wenn sie im Jahressteuergesetz 1997 durchgesetzt wird.

Je höher die ertragsunabhängigen Substanzsteuern sind, um so größer ist der Teil des Bruttogewinns, den sie bei einer rückläufigen Rendite eines

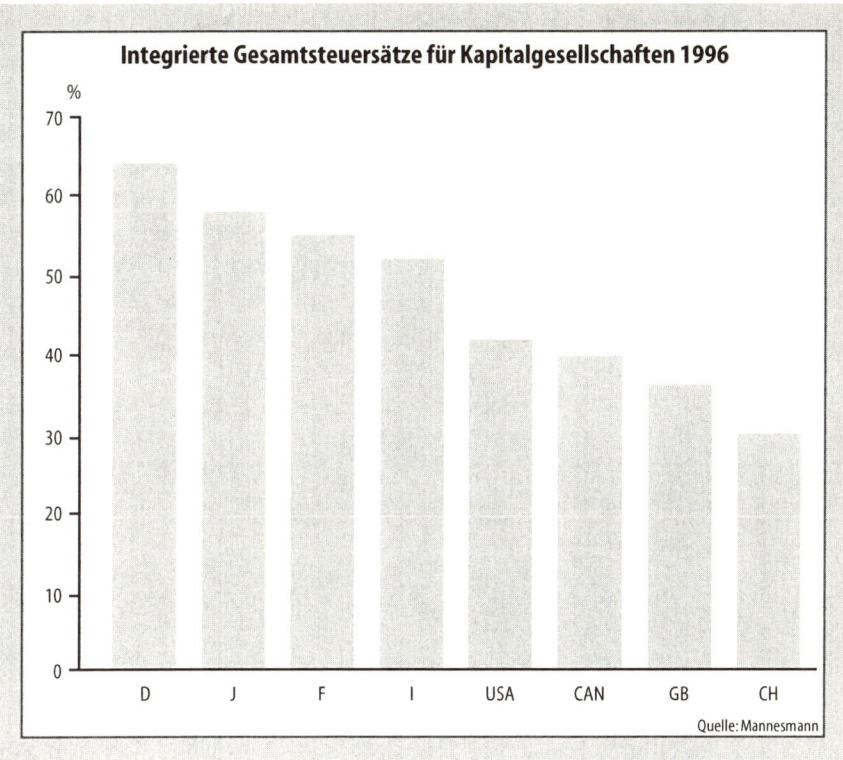

Integrierte Gesamtsteuersätze für Kapitalgesellschaften 1996

Quelle: Mannesmann

Investitionsprojekts vereinnahmen. Darüber hinaus stellen sie eine weitere Belastung gerade in der naturgemäß schwierigen Anlaufphase von Investitionsprojekten dar, da sie die Zeitphase der Amortisation eingesetzter Mittel verlängern.

Aber auch die Höhe der *gewinnabhängigen Steuern* ist von großer Bedeutung. Denn sie verringern die den Unternehmen letztendlich zur Verfügung stehenden internen Finanzierungsressourcen. Die sind aber dringend notwendig, um aus der Thesaurierung mit eigener Finanzkraft notwendige Investitionen vornehmen zu können.

Mit dem Solidaritätszuschlag liegt die Gesamtsteuerbelastung für deutsche Kapitalgesellschaften bei 64 Prozent. In wichtigen Wettbewerberländern wie Großbritannien ist die Steuerbelastung um annähernd 30 Prozentpunkte niedriger. Diese Länder haben die Bedeutung der Besteuerung als Standortfaktor erkannt. Sie sorgten für entsprechende Entlastungen, um Investitionsanreize zu schaffen.

Internationale Steuerbelastungsvergleiche sind ohne Berücksichtigung der *Steuerbemessungsbasis* selbstverständlich unvollständig. Aber auch unter Einbeziehung der steuerlichen Bemessungsgrundlagen bleibt die Belastung

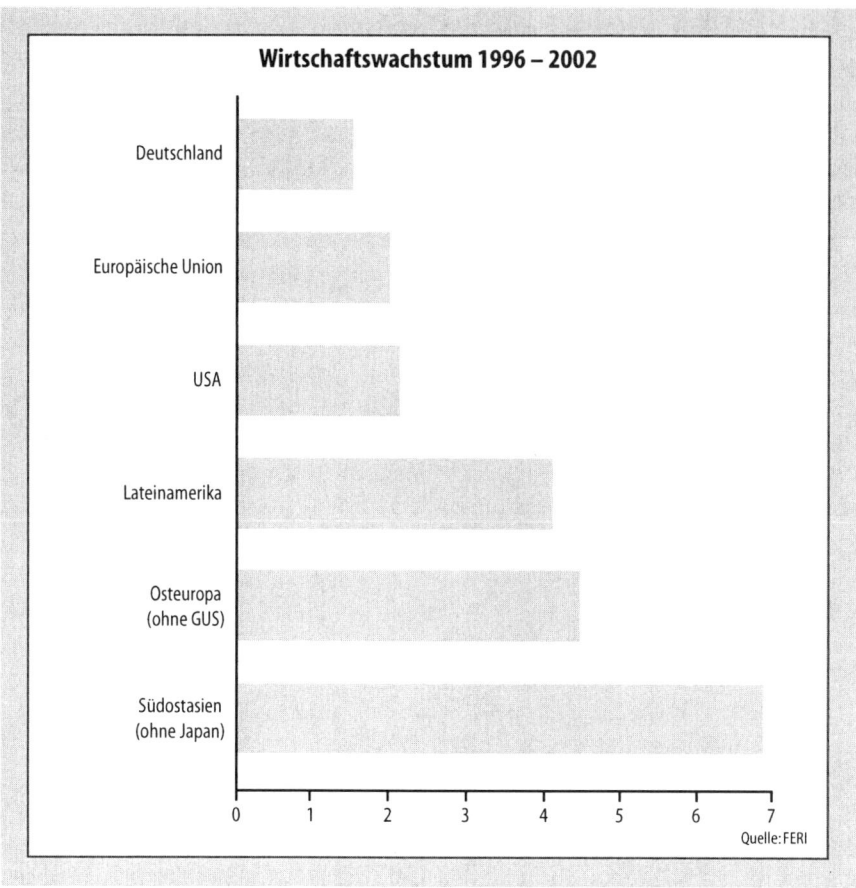

Wirtschaftswachstum 1996 – 2002

Deutschland

Europäische Union

USA

Lateinamerika

Osteuropa
(ohne GUS)

Südostasien
(ohne Japan)

0   1   2   3   4   5   6   7

Quelle: FERI

in Deutschland im internationalen Vergleich außerordentlich hoch. Zudem ist verständlich, daß Investoren bereits durch hohe Steuersätze abgeschreckt sind und die Bemessungsgrundlage garnicht mehr ins Kalkül einbeziehen.

In diesem Zusammenhang muß noch auf eine den weltwirtschaftlichen Rahmenbedingungen nicht entsprechende Regelung im Zusammenhang mit der Besteuerung von im Ausland erzielten und versteuerten Erträgen hingewiesen werden. Seit 1994 können diese Erträge ohne Doppelbesteuerung an inländische Anteilseigner, soweit es sich um Kapitalgesellschaften handelt, weitergeschüttet werden. Für die Weiterschüttung an natürliche Personen gilt diese Regelung allerdings nicht. Die Auslandserträge unterliegen damit unverändert der Doppelbesteuerung, da neben den Gewinnsteuern im Ausland weiterhin die uneingeschränkte Einkommensteuer im Inland erhoben wird.

Der Anteil der Auslandserträge deutscher Kapitalgesellschaften wird bei zunehmender Internationalisierung weiter steigen. Denn nicht nur in den Schwellenländern Südostasiens, Osteuropas und Lateinamerikas wird das

Wachstum stärker als im Inland ausfallen, sondern auch in den USA und in vielen EU-Ländern.

Um diese Wachstumsmärkte zu erschließen, ist zunehmend die Präsenz vor Ort mit Vertriebs- und Produktionsstätten erforderlich. Die steuerliche Doppelbelastung der im Ausland erwirtschafteten Erträge muß deshalb dringend beseitigt werden. Sonst droht die Gefahr, daß sich die Kapitalmarktfähigkeit deutscher Kapitalgesellschaften weiter verschlechtert.

Die Benennung der Standortnachteile wäre unvollständig, ohne auf Gegebenheiten hinzuweisen, die sich nicht in Zahlen fassen lassen. Es geht hier um das bei uns weite Feld der *arbeitsrechtlichen Bestimmungen*. Die darunter zu fassenden Regelungen machen in einem Sozialstaat – zu dem wir uns bekennen, wenn er bezahlbar ist – ihren Sinn, aber sie sind auch teuer und engen den unternehmerischen Handlungsspielraum ein. Zudem schlagen sie, wenn auch kaum in Zeiten guter Konjunktur und hoher Beschäftigung, sehr oft auf die vermeintlich Begünstigten zurück. Der zusätzliche Druck zur Rationalisierung, der hierdurch ausgelöst wird, darf nicht unterschätzt werden.

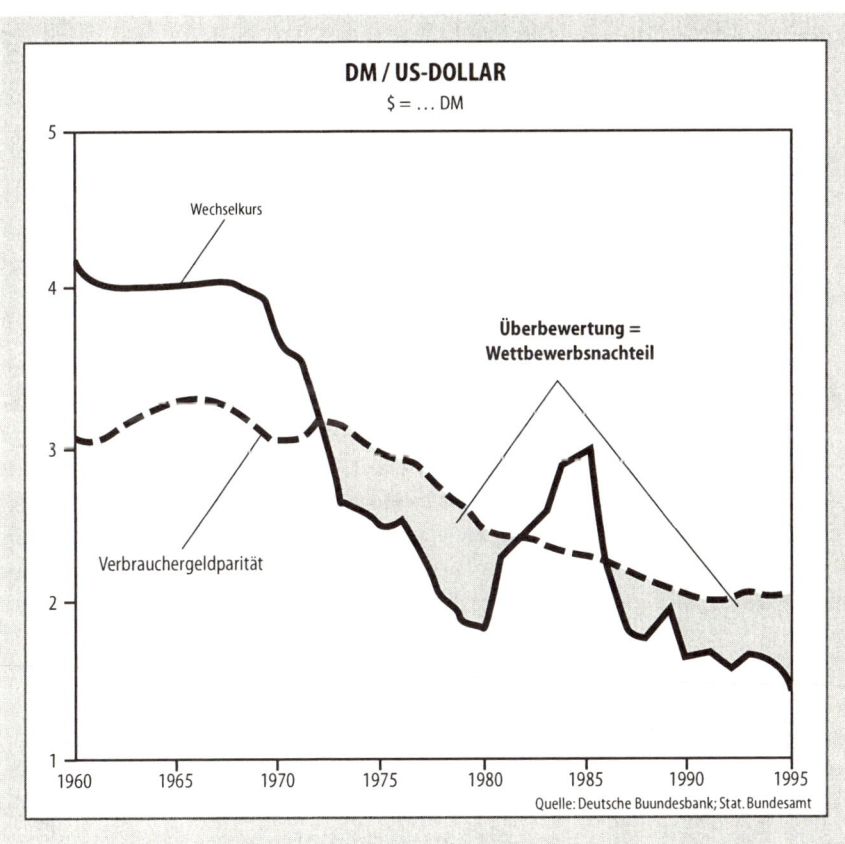

Fraglos wären die Rahmenbedingungen in der Bundesrepublik anders zu beurteilen, wenn wir unter realistischen, einigermaßen angemessenen *Wechselkursbedingungen* arbeiten könnten.

Ein realistisches, d.h. den Kosten- und Preisunterschieden entsprechendes Wechselkursniveau, liefert das Konzept der Verbrauchergeldparität. Der D-Mark-Preis eines Gutes in Deutschland in Relation zu seinem US-Dollar-Preis in den USA definiert die Höhe desjenigen Wechselkurses, bei dem die Kaufkraftparität erfüllt ist. Bei diesem Wechselkurs hätte weder ein deutsches Unternehmen noch sein US-amerikanischer Konkurrent „künstliche", d.h. durch Wechselkursverzerrungen bedingte preisliche Wettbewerbsvor- oder nachteile. Die Grafik zeigt, daß der tatsächliche D-Mark/Dollar-Wechselkurs – von einer kurzen Periode Anfang der achtziger Jahre abgesehen – seit Beginn der siebziger Jahre durchgängig unterhalb der Kaufkraftparität lag. Daraus ergaben sich in der Summe für die deutschen Unternehmen über 20 Jahre hinweg wechselkursbedingte Wettbewerbsnachteile.

An dieser Stelle sollen keinesfalls Marktentwicklungen beklagt werden. Die Graphik soll vor allem folgendes zeigen: Da sich Über- und Unterbewertungsphasen (hier bewußt im Vergleich zum Dollar) ohne erkennbare Gesetzmäßigkeit abwechseln und keine Gewißheit für eine Trendumkehr in absehbarer Zeit besteht, müssen wir uns bei unseren Standortentscheidungen auch von den Wechselkursbewegungen abkoppeln. Bei den derzeitigen Verhältnissen macht es keinen Sinn, etwa Fertigungen für den Dollarraum vom Standort Bundesrepublik vorzusehen.

Das Wechselkursrisiko, das wir hinsichtlich unserer Investitionsstruktur und -höhe vorfinden, ist fraglos ein Standortnachteil. Nur darum geht es und nicht um das Lamentieren über einen falschen Wechselkurs.

Zur Vermeidung von Mißverständnissen: Es wäre falsch, die Frage lokaler Produktion in den USA allein unter Wechselkursgesichtspunkten zu sehen. Nicht minder wichtig erscheint die Herausforderung zu sein, die von der Größe und der Dynamik des amerikanischen Marktes ausgeht. Dafür müssen wir aber als US-Produzenten mit allen Rechten und Pflichten auftreten. Mit Exporten aus deutscher Produktion werden wir in den USA auf Dauer nur Nischen – und diese nur mit einem hohen Gefährdungspotential – ausfüllen können.

Gesamtwirtschaftliche Indikatoren der Standortqualität

Es macht wenig Sinn, die verschiedenen Standortfaktoren zu einer einzigen Kennziffer verdichten zu wollen, anhand der sich die Standortqualität Deutschlands gleichsam ablesen ließe. Zu unterschiedlich sind die verschiedenen Kategorien. Neben „harten" Standortfaktoren wie Arbeitskosten und

Steuern stehen eher „weiche" wie das politische und gesellschaftliche Klima oder die Sozialbeziehungen zwischen den Tarifvertragsparteien. Die Investoren gewichten die verschiedenen Faktoren je nach ihren individuellen Anforderungen. Die vorstehenden Betrachtungen haben allerdings eines gezeigt: *Dort, wo wir Vorteile haben, sind sie im Zeitablauf geringer geworden. Dort, wo Nachteile bestehen, sind sie größer geworden.*

Da sich Standortqualitäten letztlich in Investitionsentscheidungen niederschlagen, kann das tatsächliche Verhalten der Investoren zumindest Anhaltspunkte über ihre Einschätzung der Standortgüte Deutschlands liefern. Im Mittelpunkt der Diskussion steht die Entwicklung der Direktinvestitionen.

Die Abbildung macht deutlich, daß die internationalen Direktinvestitionsströme in den letzten Jahren zunehmend an Deutschland vorbeigeflossen sind. Nach wie vor verzeichnen die Vereinigten Staaten den höchsten Zufluß. Angesichts ihrer Bedeutung und der Dollarentwicklung ist dies freilich kein

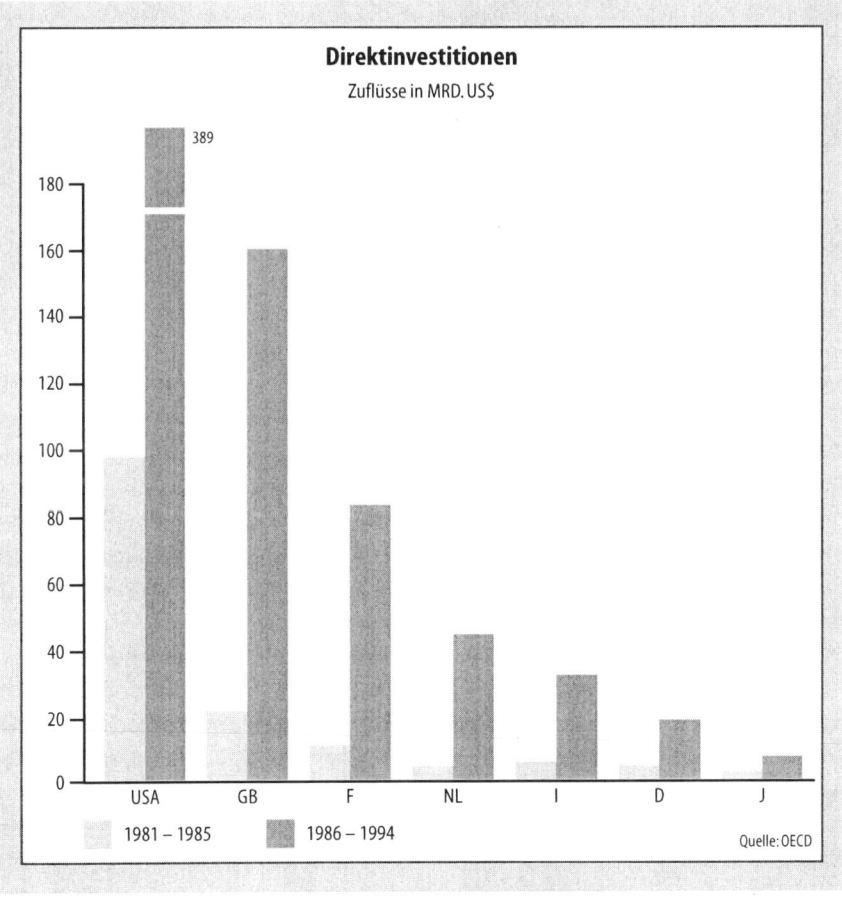

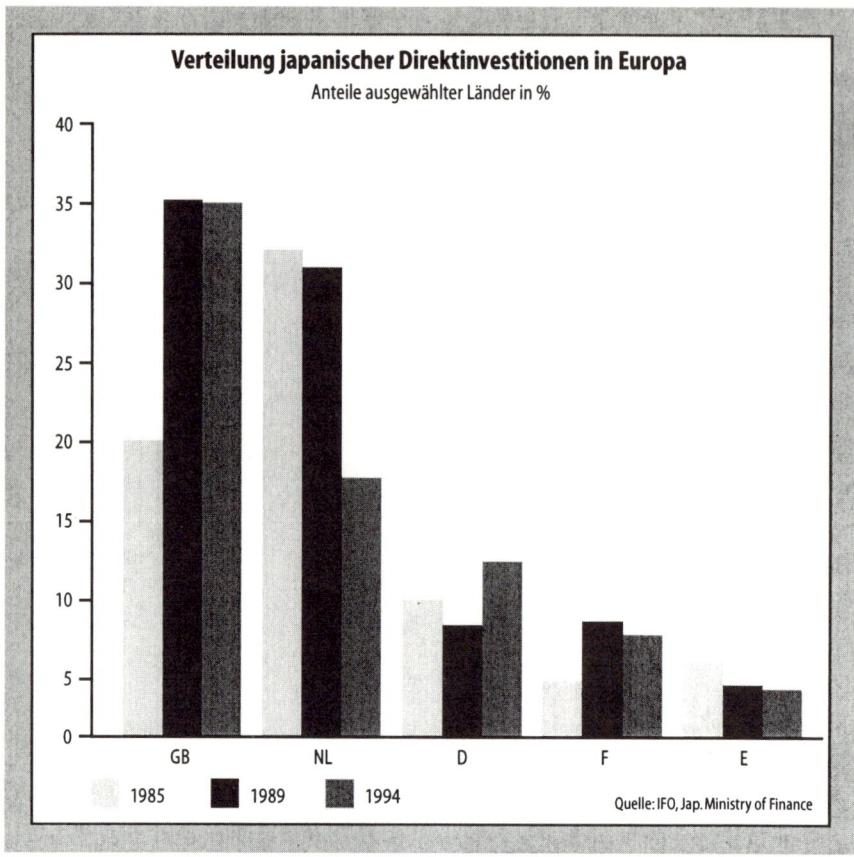

Verteilung japanischer Direktinvestitionen in Europa
Anteile ausgewählter Länder in %

Quelle: IFO, Jap. Ministry of Finance

sehr überraschendes Ergebnis. Es muß allerdings zu denken geben, daß Großbritannien, aber auch Frankreich, Spanien und Italien in den vergangenen Jahren deutlich mehr Auslandsinvestitionen attrahieren konnten als Deutschland.

Zuvor habe ich bereits darauf hingewiesen, daß US-amerikanische Unternehmen bei ihren Investitionen in Europa vor allem die Niederlande, Schweden und Großbritannien bevorzugen. Kaum anders sieht es aus, wenn man das japanische Engagement in Westeuropa untersucht.

Wie das Ausland unseren Standort bewertet, ist eindeutig. Dabei ist natürlich zu berücksichtigen, daß auch der unterschiedliche Protektionsgrad der jeweiligen Empfängerländer gegenüber Importen eine Rolle spielt. Dies gilt vor allem für das Engagement japanischer Automobilhersteller in Europa. Aber sicher dürfte auch sein, daß der Zustrom japanischen Kapitals nach Großbritannien nicht in der Stärke ausgefallen wäre, wenn das Land im Lohnkostenniveau gleichauf mit uns läge und andere Wettbewerbsfaktoren, wie z.B. die Steuern, nicht wesentlich verbessert hätte.

Die Folgen der verringerten Standortqualität finden sich aber nicht nur in den internationalen Investitionsströmen. Auch aus der Entwicklung der inländischen Ausrüstungsinvestitionen lassen sich Hinweise für eine abnehmende Standortattraktivität ableiten.

Verglichen mit dem Konjunkturzyklus der achtziger Jahre, haben sich die *Ausrüstungsinvestitionen* in Deutschland seit ihrem Tiefpunkt im Sommer 1993 sehr schwach entwickelt. Das Argument, hierbei handle es sich nur um einen – schmerzhaften, aber unvermeidlichen – Anpassungsprozeß an die hohe Investitionstätigkeit Anfang der neunziger Jahre, greift dabei zu kurz. Beispielsweise zeigt eine Analyse des Sachverständigenrats, daß dem seit 1992 zu beobachtenden starken Rückgang der Investitionstätigkeit in den vier Hauptexportbranchen – Maschinenbau, Straßenfahrzeugbau, Elektrotechnik und Chemische Industrie – keineswegs ein übermäßiger Anstieg vorausgegangen ist. Aber es sind gerade diese Branchen, die das konjunkturzyklische Verhalten der deutschen Wirtschaft prägen. Damit wirkt sich aber deren gegenwärtige Investitionszurückhaltung besonders aus.

Anders verlief dagegen die Entwicklung in unseren europäischen Nachbarländern. Nur in Japan, wo sich die Ausrüstungsinvestitionen in den achtziger

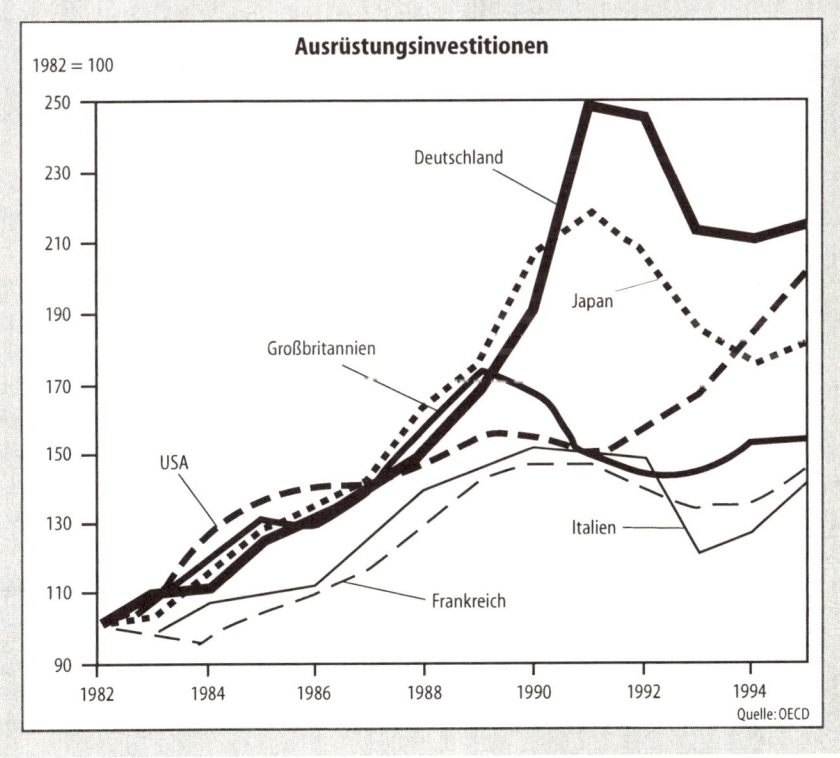

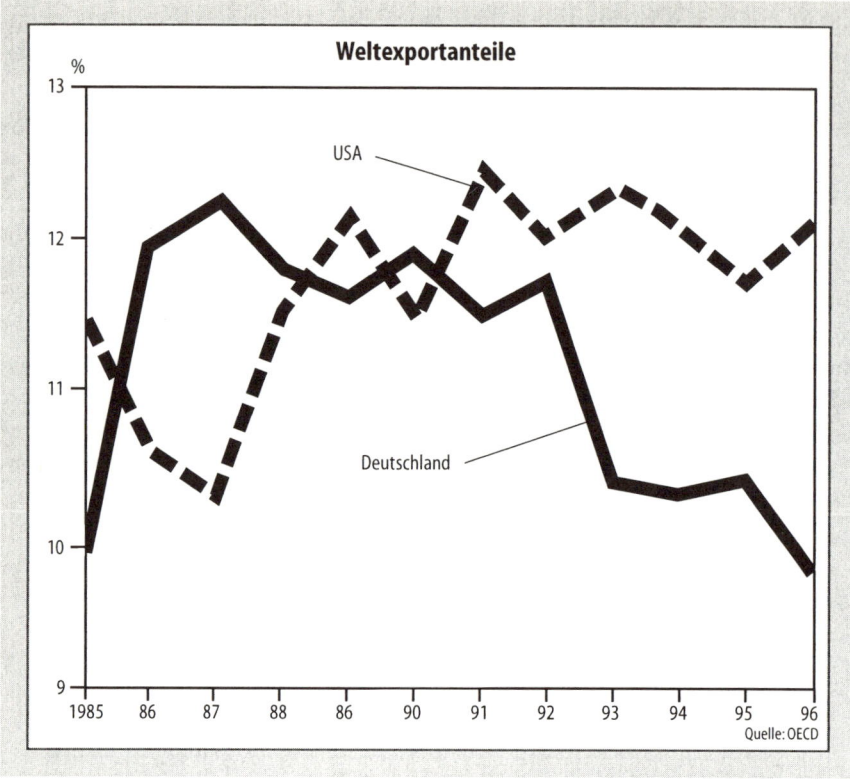

Jahren außerordentlich dynamisch entwickelt haben, zeigt sich seit Anfang der neunziger Jahre eine ausgeprägte Investitionsschwäche. In den USA entwickeln sich die Investitionen dagegen in einer anhaltend hohen Dynamik.

Die Fehlentwicklungen am Standort Deutschland zeigen im Außenhandel bereits Auswirkungen. So ist Deutschlands Anteil an den Weltexporten von 12 Prozent (1987) auf 10,4 Prozent (1995) gesunken. Für 1996 werden weniger als 10 Prozent erwartet. Aufgrund der wachsenden Bedeutung der Entwicklungs- und Schwellenländer in der Weltwirtschaft wäre diese Entwicklung für sich genommen noch nicht beunruhigend. Es stimmt aber bedenklich, daß der Weltexportanteil Deutschlands stärker als der der OECD-Länder insgesamt gesunken ist. Die USA konnten ihren Anteil in den neunziger Jahren sogar auf 12 Prozent erhöhen.

Die Wachstumsregionen heute und in der Zukunft liegen in Asien, Lateinamerika und Osteuropa. Dennoch bleibt Westeuropa ein attraktiver Markt. Bei der Markterschließung über Direktinvestitionen werden potentielle Investoren aber sehr genau abwägen, welche Standorte für ein Europa-Engagement attraktiv erscheinen. Derzeit schneidet Deutschland in diesem Entscheidungsprozeß schlecht ab.

Unternehmerische Handlungsalternativen

Die veränderten weltwirtschaftlichen Rahmenbedingungen erfordern ein Umdenken am Standort Deutschland. Das vom Anbieter vorgegebene Preisniveau und Preiserhöhungen werden von den sich immer mehr globalisierenden Märkten nicht länger akzeptiert.

Als erste Reaktion darauf haben die Unternehmen am Standort Deutschland ihre Wettbewerbsfähigkeit aus eigener Kraft deutlich gestärkt. Dies geschah nicht zuletzt unter dem Druck der jüngsten Rezession 1992/93. Es wurden vor allem *Produktionsabläufe verbessert* und gestrafft sowie *Kostensenkungspotentiale konsequent erschlossen*. Der Fokus lag damit auf den „inländischen Kosten", die im wesentlichen von den Standortfaktoren bestimmt werden. Obgleich hier deutliche Verbesserungen erzielt wurden, sind die Erfolge nicht hinreichend gewesen.

Parallel haben viele Unternehmen die Einkaufsaktivitäten auf die globalen Verhältnisse hin ausgerichtet. Die realisierbaren Kosten- und Preisunterschiede für vergleichbare Produkte sind auf den globalen Märkten erheblich. Das Stichwort lautet hier: *global sourcing*. Global sourcing ist eine Maßnahme zur Schaffung von Wettbewerbsvorteilen, die zum Ziel hat, die Vorteile des Standorts Deutschlands mit den strategischen Potentialen eines globalen Versorgungssystems zu verbinden. Die Kostenstruktur im Materialbereich wird verbessert, um bei gleicher Qualität erheblich billiger anbieten zu können, wenn möglich preiswerter als die Konkurrenz.

Das Beschaffungssystem wird neue Märkte miteinbeziehen. Die *Wettbewerbsfähigkeit* der Unternehmen der *südostasiatischen Schwellenländer* – zunehmend auch im Bereich der Mittel- und Hochtechnologie – muß konsequent genutzt werden. Natürlich müssen die Produkte aus diesen Ländern den bisher geforderten Qualitätsmaßstäben entsprechen. Wenn sie preislich deutlich günstiger sind als die der traditionellen Lieferanten, dann gibt es keine anderen Beschaffungsalternativen.

Derzeit scheitern globale Einkaufsaktivitäten noch häufig an den aus deutscher Sicht mangelnden Qualitätsstandards. Allerdings stellt sich schon mehr und mehr die Frage, ob die von deutschen Ingenieuren geprägten Engineering-Anforderungen auch kundenseitig zwingend gewünscht werden oder ob sich nicht der Kunde auch mit einfacheren, aber dafür preislich günstigeren Lösungen zufriedengeben würde? Bejaht man dies, so ergäben sich aus dem global sourcing weitere Vorteile.

Neben der Kosteneinsparung im Einkauf geht es beim global sourcing auch um:
- eine *Reduzierung des Investitionsbedarfs* bei Neuprodukten durch Kostenabwälzungen auf Zulieferer,

- den *Zugriff auf modernere Technologien* durch gezielte Auswahl von Know-how-Lieferanten,
- die *Reduzierung der Mittelbindung* durch „Just in Time" Lieferung und
- die Möglichkeit, die *internationale Präsenz auszubauen*. Über die Marktpräsenz „via Beschaffungspolitik" kann ein später geplanter Eintritt in die Absatzmärkte sorgfältig und systematisch vorbereitet werden.

Global sourcing findet aber dort seine Grenzen, wo Local-Content-Bestimmungen die unternehmerische Handlungsfreiheit einschränken.

Die wertanalytische Überarbeitung der Produkte in den bestehenden Strukturen stellt denn auch insgesamt eher eine kurzfristige Alternative auf dem Weg zu marktfähigeren Produkten dar. Mittel- und langfristig sind insbesondere *Innovationen* notwendig, um auf den Weltmärkten konkurrenzfähig zu bleiben.

Dazu bedarf es jedoch nicht nur gut ausgestatteter und zielorientiert arbeitender F&E-Abteilungen. Es bedarf vor allem einer Unternehmenskultur, die über eine flexible und leistungsbereite Organisation innovationsgeleitetes Denken und Handeln auf allen Ebenen und in allen Bereichen des Unternehmens erzeugt. Hier stellen sich für viele deutsche Unternehmen die Herausforderungen der Zukunft, die in ihrer Umsetzung eher als mittel- bis langfristige Zielsetzungen zu betrachten sind und deren Erfolgsbeiträge zeitverzögert eintreten werden.

Kurzfristig gilt es also Kostendisziplin zu bewahren und langfristig an der Schaffung innovativer Leistungen für die Weltmärkte zu arbeiten. Damit aber lassen sich die Herausforderungen der Zukunft nicht alleine bewältigen. Denn die Unternehmen am Standort Deutschland werden zu einem Punkt kommen, an dem die Rationalisierungs- und anderweitige Kostenpotentiale weitestgehend ausgeschöpft sind. Deshalb ist mit den bestehenden Strukturen das Risiko nach wie vor hoch, daß erzielte Verbesserungen durch nicht zu beeinflussende Faktoren – wie beispielsweise die Wechselkursentwicklung – zunichte gemacht werden.

Derartigen Risiken ist nur durch eine *Internationalisierung der Fertigungsstandorte* zu begegnen. Die deutschen Unternehmen müssen sich deshalb vom Standort Deutschland unabhängiger machen, um ihr Ertragspotential auszuschöpfen und zu erhöhen. Dabei ist der immer wieder als Bedrohung hingestellte Export deutscher Arbeitsplätze eher die Ausnahme. Wenn deutsche Unternehmen im Ausland investieren, tun sie es nicht, um Arbeitsplätze zu verlagern, sondern um Märkte zu erschließen oder zu sichern. Aus diesem Grund werden die Wertschöpfungsstrukturen den industriellen Märkten angepaßt. Die Weltmärkte können nicht mehr über den reinen Export bedient werden. Um im Wettbewerb mithalten zu können, müssen die Unternehmen insbesondere auch mit Fertigungen vor Ort präsent sein.

Damit werden sich, wie bereits erwähnt, die *Investitionsstrukturen* der Unternehmen ändern. Nur durch ein entsprechendes Investment vor Ort wird es möglich sein, die Einstiegschancen in den Wachstumsmärkten wahrzunehmen, um überhaupt an den dort stattfindenden Entwicklungen teilnehmen zu können. Dies spiegelt sich derzeit im Saldo der Direktinvestitionen deutlich sichtbar wider.

Handlungserfordernisse für die Zukunft

Bezogen auf die Konsequenzen für den Standort Deutschland muß die Marschroute der global orientierten Unternehmen für die Zukunft sein:

- In Deutschland findet eine Konzentration auf die Geschäftsfelder statt, bei denen der Weltmarkt unter Berücksichtigung der jeweiligen länderspezifischen Preisniveaus die Kosten am Standort Deutschland abdeckt. Im Inland erfolgt somit eine Konzentration auf Güter und Dienstleistungen, bei denen eine technologisch-qualitative Überlegenheit gegenüber den Wettbewerbern vorhanden ist. Auf wechselkursbedingt-preisliche Vorteile kann dabei nicht gesetzt werden.
- Der Ausbau für die zukunftsträchtigen Bereiche in Deutschland wird forciert. Die dabei bearbeiteten Geschäftsfelder dürfen von Änderungen der weltwirtschaft-lichen Rahmenbedingungen nicht unmittelbar tangiert werden. Derartige Entwicklungen ergeben sich insbesondere im Dienstleistungssektor, wie wir es gerade bei der Telekommunikation erleben. In diesem Zusammenhang gilt es die Vorreiterrolle in Forschung und Entwicklung konsequent zu verteidigen und wenn möglich noch auszubauen.
- Darüber hinaus werden durch weltweite Produktionsaktivitäten neue Märkte erschlossen, die Kostenstrukturen optimiert und die Positionen in protektionistischen Regionen verbessert. Präsenz auf den internationalen Märkten ist nicht zuletzt unter dem Gesichtspunkt der Beschäftigungssicherung im Inland notwendig.

Die Konsequenz all dieser Handlungsnotwendigkeiten wird sein, daß der Marktgedanke noch stärker den Produktgedanken verdrängen wird. Die *„Produktion von Märkten"* wird daher in Zukunft wichtiger sein als die *„Produktion von Produkten".* Nur unter Berücksichtigung der jeweiligen Marktbedingungen werden sich Produkterfolge entwickeln können.

Der Standort Deutschland ist nicht durch die Globalisierung und durch die unternehmerischen Reaktionen darauf bedroht. Den Standort gefährdet vor allem, daß Politik, Gesellschaft und z.T. auch die Unternehmen auf den Tempowechsel nicht vorbereitet sind. Am Standort Deutschland muß sich umgehend die Erkenntnis in Handeln umsetzen, daß bisher tragfähige Konzepte in Zukunft nicht mehr erfolgversprechend sind. Neue Ideen und Vorstellungen sowie ein konsequenter Umbau gesellschaftlicher Strukturen unter der Zielrichtung einer Teilnahme an den globalen Entwicklungslinien sind zwingend erforderlich.

Insgesamt muß ein günstigeres Umfeld geschaffen werden, wie beispielsweise leichterer Zugang zu Risikokapital, Abbau von Reglementierungen und die Erhöhung der Akzeptanz der Technik. Zur Verbesserung der Rahmenbedingungen müssen auch die Bildungs-, Sozial-, Wirtschafts- und Finanzpolitik ihren Beitrag leisten.

Die dringend nötige Verbesserung der Situation am Arbeitsmarkt in Deutschland bedarf nach meiner Ansicht zunächst einmal der Einsicht, daß dieser Standort international nicht gegen den Strom schwimmen kann. Darauf basierend müssen wesentliche nachteilige Rahmenbedingungen zugunsten von mehr Wachstumsdynamik geändert werden. Neid und Besitzstandswahrung dürfen keine Leitlinien sein. Es geht keinesfalls ausschließlich um Entlastungen der Unternehmen in Deutschland. In der Steuer-, Tarif- und Ordnungspolitik wird zu wenig an ausländische Unternehmen als potentielle Investoren gedacht.

Gebraucht wird ein ausgewogenes Bündel an standortverbessernden Maßnahmen, mit dem auch Ansprüche insgesamt zurückgeschraubt werden. Wer sich davor scheut oder es prinzipiell ablehnt, der verlängert den Zustand der Stagnation.

Die Unternehmen sind unter dem zunehmenden Druck der internationalen Konkurrenz gezwungen, alle sich bietenden Chancen im globalen Wettbewerb zu nutzen. Die Akzente werden dabei durch die boomenden Märkte im Ausland vorgegeben. Weil die deutsche Wirtschaft den Anschluß an die Konkurrenz nicht verpassen darf, wird die Globalisierung weiterhin eine der wichtigsten unternehmerischen Herausforderungen bleiben. Begleitet werden muß dieser Prozeß aber durch eine Verbesserung der Standortfaktoren im Inland, denn nur durch diese Rückendeckung kann es den Unternehmen gelingen, die Weltmärkte zu erschließen und nachhaltig der deutschen Wirtschaft zu erhalten.

Der Strukturwandel im Inland wird sich nicht aufhalten lassen. Je günstiger sich aber die Rahmenbedingungen am Standort entwickeln, desto eher ist damit zu rechnen, daß nachteilige Entwicklungen durch positive Effekte überkompensiert werden. Dies gilt nicht zuletzt auch im Hinblick auf den Arbeitsmarkt. Dabei muß ein Land nicht bei allen Standortfaktoren führend sein, sondern es kommt auf das Zusammenwirken der Faktoren und die daraus resultierende Wirkung an.

Wir alle müssen unser Handeln an den nachstehenden Kriterien ausrichten: Ohne wettbewerbsfähige Kosten, ohne Flexibilität bei Arbeitszeiten und Arbeitskosten, ohne Offenheit für internationale Investitionen und ohne den Strukturwandel in Richtung auf neue Geschäftsfelder mit hoher Produktivität und Wachstumspotential, ohne all dies kann eine Volkswirtschaft und können die dort beheimateten Unternehmen nicht vorankommen.

Gelegentlich wird mit dem Verweis darauf, daß Deutschland nach wie vor die zweitgrößte Exportnation der Welt ist, behauptet, die Standortdebatte sei von einem durchsichtigen Zweckpessimismus geprägt. Dieser Vorwurf ist fatal. Denn die einigermaßen günstige Exportentwicklung ist das Ergebnis von Standort- und Investitionsentscheidungen, die in der Vergangenheit getroffen wurden. Bei der gegenwärtigen Standortdebatte geht es aber um Investitionen, die über den Wettbewerb bei Waren und Dienstleistungen in Zukunft entscheiden. Anders formuliert: Gelingt es nicht, den Standort Deutschland für Investitionen aus dem In- und Ausland attraktiver zu machen, so werden die Exporterfolge bald Geschichte sein.

Europäische Währungsunion – Chancen für die deutsche Wirtschaft

Marcus Bierich

Die wirtschaftlichen Folgen der Europäischen Währungsunion für die einzelnen Mitgliedsländer und ihre Gesamtheit waren in den letzten Jahren mehrfach Gegenstand von Untersuchungen nationaler und internationaler Gremien sowie einer intensiven Diskussion in Wissenschaft und Politik. Über ihre Ergebnisse liegen u.a. folgende Berichte vor:

1. Europäische Kommission: Eine Währung für Europa – Grünbuch über die praktischen Verfahren zur Einführung der Einheitswährung, Luxemburg 1995
2. Sachverständigenrat zur Begutachtung der gesamtwirtschaftlichen Entwicklung: Jahresgutachten 1995/96, Bonn 1995
3. The Kingsdown Enquiry: Report by the ACE Working Group on the Implication of Monetary Union for Britain, London 1995
4. Bundesverband deutscher Banken: Der Euro – Stabiles Geld für Europa, Köln 1996
5. Bundesverband der Deutschen Industrie: Der Euro: Chance für die deutsche Industrie. Report des Industrieforums EWU, Köln 1996

Diese Berichte geben einen umfassenden Überblick über die geplanten Schritte zur Währungsunion, die Voraussetzungen zur Teilnahme, über den Zeitplan der Durchsetzung (der Beginn ist für 1999 vorgesehen), die erforderlichen technischen Umstellungen in der Wirtschaft sowie insbesondere über die Vor- und Nachteile der Währungsunion für die einzelnen Volkswirtschaften und die Gemeinschaft. Sie kommen übereinstimmend zu dem Ergebnis, daß die Vorteile die Nachteile insgesamt überwiegen, und das auch aus deutscher Sicht.

Der Maastrichter Vertrag vom 7. Februar 1992, mit dem die EU-Länder die Währungsunion vereinbarten, setzt für den Beitritt die Erfüllung bestimmter, quantifizierter Stabilitätskriterien voraus (bei Inflationsraten, Zinsen, Wechselkursen, Budgetdefiziten). Diese Vorgaben und ihr davon ausgehender Konvergenzdruck haben bis heute schon einen heilsamen Einfluß auf das Verhalten der Mitgliedsländer und ihrer Zentralbanken ausgeübt. Da insbesondere die Kernländer Frankreich und Deutschland am Startbeginn 1999 festhalten, wird dieser Einfluß in den nächsten Jahren noch zunehmen.

Um welche Vor- und Nachteile oder Chancen und Risiken handelt es sich nun im einzelnen? Ich möchte mit den Chancen für den europäischen Binnenmarkt insgesamt beginnen, dann auf die Risiken eingehen, um schließlich zu einer Abwägung aus der Sicht der deutschen Wirtschaft zu kommen.

Die Chancen der Währungsunion für den Binnenmarkt beruhen sämtlich auf einer Verbesserung der Qualität des Standortes Europa.

1. Im Güter-, Dienstleistungs- und Kapitalverkehr können die bisher anfallenden Kosten des Geldwechselns – die Transaktionskosten – in Zukunft gespart werden. Die Effizienz steigt.

2. Verluste aus Währungsschwankungen und die mit Auf- und Abwertungen verbundenen Strukturverwerfungen werden in der Wirtschafts- und Währungsunion (WWU) entfallen. Wenn es zu einer mehrstufigen Lösung kommt, muß die Anbindung der Währungen der Mitglieder der zweiten Stufe an die der ersten noch geregelt werden. Die gemeinsame Währung erhöht die Markttransparenz, indem sie den Preisvergleich über die Grenzen hinweg erleichtert. Sie löst damit zwar einen neuen Wettbewerbsschub aus, aber sie bewirkt gleichzeitig, daß in diesem Wettbewerb wieder die unternehmerische Leistung entscheidet und nicht, wie bisher so häufig, die Unberechenbarkeit der Wechselkurse. Die Stabilität und die Berechenbarkeit der Währung wird damit als Grundlage langfristiger Unternehmensentscheidungen – insbesondere für Investitionen – zurückgewonnen.

3. Gleichzeitig kommen die nationalen Standortbedingungen unter Wettbewerbsdruck. So erfordert die Währungsunion, um erfolgreich funktionieren zu können, eine Anpassung der nationalen Wirtschafts- und Fiskalpolitiken an die gemeinsame, dem Stabilitätsziel verpflichtete Geldpolitik. (Dieser Punkt wird uns noch bei Behandlung der Risiken beschäftigen.) Sie erzwingt längerfristig eine Harmonisierung der Steuersysteme und damit in den Hochsteuerländern eine Absenkung der Steuern.
   Insgesamt drängen die beiden Kriterien, die das Haushaltsdefizit und den Schuldenstand begrenzen, zu einer Rückführung der Staatsaktivitäten. Der in den letzten 20 Jahren eingetretene Anstieg der Abgabenquote zu Lasten der Gewinne, der Investitionen, des Wachstums und der Beschäftigung, den man als Sozialisierungsspirale gekennzeichnet hat, könnte in eine Privatisierungsspirale umgekehrt werden.

4. Ähnliches gilt für die Löhne und Lohnnebenkosten. Zwischen den Unternehmen der verschiedenen WWU-Länder werden die Kosten und die Qualität der Produkte über ihre Wettbewerbsfähigkeit entscheiden. Lohnabschlüsse, die über den Produktivitätszuwachs hinausgehen, werden auf die Beschäftigung durchschlagen. Die gemeinsame Währung schafft also auch hier Transparenz. Die nationalen Arbeitsmärkte treten in einen für alle erkennbaren Wettbewerb ein.

5. Der Euro wird neben dem Dollar und dem Yen zu einer globalen Währung werden. Sein Marktanteil wird größer sein als die Summe der Währungen, die in ihm verschmelzen. Auf dieser Grundlage wird sich ein großer Euro-Finanzmarkt entwickeln, der den Unternehmen attraktivere Finanzierungs- und Anlagemöglichkeiten bieten wird als die heutigen Teilmärkte. Der Wettbewerb zwischen den Finanzplätzen, aber auch innerhalb der Kredit- und Versicherungswirtschaft, wird weiter zunehmen. Die anderen Sektoren werden davon profitieren.

Die Währungsunion wird zum Magneten für Kapitalzuflüsse aus Drittländern werden und damit, bei erfolgreicher interner Stabilitätspolitik, niedrigere Zinsen erlauben. Denn ausländische Anleger brauchen sich weniger als zuvor darum zu sorgen, daß Teile ihrer Erträge durch Wechselkursverluste aufgezehrt werden. Das erhöht die Kapitalbildung und wird die Attraktivität des Finanzplatzes Europa stärken.

6. Neben den unmittelbaren Finanzierungsvorteilen wird die Währungsunion auch neue Impulse für Wachstum und Beschäftigung im Finanzdienstleitungssektor schaffen. Sie werden sich auch auf den industriellen Sektor positiv auswirken.

In den anderen Mitgliedsländern werden die Vorteile der Währungsunion ähnlich, aber teilweise mit anderen Schwerpunkten gesehen, wie sie der eigenen Wettbewerbsposition entsprechen. So stellt der Kingsdown-Report zwar auch die künftige Stabilität und Berechenbarkeit der gemeinsamen Währung an die erste Stelle seiner Bewertung, läßt aber dann schon die Erwartung niedrigerer Inflationsraten und der damit verbundenen Zinssenkung folgen, die sich auf die Investitionsneigung in Großbritannien positiv auswirken würde.

An dritter Stelle nennt der Kingsdown-Bericht die Stärkung des Finanzmarktes Europa in der Erwartung, daß London seine führende Rolle in diesem Markt behalten wird. Den für uns so wichtigen Konvergenzdruck auf Steuern, Löhne und Lohnnebenkosten erwähnt der Bericht angesichts der eigenen günstigen Wettbewerbsposition aufgrund des niedrigen Pfundkurses (zum Zeitpunkt der Berichterstattung) nicht. Um einen gegebenen abwertungsbedingten Wettbewerbsvorteil nicht zu gefährden, wird sich aber auch die britische Lohnpolitik dem Druck der Währungsunion unterwerfen müssen.

Die Währungsunion enthält aber auch Risiken. Genauer gesagt: Das Vertragswerk enthält Schwächen, die Fehlentwicklungen einzelner Volkswirtschaften zulassen und damit die Funktionstüchtigkeit des Gesamtsystems gefährden könnten. Dabei geht es weniger um die Einhaltung der Kriterien in der Anfangsphase mit dem Zusammenschluß einer Kerngruppe wirtschaftlich homogener und stabiler Länder, sondern mehr um deren Einhaltung nach Eintritt in die Währungsunion für den Fall einer Divergenz der wirtschaftlichen Entwicklungen in den einzelnen Ländern der Gruppe wie für den Fall des Hinzutretens wirtschaftlich inhomogener und schwacher Mitglieder.

Der Vertrag sieht zwar Sanktionen für den Fall der Abweichung von den Kriterien vor, doch sollten die Regierungen nach übereinstimmender Auffassung der Experten die Glaubwürdigkeit und die langfristige Funktionstüchtigkeit der Währungsunion durch eine Zusatzvereinbarung absichern. Der Vorschlag des deutschen Finanzministers, einen „Stabilitätspakt" zur Koordination der Fiskalpolitiken zusätzlich zum Maastrichter Vertrag abzuschließen, ist von seinen Kollegen im Finanzministerrat grundsätzlich positiv aufgenommen worden. Über die einzelnen Bestimmungen eines solchen Paktes wird zur Zeit verhandelt.

Der Kingsdown-Report diskutiert dieses Risiko im Zusammenhang mit einigen anderen Gefahren. Sie betreffen

- die wirtschaftliche Konvergenz der Mitgliedsländer,
- die Asymmetrie zwischen monetärer Union und fiskalischer Disunion,
- das Risiko fiskalisch unverantwortlichen Handelns,
- den Übergang zur gemeinsamen Währung.

Er kommt dabei zu folgenden Ergebnissen:

1. Der Maastrichter Vertrag definiert 3 monetäre und 2 fiskalische Kriterien, die die einzelnen Länder einhalten müssen, um in die Währungsunion aufgenommen zu werden. Andere Indikatoren, die für die Funktionstüchtigkeit des Systems von ähnlich großer Bedeutung sind, werden dagegen nicht angesprochen. Hierzu gehören insbesondere die nationalen Wirtschaftspolitiken, die sich auf das wirtschaftliche Wachstum und die Beschäftigung auswirken. Sie sind heute weit voneinander entfernt. So liegt die Arbeitslosigkeit in Großbritannien und Deutschland im einstelligen Bereich, in Frankreich bei 12,5% und in Spanien bei 25%.

   Wenn diese Zahlen weiter divergieren und die einzelnen Länder keine Möglichkeit mehr haben, diese Entwicklung durch Maßnahmen auszugleichen, die das Vertragswerk zuläßt – nachdem Abwertungen der nationalen Währungen und höhere Verschuldungen ausgeschlossen sind –, könnte das zu einem Anstieg der Arbeitslosigkeit führen, der für die jeweiligen Regierungen nicht mehr erträglich wird. Die Entwicklung auf den nicht koordinierten Gebieten könnte dann die Einhaltung der Konvergenzkriterien gefährden.

2. Das gleiche gilt hinsichtlich der Asymmetrie zwischen monetärer Union und fiskalischer Disunion, über die wir schon vorher gesprochen haben. Hier befürworten die befragten Experten mehrheitlich eine Ergänzung

des Vertragswerks in Richtung einer gewissen Koordination der Fiskalpolitiken. Sie warnen jedoch vor einer zu weitgehenden Regelung in Richtung eines institutionellen Finanzausgleichs, den sie als fiskalischen Föderalismus bezeichnen, wie er innerhalb Deutschlands zwischen den deutschen Bundesländern stattfindet. Sie gehen davon aus, daß sie in dieser Hinsicht mit den Interessen der Hartwährungsländer übereinstimmen.

3. Das Risiko eines fiskalisch unverantwortlichen Handelns eines der Mitgliedsländer zu einem Zeitpunkt nach Erfüllung der Konvergenzkriterien wird gesondert behandelt. Es ergänzt die Ausführungen zu 1) und 2) und weist nochmals auf die Schwäche des Vertragswerks hin, das die Einhaltung der Konvergenzkriterien nur für den Zeitpunkt des Eintritts in die Währungsunion fordert, aber nicht für die Zeit danach. Die befragten Experten begründen ihre generelle Besorgnis noch mit der besonderen Problematik, die sich in einigen europäischen Staaten aus der Art der Finanzierung von Pensionszahlungen ergibt. Bei zunehmender Lebenserwartung der Pensionsberechtigten erhöhen sich diese Zahlungen laufend. Da sie in den meisten europäischen Ländern aus dem Staatshaushalt oder zu Lasten staatlicher Organisationen, die keine Rückstellungen kennen, gezahlt werden, besteht hier nach Auffassung einiger Experten ein spezifisches Risiko für die künftige Einhaltung der fiskalischen Konvergenzkriterien.

4. Der Übergang zur gemeinsamen Währung findet nach Maßgabe der Verträge in zwei Phasen statt. In der ersten Phase werden die nationalen Währungen der Mitgliedsländer zu unwiderruflich festen Wechselkursen zusammengeschlossen. In der zweiten Phase werden sie durch die gemeinsame Währung, den Euro, ersetzt. Der Zeitraum zwischen der ersten und zweiten Phase sollte, nach Auffassung der Kommission, möglichst kurz gehalten werden, um möglichst wenig Spielraum für Devisenspekulationen zu lassen.

Auf der anderen Seite machen die Banken geltend, daß die Umstellung der Einzelwährungen auf den Euro aus praktischen Gründen etwa 3 Jahre in Anspruch nehmen wird. Zur Begründung weisen sie auf die Notwendigkeit hin, einige zehntausend Computerprogramme umzustellen, die hochkomplex und – mindestens teilweise – miteinander verknüpft sind.

Die hier anfallenden praktischen Fragen bedürfen noch der Beantwortung.

Damit sind die wesentlichen Chancen und Risiken der Währungsunion benannt. Der Gewinn an Stabilität und Berechenbarkeit der eigenen Währung sowie der Währungen der europäischen Handelspartner steht an erster Stelle. Wenn der Euro stabil ist, wird sich dies in allen Mitgliedsländern zugunsten

von Kosteneinsparungen, Effizienzsteigerungen und Kapitalzuflüssen auswirken.

Für die deutsche Wirtschaft war Geldwertstabilität schon immer ein Standortvorteil. Indem sie Einkommen, Renten und Geldvermögen vor Substanz-
verzehr schützt, hat sie auch eine wichtige soziale Funktion ausgeübt. Sie hat
dazu beigetragen, den sozialen Konsens in unserer Gesellschaft zu bewahren.
Aber die Stabilisierung der Währungen unserer europäischen Handelspartner
ist für unsere Wirtschaft – angesichts unserer Verflechtung mit deren Wirtschaft
– von entscheidender Bedeutung.

Das Gewicht der anderen Chancen variiert in den einzelnen Mitgliedsländern entsprechend der jeweiligen Wettbewerbsposition. Für uns als Hoch-
steuer- und Hochlohnland kommt dem von den Maastrichter Kriterien ausgehenden Konvergenzdruck eine große Bedeutung zu. Für Niedrigsteuer-
und Niedriglohnländer gilt das, wie das Beispiel Großbritannien zeigt, nicht
entsprechend.

Dagegen dürfte die Stärkung des Finanzmarktes Europa und sein Einfluß
auf die Zinsen sich für alle WWU-Länder positiv auswirken, wenn auch in
unterschiedlichem Maße.

Diesen Chancen stehen Risiken gegenüber, die im bisherigen Vertragswerks nicht hinreichend behandelt werden. Sie könnten längerfristig – insbesondere beim Hinzutreten inhomogener und schwacher Mitglieder zu einem
späteren Zeitpunkt – die Funktionsfähigkeit des Systems der Währungsunion gefährden. Es kommt also darauf an, diese Schwächen noch vor Beginn
der WWU durch Abschluß eines zusätzlichen Stabilitätspaktes zu heilen.
Wenn das gelingt und keine Aufweichung der Konvergenzkriterien erfolgt,
dann überwiegen aus der Sicht der deutschen Wirtschaft die Chancen die
Risiken.

Wir müssen uns abschließend noch mit den politischen Folgen der Europäischen Währungsunion beschäftigen, die über die wirtschaftlichen hinausgehen. Für die Mitglieder der Kerngruppe einer künftigen Währungsunion –
Deutschland, Frankreich, die BENELUX-Länder und Österreich – steht fest,
daß ihre Länder mit der gemeinsamen Währung und einer Europäischen
Zentralbank, die für die Stabilität dieser Währung verantwortlich ist, nicht
nur wirtschaftlich, sondern auch politisch näher zusammenrücken werden in
Richtung einer weiteren politischen Integration.

Über diese Richtung besteht in der Kerngruppe offenbar Einvernehmen.
Aber das Ausmaß und die Geschwindigkeit des Integrationsprozesses sind
offen. Sie müssen noch festgelegt werden. Die gerade laufenden Verhandlungen über die Ausgestaltung des Stabilitätspaktes, der ja einen weiteren Schritt
in dieser Richtung bedeutet, werden insofern eine weitere Indikation geben.

Außerhalb der Kerngruppe besteht ein solches Einvernehmen nicht. Der Streit mit Großbritannien betrifft vielmehr genau diesen Punkt. Zwar befürwortet die britische Wirtschaft, wie der Kingsdown-Report zeigt, die Währungsunion und macht geltend, daß damit keine Einschränkung der Rechte des Parlaments zur Gestaltung des Haushalts auf der Einnahmen- und Ausgabenseite verbunden sei, sofern die Konvergenzkriterien eingehalten werden.

Sie verweist ferner auf die Währungsunion zwischen Großbritannien und Irland in den Jahren 1922 – 1979, die keine politische Union einschloß – beide Staaten blieben politisch unabhängig und souverän – sowie die Währungsunion zwischen Belgien und Luxemburg, für die noch heute das gleiche gilt.

Aber die britische Regierung teilt diese Auffassung nicht. Sie begründet ihre ablehnende Haltung mit der Sorge, daß der Beitritt zur WWU längerfristig zum Verlust weiterer Souveränitätsrechte führen werde, ohne daß eine Verständigung über das Ausmaß und die Geschwindigkeit einer politischen Integration vorläge. Die Forderung der Kerngruppe, Zusatzverträge über die Koordination weiterer Politikfelder, wie die Fiskalpolitik, abzuschließen, macht diese Sorge verständlich.

Tatsächlich zielen die derzeitigen Verhandlungen nicht darauf ab, völkerrechtliche Zusatzvereinbarungen zu treffen. Man hofft vielmehr, innerhalb des Rechtsrahmens des Maastrichter Vertrages die angestrebten Elemente des Stabilitätspaktes im Sekundärrecht regeln zu können. Zu den angestrebten Elementen gehören die Etablierung eines „Frühwarnsystems" im Rahmen der multilateralen Überwachung nach Artikel 103 EG-Vertrag sowie der Ausbau des Verfahrens zur Vermeidung übermäßiger Haushaltsdefizite nach Artikel 104c EG-Vertrag durch Beschleunigung der Verfahrensschritte, durch Vorab-Festlegung der Höhe der Sanktionen und durch Definition der Begriffe „ausnahmsweise" und „vorübergehend" in Artikel 104 Absatz 2. Insgesamt würde dies zu einer Automatik für die Verhängung von Sanktionen führen.

Für den Fall, daß es nicht gelingt, hier zu einvernehmlichen und ausreichenden Regelungen im Kreise der 15 Mitgliedsländer zu kommen, behalten sich die WWU-Teilnehmer – also die Kerngruppe und eventuelle zusätzliche Mitglieder – die Option einer völkerrechtlichen Zusatzvereinbarung vor. Man geht also schon jetzt davon aus, daß die Währungsunion in Stufen vollzogen wird.

Den Verträgen zwischen den Mitgliedern der ersten Stufe und denen der zweiten oder späteren wird deshalb eine große Bedeutung zukommen. Sie werden Gegenstand des EWS II sein. Es muß nicht nur sicherstellen, daß ein Mitgliedsland der EU, das in der ersten Stufe außerhalb der WWU bleibt, das Recht hat, der Währungsunion beizutreten, sobald es die Konvergenzkriterien erfüllt und den noch abzuschließenden Zusatzverträgen zustimmt, sondern auch, daß in der Zwischenzeit keine Verstöße gegen die Prinzipien der Währungsunion vorkommen, insbesondere keine Abwertungen der nationalen Währungen, Erhöhungen der Inflationsraten über noch festzulegende Grenzen hinaus u. ä.

Wenn das gelingt und wenn die nächsten Jahre ferner genutzt werden können, das Ziel der weiteren politischen Integration zwischen den Mitgliedern der EU einvernehmlich zu präzisieren, dann sollten wir auch einem stufenweisen Aufbau der Europäischen Währungsunion zustimmen können.

Autorenverzeichnis

Dr. rer. pol. Wilfried Guth, geboren 1919 in Erlangen. Er studierte an den Universitäten Bonn, Genf, Heidelberg sowie an der London School of Economics Nationalökonomie.

1953 trat er in die Dienste der Bank deutscher Länder, wurde 1958 zum Leiter der Volkswirtschaftlichen Abteilung der Deutschen Bundesbank ernannt und ging 1959 als deutscher Exekutivdirektor zum Internationalen Währungsfonds in Washington. Von 1962 bis 1967 war er Vorstandsmitglied der Kreditanstalt für Wiederaufbau.

Anfang 1968 wurde Guth in den Vorstand der Deutschen Bank berufen. Von 1976 bis 1985 war er – zusammen mit F. Wilhelm Christians – Sprecher dieses Gremiums. In einer Reihe wichtiger deutscher Unternehmen war er im Aufsichtsrat – z. T. als Vorsitzender – tätig.

Nach dem Ausscheiden aus dem Vorstand gehörte Guth dem Aufsichtsrat der Deutschen Bank AG bis 1995 an – von 1985 bis 1990 als dessen Vorsitzender. Er hat derzeit noch den stellvertretenden Aufsichtsrats-Vorsitz bei der DEG – Deutsche Investitions- und Entwicklungsgesellschaft mbH – inne und ist Vorsitzender des Vorstandes der Gesellschaft zur Förderung des Unternehmernachwuchses, die die „Baden-Badener Unternehmergespräche" durchführt.

Wilfried Guth ist Mitglied zahlreicher internationaler Gremien. Dazu zählen die Group of Thirty, das Japanisch-Deutsche Zentrum Berlin sowie die Europäische Liga für wirtschaftliche Zusammenarbeit. Er gehört dem internationalen Beraterkreis von NEC an.

Darüber hinaus hat er den Vorsitz der Kuratorien der Gesellschaft der Freunde der Alten Oper Frankfurt und der Gesellschaft der Freunde von Bayreuth inne und gehört dem Beirat der Internationalen Stiftung Mozarteum, Salzburg, an.

Wilfried Guth ist verheiratet und hat drei Kinder.

Dr. jur. Peter Zürn, geboren 1933, studierte nach einer kaufmännischen Lehre Rechts- und Politikwissenschaften in Tübingen, Paris, Mexiko und München, wo 1965 bei C.H. Beck sein Buch erschien: „Die republikanische Monarchie – Zur Struktur der Verfassung der V. Republik in Frankreich".

Nach Tätigkeiten in der Personalberatung und in der Industrie – davon 10 Jahre als Personaldirektor bei C.H. Boehringer in Ingelheim – übernahm er 1987 mit der Geschäftsführung der Gesellschaft zur Förderung des Unternehmernachwuchses die Verantwortung für die „Baden-Badener Unternehmergespräche".

Er ist Autor mehrerer Bücher zu Fragen von Unternehmenskultur und Ethik im Management sowie regelmäßiger Kolumnist verschiedener Zeitschriften zum Thema „Manager und Meditation".

Zu seiner beruflichen und persönlichen Erfahrung zählen mehrfache Aufenthalte in Japan, zuletzt im Frühjahr 1989, und langjährige Übungen im Za-Zen unter Anleitung von Professor Tetsuo Kiichi Nagaya, Tokio. Er ist Mitglied des „Engadiner Kollegiums" und der „Internationalen Gesellschaft für Tiefenpsychologie" sowie der „Schweizerischen Stiftung für Persönlichkeitsbildung".

Hans Hellwig, Dr. rer. pol., geboren am 10. Februar 1913. Studium der Rechts- und Staatswissenschaften 1932 – 1937. Redakteur der Frankfurter Zeitung 1937 – 1943. Soldat und Kriegsgefangener 1939 – 1949. Redakteur der Deutschen Zeitung und Wirtschaftszeitung 1950 – 1964, seit 1959 als Chefredakteur. Geschäftsführer der Gesellschaft zur Förderung des Unternehmernachwuchses e.V. und Leiter der Baden-Badener Unternehmergespräche 1965 – 1982. Vorstandsmitglied des Wuppertaler Kreises 1974 – 1982, der Gesellschaft für Unternehmensgeschichte 1976 – 1981, Lehrbeauftragter der TH Aachen 1967 – 1983.

Jürgen Bertsch, geboren am 25. August 1943 in Bruchsal. Nach Abschluß der Ausbildung zum Industriekaufmann bei der Siemens AG 1963 Eintritt in die Bundeswehr als Offizieranwärter der Heeresfliegertruppe. Beförderung zum Leutnant 1965. Nach Stabs- und Truppenverwendungen 1975 – 1977 Ausbildung zum Generalstabsoffizier an der Führungsakademie der Bundeswehr in Hamburg. Nach einer NATO-Verwendung als Operationsstabsoffizier folgte 1979 – 1980 die Ausbildung zum Generalstabsoffizier der spanischen Streitkräfte in Madrid. Nach Managementausbildung an der US-Navy-University in Monterey und Verwendungen in Truppenkommandos, Stäben in Deutschland, USA und Großbritannien ab 1989 bis 1992 als Oberst im Generalstab Verteidigungsattaché an der deutschen Botschaft in Madrid. Seit 1993 stv. Geschäftsführer der Gesellschaft zur Förderung des Unternehmernachwuchses e.V. Jürgen Bertsch ist verheiratet und hat zwei Kinder.

Hans-Olaf Henkel, geboren am 14. März 1940 in Hamburg. Nach kaufmännischer Lehre und Studium an der Hochschule für Wirtschaft und Politik, Hamburg, trat er 1962 in den Produktionsbereich der IBM Deutschlad ein und absolvierte dort ein zweijähriges Ausbildungsprogramm.

Ab 1964 bekleidete er verschiedene Linien- und Stabspositionen in den U.S.A., Ostasien, Deutschland und der europäischen Zentrale in Paris.

1982 wurde Henkel zum Vice President der IBM Eruopa ernannt, 1983 erhielt er als Präsident der Areas Division die Verantwortung für alle europäischen, afrikanischen und nahöstlichen Länder mit Ausnahme von Frankreich, Deutschland, Italien und Großbritanien.

1985 wurde er zum stellvertretenden und im Januar 1987 zum Vorsitzenden der Geschäftsführung der IBM Deutschland bestellt.

Im Oktober 1993 erfolgte seine Ernennung zum President der IBM World Trade Europe/Middle East/Africa Corporation, im Januar 1994 wurde er zum Chairman of the Board und zum Président Directeur Général der IBM Europa ernannt.

Seit Januar 1995 ist Henkel Vorsitzender des Aufsichtsrats der IBM Deutschland GmbH (Holding).

Henkel ist Mitglied des Außenwirtschaftsbeirates beim Bundesminister für Wirtschaft, persönliches Mitglied des Vorstandes des Stifterverbandes für die Deutsche Wissenschaft e.V. und Senator der Max-Planck-Gesellschaft zur Förderung der Wissenschaften e.V. und Mitglied einiger Aufsichtsräte.

1992 erhielt Henkel die Ehrendoktorwürde (Dr.-Ing. E.h.) der Technischen Universität Dresden und wurde vom WWF (World Wide Fund for Nature) und der Zeitschrift Capital zum „Ökomanager des Jahres 1992" gewählt.

Am 28. November 1994 wurde Henkel für zwei Jahre zum BDI-Präsidenten gewählt. Seine Amtszeit begann am 1. Januar 1995. Am 25. November 1996 wurde Henkel für weitere zwei Jahre in seinem Amt bestätigt.

Bernd Pischetsrieder, am 15. Februar 1948 in München geboren. Studium Maschinenbau an der TU München mit Abschluß als Diplom-Ingenieur. 1973 – 1975 Fertigungsplaner bei der BMW AG in München. 1975 – 1977 Leiter der Abteilung Arbeitswirtschaft im Werk München. 1978 – 1981 Leiter der Hauptabteilung Arbeitsvorbcreitung im Werk Dingolfing. 1982 1985 Direktor für Produktion, Entwicklung, Einkauf und Logistik bei BMW South Africa (Pty.) Ltd., Pretoria. 1985 – 1987 Leiter der Qualitätssicherung bei BMW in München, 1987 – 1990 Leiter der technischen Planung. 1990 – 1991 Stellvertretendes Mitglied des Vorstands der BMW AG, Fertigung, 1991 – 1993 ordentliches Vorstandsmitglied. Seit Mai 1993 Vorsitzender des Vorstandes der BMW AG in München.

Dr. Jörg Mittelsten Scheid, geboren am 7. Mai 1936. Zahlreiche Aufsichts- und Beiratsmandate im In- und Ausland. Vizepräsident des Deutschen Industrie- und Handelstages, Bonn. Vizepräsident Eurochambres, Brüssel. Präsident der Vereinigung der Industrie- und Handelskammern in Nordrhein-Westfalen,

Düsseldorf. Präsident der Industrie- und Handelskammer Wuppertal-Solingen-Remscheid. Mitglied des Asien-Pazifik-Ausschusses der Deutschen Wirtschaft. Mitglied der Steuerreformkommission 1990/91 der Bundesregierung. Mitglied der durch die CDU eingesetzten Kommission ZUKUNFT DES STEUERSYSTEMS. Mitglied im Kuratorium der Universität Witten-Herdecke, des Stifterverbandes, der Gerhard und Lore Kienbaum Stiftung, der Baden-Badener Unternehmergespräche.

Dr. Hans-Dietrich Winkhaus, geboren am 16. Juli 1937 in Münster. Ausbildung: Lehre, Studium der Betriebswirtschaftslehre an den Universitäten München, Münster und Lausanne, Abschluß Diplom-Kaufmann und Promotion zum Dr. oec. publ. 1964 – 1967 Assistent am Institut für Bankbetriebslehre an der Universität München. 1967 Eintritt in die Henkel & Cie GmbH, Finanzabteilung. 1984 – 1985 Stellvertretender Generaldirektor der Henkel France S.A.. 1985 Mitglied der Geschäftsführung der Henkel KGaA und zuständig für den Unternehmensbereich Waschmittel/Reinigungsmittel. Seit 1992 Vorsitzender der Geschäftsführung der Henkel KGaA und persönlich haftender geschäftsführender Gesellschafter der Henkel KGaA. Mitglied des Aufsichtsrats der Victoria Holding AG, Düsseldorf. Mitglied des Aufsichtsrats der Hüls AG, Marl. Mitglied des Aufsichtsrats der Charterhouse European Holding, London. Mitglied des Verwaltungsbeirats der Dresdner Bank AG. Vizepräsident Verband der Chemischen Industrie e.V. (VCI). Präsident Zentralverband der deutschen Werbewirtschaft ZAW E.V.

Jürgen Dormann, geboren am 12. Januar 1940 in Heidelberg. Studium der Wirtschaftswissenschaften an den Universitäten Köln, Berlin, Würzburg, Basel und Heidelberg. Abschluß Dipl. rer. pol. 1963 Eintritt bei Hoechst Akteingesellschaft als Management Trainee. 1965 – 1972 Verschiedene Aufgaben im Verkauf Fasern. 1973 – 1975 Kaufmännische Direktionsabteilung. 1975 – 1980 Stellvertretender Leiter der Zentralen Direktionsabteilung mit besonderer Zuständigkeit für die Inlands- und Auslandsbeteilungen der Hoechst Aktiengesellschaft. 1980 – 1984 Leiter der Zentralen Direktionsabteilung. 1984 – 1986 Stv. Mitglied des Vorstands. 1986 – 1987 Mitglied des Vorstands, zuständig für den Geschäftsbereich Feinchemikalien und Farben und die Region Nordamerika. 1987 – 1994 Verantwortung für das Finanz- und Rechnungswesen sowie für die Zentralfunktion Informatik und Kommunikation. 1987 – 1994 Chief Executive Officer (CEO) der neu gegründeten Hoechst Celanese Corporation. Seit 26. April 1994 Vorsitzender des Vorstands. Weitere Funktionen: Vizepräsident des Verbands der Chemischen Industrie (VCI) seit 1. Januar 1996.

Helmut Oswald Maucher, geboren am 9. Dezember 1927 in Eisenharz (Allgäu).
Nach dem Abitur kaufmännische Lehre bei Nestlé in Eisenharz, anschließend
verschiedene Positionen bei Nestlé in Frankfurt und gleichzeitig Betriebs-
wirtschaftliches Studium an der Universität Frankfurt mit dem Abschluß als
Diplom-Kaufmann.

Von 1964 – 1980 verschiedene Positionen innerhalb der Direktion bei Nestlé
in Frankfurt und ab 1975 Generaldirektor der Nestlé-Gruppe Deutschland,
Frankfurt. Schließlich am 1. Oktober 1980 Berufung in die Schweiz als
Generaldirektor der Nestlé AG und Mitglied des Exekutivkomitees.

Im November 1981 Ernennung zum Delegierten des Verwaltungsrats der
Nestlé AG, Vevey, Schweiz, und seit 1. Juni 1990 gleichzeitig Präsident des
Verwaltungsrat der Nestlé AG, Vevey, Schweiz.

Vizepräsident des Verwaltungsrates: Credit Suisse Group, Zürich, Credit
Suisse First Boston, Zürich. Mitglied des Verwaltungsrates: ABB Asea Brwon
Boveri AG, Zürich, Deutsche Bahn AG, Berlin, L'Oréal Paria – Gesparal.

Mitglied des Internationalen Beirates: Morgan Bank, New York.

Präsident: Der Europäischen Industriekreis (ERT), der Internationalen
Handelskammer. Vorsitzender des Kuratoriums: Stiftung Demoskopie
Allensbach.

Heinrich v. Pierer, geboren am 26. Januar 1941 in Erlangen. Studium der Rechts-
wissenschaft und Volkswirtschaft, Abschluß: Dr. jur., Dipl.-Volksw. 1965 –
1969 Wissenschaftlicher Mitarbeiter, später wissenschaftlicher Assistent,
Juristische Fakultät Universität Erlangen-Nürnberg. 1969 – 1977 Eintritt in die
Siemens AG, Zentralbereich Finanzen, Rechtsabteilung. 1977 – 1987
Verschiedene kaufmännische Aufgaben bei der Kraftwerk Union AG im
Vertrieb sowie im Werk Mülheim und in den Zentralabteilungen. 1988 – 1989
Kaufmännische Leitung des Unternehmensbereichs KWU. 1989 – 1990
Mitglied des Vorstands der Siemens AG, Vorsitzender des Bereichsvorstands,
Bereich Energieerzeugung (KWU). 1990 – 1991 Mitliged des Zentralvorstands
der Siemens AG. 1991 – 1992 Stv. Vorsitzender des Vorstands der Siemens AG,
seit 1992 Vorsitzender des Vorstandes.

Dr. Marcus Bierich, geboren 1926 in Hamburg. 1946 – 1951 Studium der Mathematik, Naturwissenschaften und Philosophie an den Universitäten Hamburg
und Münster. 1951 Promotion in Grundlagen der Mathematik. 1951 – 1953
Banklehre. 1953 – 1955 Auslandsausbildung in London und New York. 1956 –
1961 Bankhaus Delbrück Schickler & Co. 1961 Eintritt in die Mannesmann
AG, Düsseldorf, 1967 – 1980 Vorstandsmitglied für Finanzen, Rechnungswesen und Steuern. 1977 Dr. rer. oec. h.c. Universität Bochum. 1980 –

1984 Allianz Versicherungs-AG, München, Allianz Lebensversicherungs-AG, München Vorstandsmitglied für Finanzen, Grundvermögen und Steuern. 1984 – 1993 Robert Bosch GmbH, Stuttgart, Vorsitzender der Geschäftsführung. Seit 1. Juli 1993 Vorsitzender des Aufsichtsrats der Robert Bosch GmbH, Stuttgart.

Dr. Joachim Funk, geboren 1934. Studium der Betriebswirtschaft in München und Zürich. 1957 Dipl-Betriebswirt. 1960 Promotion zum Dr. oec. publ. 1960 – 1979 Ausübung der beruflichen Tätigkeit bei MANNESMANN in verschiedenen Funktionen. Seit 1. Januar 1980 Mitglied des Vorstandes der MANNESMANN AG, Ressort: Finanz- und Rechnungswesen. Seit 27. Februar 1992 Stv. Vorsitzender des Vorstandes der MANNESMANN Aktiengesellschaft. Seit 8. Juli 1994 Vorsitzender des Vorstandes der MANNESMANN AG.

Springer
und
Umwelt

Als internationaler wissenschaftlicher
Verlag sind wir uns unserer besonderen
Verpflichtung der Umwelt gegenüber
bewußt und beziehen umweltorientierte
Grundsätze in Unternehmensentscheidungen mit ein. Von unseren
Geschäftspartnern (Druckereien,
Papierfabriken, Verpackungsherstellern
usw.) verlangen wir, daß sie sowohl
beim Herstellungsprozess selbst als
auch beim Einsatz der zur Verwendung
kommenden Materialien ökologische
Gesichtspunkte berücksichtigen.
Das für dieses Buch verwendete Papier
ist aus chlorfrei bzw. chlorarm
hergestelltem Zellstoff gefertigt und im
pH-Wert neutral.

Springer

Druck: Saladruck, Berlin
Verarbeitung: Buchbinderei Lüderitz & Bauer, Berlin